20公里级高海拔公路隧道

防灾救援
关键技术

——以天山胜利隧道为例

张 翾 王华牢 李雪峰 刘继国 李 琦 著

U0330573

人民交通出版社

北京

内 容 提 要

天山胜利隧道全长 22.1km,是目前世界上最长的高速公路隧道,也是我国第一座具有三洞并行 + 四竖井运营条件的超长公路隧道,其防灾设施设计和应急救援技术水平得到了业内的广泛关注。本书以天山胜利隧道为例,对防灾疏散分区划分方法、火灾烟气控制技术、人员疏散控制技术、疏散通道结构设计、防灾风机及机电配置、防灾救援预案制定等进行了总结分析,以期为类似隧道的防灾救援设计提供工程案例与技术支撑,有效提高我国长大公路隧道运营安全管控的理论与技术水平。

本书可作为从事公路隧道防灾救援技术研究、设计及运营管理等相关人员的参考用书,亦可作为隧道及地下工程防灾减灾专业人员的教学参考书。

图书在版编目(CIP)数据

20 公里级高海拔公路隧道防灾救援关键技术:以天山胜利隧道为例 / 张翾等著. — 北京:人民交通出版社股份有限公司,2024.11. — ISBN 978-7-114-19596-9

Ⅰ. U459.2

中国国家版本馆 CIP 数据核字第 2024KA4864 号

20 Gongli Ji Gao Haiba Gonglu Suidao Fangzai Jiuyuan Guanjian Jishu
——yi Tianshan Shengli Suidao Weili

书　　名:**20 公里级高海拔公路隧道防灾救援关键技术——以天山胜利隧道为例**
著 作 者:张　翾　王华牢　李雪峰　刘继国　李　琦
责任编辑:郭红蕊　姚　旭
责任校对:赵媛媛　刘　璇
责任印制:刘高彤
出版发行:人民交通出版社
地　　址:(100011)北京市朝阳区安定门外外馆斜街 3 号
网　　址:http://www.ccpcl.com.cn
销售电话:(010)85285857
总 经 销:人民交通出版社发行部
经　　销:各地新华书店
印　　刷:北京建宏印刷有限公司
开　　本:787×1092　1/16
印　　张:17.75
字　　数:428 千
版　　次:2024 年 11 月　第 1 版
印　　次:2024 年 11 月　第 1 次印刷
书　　号:ISBN 978-7-114-19596-9
定　　价:78.00 元

前言

随着我国经济社会发展,公路交通网逐渐完善,高海拔公路隧道、特长公路隧道建设数量日益增多。截至2022年底,全国公路隧道建设规模达到24850处、2678.43万延米,其中特长隧道1752处、795.11万延米。公路隧道运营期的安全事故造成的巨大经济损失、人员伤亡和严重社会影响,保障隧道安全及防灾救援等关键技术问题得到社会各界的高度关注,尤其是高海拔长大公路隧道存在交通环境复杂多变、火灾事故频发、监控和救援不力等突出问题,其安全预防控制及救援体系的建设和完善已迫在眉睫。

天山胜利隧道作为目前世界在建最长的高速公路隧道,隧址区海拔为2700~3000m,属高海拔地区,具有三洞并行、多交叉口等结构特点。为了保障天山胜利隧道火灾发生后烟气有效控制及人员安全疏散,先后开展了新疆维吾尔自治区重大科技专项"20公里级高寒高海拔地区公路隧道工程建设与运营关键技术研究"(2020A03003)、中国交建特大科技研发项目"20公里级高速公路山岭隧道建设与运营关键技术研究"(2017-ZJKJ-01)等科研项目的研究工作。科研成果为天山胜利隧道的安全运维提供了有力的技术支撑,填补了20公里级高海拔公路隧道防灾救援技术领域的空白,对我国长大公路隧道运营安全管控体系的技术完善具有重要指导意义。作为上述科研项目的主要研究人员,作者有义务和责任将这些研究成果进行推广,为我国公路隧道的防灾救援技术发展贡献绵薄之力。

本书通过对天山胜利隧道结构形式的理论分析与计算推导,明确了火灾模式下超长公路隧道多类型横通道组合形式的人员疏散模式,提出了基于横通道防护门不跨区间开启原则的防灾分区划分方法;通过大量的通风网络及火灾通风三维仿真计算,建立了基于通风网络原理的多交叉口立体式复杂火灾通风风流模型,探明了横通道开启对超长公路隧道通风网络的影响规律,提出了基于高海拔环境、风机效率、火源位置、横通道开启模式等多因素耦合作用下的三洞并行超长立体多交叉口公路主隧道及服务隧道防灾风机配置方法;给出了基于人体运动机能、火灾烟气影响以及人员类型的高海拔隧道人员疏散速度特征值,提出了基于烟囱效应的超长公路隧道横通道间距设计方法,给出了基于高海拔火灾燃烧特性和人员运动特征的横通道间距设计推荐值;建立了基于服务隧道为疏散设施主体的人车分离疏散、车辆转换疏散以及高海拔等待救援为原则的立体式超长公路隧道防灾措施及流程,制定了基于三洞并行隧道防灾风机联动控烟的超长公路隧道防灾预案。

本书共分为 8 章,第 1 章绪论,由张翾、王华牢执笔;第 2 章天山胜利隧道防灾疏散模拟方法,由张翾、王华牢、李琦执笔;第 3 章天山胜利隧道联动防灾疏散分区研究,由张翾、李雪峰、刘继国执笔;第 4 章天山胜利隧道火灾燃烧性能及烟气控制技术,由李雪峰、王华牢、杜建明、万飞执笔;第 5 章天山胜利隧道火灾模式下人员疏散控制技术,由张翾、刘继国、彭文波、刘夏临执笔;第 6 章天山胜利隧道防灾疏散通道结构设计方法,由李雪峰、刘夏临、杜建明执笔;第 7 章天山胜利隧道防灾风机及机电设施配置设计,由张翾、李琦、彭文波、万飞执笔;第 8 章天山胜利隧道防灾救援原则及预案制定,由张翾、李雪峰、李琦执笔。

在将研究成果整理成书的同时,书中还引用了国内外一些专著、文章、规范等,在此对相关作者一并表示感谢。书中提及的隧道火灾模式下烟气及人员疏散控制技术、疏散通道结构设计方法、防灾救援预案等还需根据工程实践进行检验和完善,内容疏漏和不妥之处,敬请读者批评指正与交流探讨。

作　者

2023 年 6 月

目录

第1章

绪　　论

天山胜利隧道地处我国新疆高寒高海拔地区,穿越天山山脉,全长 22.1km,是 G0711(乌若高速公路)关键性控制工程,其"三洞并行 + 四竖井"的运营条件在国内外隧道工程中尚属首次,具有运营期通风设备能耗大且维护成本高、火灾时隧道内烟气流动复杂、火灾下人-车流疏散组织难度大、消防救援难度极高等突出特点。如何保障此类超长公路隧道的运营安全,已成为亟待解决的重大工程技术难题,且涉及诸多关键科学问题。

目前,我国在 20 公里级公路隧道安全运营与防灾救援技术方面还处于空白。而超长铁路隧道,由于车辆通行状态与公路隧道完全不同,其相关研究成果的指导与借鉴意义对公路隧道十分有限。因此,以天山胜利隧道为依托工程,针对高海拔超长公路隧道运营期通风及防灾救援等关键问题开展研究十分必要。本书的研究成果可以为天山胜利隧道工程的通风及防灾救援提供有力的技术支撑,填补 20 公里级超长公路隧道运营安全管控技术空白,同时为我国相关技术规范的修订完善提供理论依据与工程经验,具有重大的工程意义和社会价值。

1.1 天山胜利隧道项目概况

G0711(乌若高速公路)项目起点位于乌鲁木齐市 G30 仓房沟互通式立体交叉西侧,与规划西绕城高速公路西山南互通相接(西山南互通纳入西绕城高速公路实施),穿越天山区域,终点位于尉犁县东侧琼库勒村,路线全长 318.511km,采用双向四车道高速公路建设标准。

天山胜利隧道位于乌鲁木齐市西南侧,全长 22.1km,最大埋深 1150m。隧道进口位于乌鲁木齐县望峰道班的对面山坡,海拔约 2772m,穿越胜利大阪后进入和静县;出口位于乌拉斯台村乌托斯火车站,海拔约 2900m,属于高海拔超长高速公路隧道。

隧道采用左右线两主洞中间设置服务隧道的三洞并行方案设计,进口端洞门均采用棚洞式,出口端洞门均采用端墙式。全隧道设置 81 处人行横通道、30 处车行横通道、7 处配电横通道、3 处多功能交通转换带兼作灯光景观带、5 处救援执勤点、3 处洞内高位水池。隧道采用四竖井分五段纵向分段通风方案,满足隧道运营通风需求。天山胜利隧道平面示意图如图 1-1 所示。

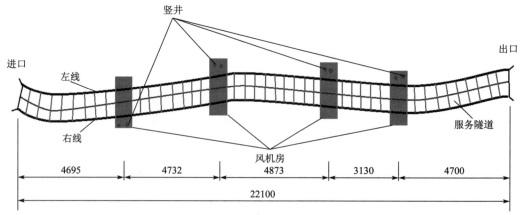

图 1-1 天山胜利隧道平面示意图(尺寸单位:m)

天山胜利隧道纵坡设置为:左线 1.75%/610.38m,1.367%/10389.62m,0.5%/3170m,
−0.5%/7100m,−1%/1172.16m;右线 1.75%/621.44m,1.364%/10398.56m,0.5%/3170m,

−0.5%/7310m，−1%/550m；服务隧道1.8%/632.9m，1.366%/10377.1m，0.5%/3170m，−0.5%/7305m，−1%/565m。

天山胜利隧道两侧检修道高度为40cm，建筑限界宽度11.0m。隧道主洞采用单心圆形式，紧急停车带内轮廓采用三心圆形式；车行横通道采用曲墙式，断面较小的人行横通道采用直墙拱断面形式。

隧道主洞内轮廓采用半径为605cm的单心圆，最宽处为12.1m，最高处为8.75m，设计高程距内轮廓拱顶高度7.15m。单洞不设仰拱净空断面面积70.50m²，周长33.30m；设仰拱净空断面面积84.97m²，周长33.88m。

紧急停车带内轮廓根据停车带加宽宽度及主洞内轮廓确定，最宽处为15.1m、最高处为9.621m，设计高程距内轮廓拱顶高度7.771m。不设仰拱净空断面面积95.66m²、周长39.64m；设仰拱净空断面面积115.87m²。

交通转换带内轮廓根据加宽宽度及主洞内轮廓确定，最宽处为18.1m、最高处为10.854m，设计高程距内轮廓拱顶高度8.393m。不设仰拱净空断面面积122.99m²，周长45.98m；设仰拱净空断面面积156.18m²，周长47.10m。天山胜利隧道主洞净空断面图如图1-2所示。

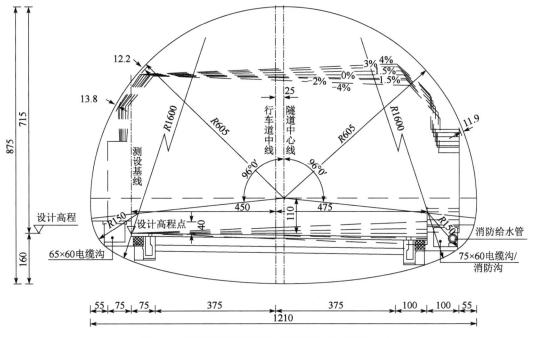

图1-2 天山胜利隧道主洞净空断面图(尺寸单位:cm)

车行横通道内轮廓采用曲边墙结构，设仰拱净空断面面积46.22m²，不设仰拱净空断面面积38.69m²；车行横通道净空为4.5m(宽)×5.0m(高)。车行横通道净空断面图如图1-3所示。

人行横通道设仰拱净空断面面积8.21m²，不设仰拱净空断面面积7.10m²；人行横通道净空为2.0m(宽)×2.5m(高)。人行横通道内轮廓均采用单心圆直边墙结构。人行横通道建筑限界及净空断面图如图1-4所示。

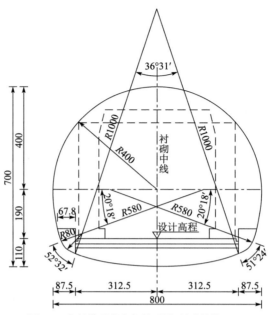

图1-3 车行横通道净空断面图(尺寸单位:cm)

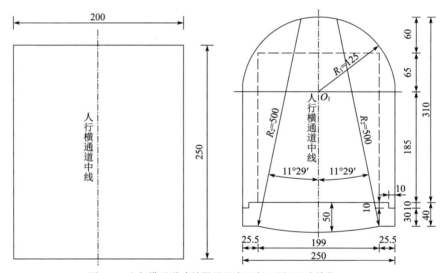

图1-4 人行横通道建筑限界及净空断面图(尺寸单位:cm)

1.2 天山胜利隧道主要工程特点及面临问题

天山胜利隧道具有如下6个主要特点:

(1)隧道长。主隧道长达22.1km,是目前最长的高速公路隧道。

(2)海拔高。洞内最高海拔达到3000m,平均海拔约为2850m,其大气氧含量约为平原地区的75%,气压约为平原地区的70%,最低气温为 -19.4℃。

(3)隧道风流交叉口多。具有"3纵、8竖、118横"的特点,加之4座风机房的联络通道,交叉口多达 560 处。

(4)隧道高差大。隧道呈多段折线人字坡,最大坡度达 2.5%,最大高差 175m。

(5)联络横通道坡度大。隧道左右线与中间服务通道之间的 81 条联络通道坡度较大,最大达到 7.5%。

(6)风机房跨线风道坡度大。4 座地下风机房与主隧道之间共有 16 处联络风道,其中跨线风道 8 处,最大坡度达到 33.6%。

基于以上隧道工程特点,天山胜利隧道通风防灾方面主要面临如下 4 个问题:

(1)通风难度大。隧道长,交叉口多,风道坡度大,通风网络复杂,沿程和局部风阻较大,风流不易控制。

(2)烟气控制难度大。隧道海拔高,大气氧含量及气压低,火灾燃烧性能发生变化,造成产烟量增大、烟气毒性增大,结合隧道通风情况,火灾模式下烟气串流不易控制。

(3)人员逃生难度大。高海拔环境下,人员逃生时由于缺氧,将导致人体机能下降,疏散速度降低,疏散距离减小,火灾环境下不易快速逃生。

(4)救援难度大。天山胜利隧道属于特长山岭隧道,外部救援力量不易及时到达,现场车辆及人员组织复杂,发生火灾的情况下救援比较困难。

1.3 国内外超长公路隧道研究进展

1.3.1 超长公路隧道防灾疏散分区划分研究现状

于丽根据火灾时人员疏散组织和人员救助的可能性对隧道防火分区进行划分,将 2 个横通道之间的隧道长度作为一个防火分区,并将长达 18.2km 的秦岭终南山隧道共分为 142 个防火分区;陈光明等根据火灾发生时人员的撤离路线和控制风机的运转方案,以及利用隧道左线设置的 1 座斜井和右线设置的 1 座竖井,将长达 6.7km 的乌池坝隧道划分为 6 个防火区段;韩大千从施工方案、通风运营及工程造价等多方面综合考虑,确定中条山隧道左线设置 1 座竖井、右线设置 1 座竖井 + 1 座斜井的通风井布置方案,并依据斜竖井的位置和形式将长达 9.8km 的中条山隧道分区 5 个火灾区段;于丽、王明年等结合隧道群中驾驶员的视觉特性和隧道群防灾的极限距离,提出了隧道群交通事故的"三区段"划分法,并以隧道群发生事故时应尽快疏导交通流,同时便于保护事故现场为原则,将隧道内每相邻两条车行横通道之间的隧道长度作为一个事故区间;高新文根据洪梯关隧道的长度、交通量大小及组成、防灾救援需要等确定了左右线分 3 段通风方式,并根据斜井的位置将长达 13.2km 的洪梯关隧道左右线分为 6 个防火区段;唐协等依据合理区段长度和通风井最短原则,综合考虑纵向分区段长度、地形地质等因素,将长达 13.8km 的米仓山隧道分为 4 个排烟区段;孙继洋等以烟气沿较近的竖(斜)井排出为基本原则,将长达 13.645km 的西山隧道划分为 4 个火灾排烟区段;李泳伸等通过白马隧道的需风量计算,综合相关因素,在隧道内设置 1 座竖井、1 座斜井,将长达 13km 的白马隧道划分为 3 个排烟区段;李玉平通过综合考虑高楼山隧道的通风需求以及隧道地形特征,利用斜(竖)井的设置位置将长达 12.25km 的高楼山隧道划分为 3 个排烟区段;徐超以隧道火灾发生时能够及时以最短路径向隧道外排烟为原则,将隧道左右洞各设置 2 座斜(竖)井,排烟分区划分为3个区段;李忠陶通过计算隧道的送、排风需求,确定隧道的斜(竖)井个数及位置,并将长达10.1km的宝塔山隧道划分为3个排烟区段。

综上所述,目前对于超长公路隧道的防灾疏散分区划分研究,主要是针对左右双线类型的分支较少的隧道防火分区以及排烟分区划分的研究。对于多交叉口立体式通风条件下的防灾区域划分方法较鲜见,因此,对立体式超长高海拔公路隧道的防灾疏散分区划分原则、影响因素及指标等还需要进一步研究。

1.3.2 超长公路隧道疏散通道结构参数研究现状

《公路隧道设计规范 第一册 土建工程》(JTG 3370.1—2018)规定,"人行横通道设置间距宜为250m,并不应大于350m"。张品等人基于海拔对火灾可用安全疏散时间(ASET)、必需安全疏散时间(RSET)及关键参数的影响系数进行分析,提出了高海拔公路隧道人行横通道间距的计算公式,并参考国内外重大工程经验及技术规范要求,提出了不同高海拔公路隧道人行横通道间距的推荐取值。安永林等人考虑了火灾规模、车辆间引燃及人员疏散安全等因素,采用数值模拟的方法计算得到了横通道间距以300m为最佳的结论。张庭瑞等人对火灾模式下人员疏散进行了系统模拟计算,得到人行横通道间距为200m时,1.5~2.0m的人行横通道宽度均可以满足人员安全疏散要求;人行横通道间距为250m时,2.0m的人行横通道宽度取值;人行横通道间距为300m时,建议取人行横通道宽度为2.0m。曹校勇等人考虑海拔环境对人员和火灾燃烧性能的影响,采用数值仿真的方法对超高海拔地区人员疏散逃生距离进行了研究,得到人行横通道间距不宜超过200m。陈汉波采用数值模拟手段,对巴郎山隧道进行火灾疏散模拟,建议在30MW火灾规模下,将人行横通道间距设置为150m。汪文兵基于隧道火灾数值模拟结果,得出了具有不同疏散能力的疏散口,在不同设置间距下的人员疏散风险,从而给出隧道人行横通道最大间距可取500m的结论。于丽对秦岭终南山特长公路隧道火灾通风进行了计算,得到了所有防火区段的风机布置方案。严双峰等利用计算机流体动力学(CFD)数值仿真技术,对隧道火灾发生后的通风控制进行三维仿真,得到了有效控制烟流的竖井内轴流风机风速。

综上所述,目前对于特长公路隧道的疏散救援通道设计的研究,主要是对于双洞隧道的联络横通道研究。对于含有中间服务隧道以及双向坡度影响下的疏散研究较鲜见,因此,对立体式特长高海拔公路隧道的救援疏散通道在考虑多交叉口以及双向坡度影响因素下的设计参数等还需要进一步研究。

1.3.3 超长公路隧道防灾救援预案研究现状

Piet Hartman等分析了灾害情况下逃生通道和隧道出入口人员疏散所需安全环境的事故通风策略。David等分析确定了隧道事故应急救援指挥权和转移方法,并构建了隧道事故应急救援的指挥机制。Brian等提出通过隧道事故检测系统、监控设施及应急通信方式,应急反应小组的成员,分级响应指挥及控制,联动单位的权责界定,救援装备等可用的资源,确定救援及疏散的路径等方面来综合考虑隧道应急预案。王明年等通过数值模拟方法和隧道火灾物理模型试验,提出了秦岭终南山隧道的消防措施及设备布置方案以及火灾时的通风组织方案,并对秦岭终南山隧道的火灾防治与救援策略作了初步的探讨。李国辉通过对川藏公路二郎山隧道抢险救援的实例分析,研究得出了隧道抢险救援的组织力量、指挥调集和处置程序等。姜学鹏等针对公路隧道救援特点进行分析,并结合隧道事故的特点,考虑应急救援的紧急性以及隧道事故造成的影响与危险程度等因素,提出公路隧道事故的分级标准及其相应的应急救援措施。魏聪等对隧道应急预案的体系架构、编制过程及方法进行了研究。周忠业、廖志高等对大量隧道群交通流数据进行分析,得到了隧道群车辆的运行规律,并根据隧道群的行车特性进一步分析了隧道群的安全性,该结论为实现隧道群安全运营管理提供了理论依据。张勇等引入模糊数学中的模糊综合评价方法,对预案中很多定性指标进行了科学有效的评价,使应急预案的执行能力得到准确的评估。王明贤等通过层次分析法来确定应急预案评价指标的权重,并以此作为应急预案建立评价指标体系的基础。

公路隧道救援机构和人员一般分为三个梯队,分别由现场驾乘人员和隧道巡查人员,隧道管理人员和救援人员,专业消防人员、公安、武警以及医疗救护人员组成。每个梯队人员都有专门的分工,在救援任务中承担不可替代的作用。在隧道救援组织设计上,隧道火灾的初期灭火工作一般由发生起火车辆的驾乘人员(第一梯队)和隧道管理人员、警察(第二梯队)实施,第三梯队由地面或隧道专业消防人员组成。从火灾实例和典型火灾试验的资料来看,火灾发生后的前10min内火势较小,专业救援队伍宜在此时间段内到达火灾现场实施救援,否则,将给救援和灭火工作带来很大的困难。为尽可能减少公路隧道火灾的发生,可采取以下措施:一是成立安检大队,负责对危险品运输车辆进行24小时检查、登记、疏导、劝返等工作,不让任何携带危险品的车辆驶入隧道;二是安检站配置若干安检人员,实行4班3运转,针对车辆携带危险品的检查,采用人工检查与仪器检查相结合的方式。隧道发生火灾时,消防大队负责隧道的消防宣传、消防设施的巡查、维护以及突发事件的现场指挥、灭火、救援。

综上所述,目前对于特长公路隧道的防灾预案研究,主要是集中于宏观救援原则、策略的研究。对于立体式隧道联动防灾疏散分区下的具体防灾预案制定较鲜见,因此,对立体式特长高海拔公路隧道不同类型下的防灾救援具体预案及流程,还需要进一步的研究。

第2章

天山胜利隧道防灾疏散模拟方法

2.1 通风网络计算方法（SES）

2.1.1 SES 简介

SES 英文全称为 The Subway Environment Simulation，即"地铁环境模拟"。目前，SES 计算机程序已被用来模拟不同国家多个城市的轨道交通系统。此外，SES 也可以用于公路隧道及海底隧道。Patel SJ 利用该软件指导地下公路隧道中风机的安装及事故工况下风机的运行模式。陈玉远以某一多匝道和多交叉口的公路隧道工程为例，采用该软件对隧道通风系统进行辅助计算，成功解决了多匝道通风系统的难题。Leung AWH 利用该软件对海底隧道正常及事故工况下的通风方案进行了验证。将地铁模拟软件 SES4.1 应用于天山胜利公路隧道通风系统，解决了多匝道公路隧道防灾疏散分区的难题。SES 操作界面介绍如图 2-1 所示。

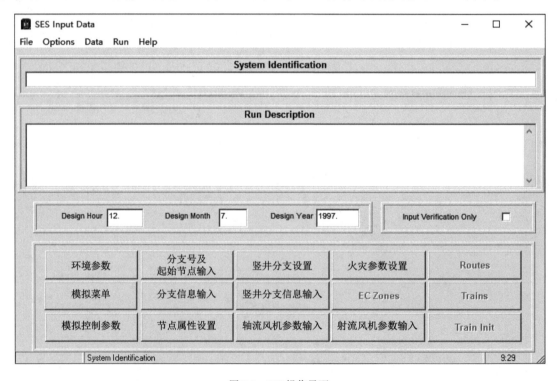

图 2-1　SES 操作界面

2.1.2 SES 计算原理

在正常情况下，风流在风路中近似呈稳定连续流，多处于紊流状态。在任何形式的风网中，风流都遵循以下三个基本规律。

1）风量平衡定律

对于通风网络中某一节点而言，按照连续性方程，流进某节点的风量应等于流出该节点的风量，即：

$$\sum Q_i = 0 \tag{2-1}$$

式中：Q_i——流入或流出某节点或网孔的风量，流入为正，流出为负。

2）风压平衡定律

风网中任一网孔的风压代数和（顺时针方向风流的风压取正，逆时针方向取负）应等于零。

无压源网孔，是指网孔没有自然风压或风机或交通通风力的作用的回路。其风压平衡定律为：

$$\sum P_i = 0 \tag{2-2}$$

式中：P_i——网孔中任一分支的风压，顺时针方向取正，逆时针方向取负。

有压源网孔，是指网孔中有自然风压或风机或交通通风力或送排风的作用。其风压平衡定律为：

$$\sum \Delta P_i - (\sum H_{风机} + \sum H_{自} + \sum \Delta P_t) = 0 \tag{2-3}$$

式中：$H_{风机}$——网孔中风机风压，顺时针取正，逆时针取负；

$\quad H_{自}$——网孔中的自然风压，顺时针取正，逆时针取负；

$\quad \Delta P_t$——交通通风力，顺时针取正，逆时针取负。

3）阻力定律

隧道风路中风流几乎全是稳定紊流，故通风阻力与风量的平方成正比，即：

$$\Delta P = RQ^2 \tag{2-4}$$

式中：ΔP——风路上的通风压力或通风阻力（Pa）；

$\quad R$——风路上的风阻（kg/m^7）；

$\quad Q$——通过风路的风量（m^3/s）。

目前，国内外在解算隧道通风网络时，尤其是应用计算机对风网进行解算时，采用较多的方法是回路风量法。其中，最著名、应用最广泛的是斯考德-恒斯雷法，其次是牛顿-拉夫森法和平松法。在隧道通风计算中采用斯考德-恒斯雷法进行计算，此方法属于迭代法，求解过程为：

$$\Delta q_{yi}^k = -\frac{\sum\limits_{\substack{j=1\\j\neq 1}}^{b} R_{ij}(q_{yi}^k - q_{yj}^k) |q_{yi}^k - q_{yj}^k| + R_{ii}q_{yi}^k|q_{yi}^k| - P_i}{2(\sum\limits_{\substack{j=1\\j\neq 1}}^{b} R_{ij}|q_{yi}^k - q_{yj}^k| + R_{ii}|q_{yi}^k|) - \dfrac{\mathrm{d}P_i}{\mathrm{d}q_{yi}}\bigg|_{Q_y = Q_y^k}} \quad (i=1,2,\cdots,b) \tag{2-5}$$

式中：R_{ij}——第 i 回路和第 j 回路的公共分支的风阻（$N \cdot s^2/m^3$），即树枝风阻；

$\quad R_{ii}$——第 i 回路中独立分支的风阻（$N \cdot s^2/m^3$）；

q_{yi}、q_{yj}——第 i 回路、第 j 回路的风量（m^3/s）；

$\quad k$——迭代次数；

$\quad P_i$——第 i 回路的通风能量的代数和。

第 i 回路修正量为：

$$q_{yi}^{k+1} = q_{yi}^k + \Delta q_{yi}^k \quad (i=1,2,\cdots,b) \tag{2-6}$$

迭代控制标准为：

$$\max |\Delta q_{yi}^{k+1}| \leq \varepsilon \qquad (i=1,2,\cdots,b) \tag{2-7}$$

2.1.3 SES计算案例

通风网络是隧道中风流沿流向分开和汇合的空间组合图,可清晰表达公路隧道各段、各竖井风流的相互关系。对局部隧道救援站通风结构进行转化,如图2-2所示,支路1~8为隧道左线,支路34~41为隧道右线,支路9~16、26~33为横通道,支路17~24为服务隧道。其中,1,2,…,43为边号;①,②,…,㉙为节点号;—为分支;>为风流运动方向。通风网络计算参数如表2-1所示。

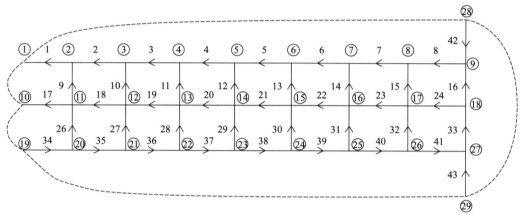

图2-2 通风网络简图

通风网络计算参数　表2-1

分支编号	分支长度（m）	断面面积（m²）	断面周长（m）	沿程阻力系数	局部阻力系数			
					前端正向	前端负向	后端正向	后端负向
1、34	450	70.50	33.30	0.08	1	0.5	0	0
2、35	150	70.50	33.30	0.08	0.05	0.6	0	0
3、36	650	70.50	33.30	0.08	0.05	0.6	0	0
4、37	570	70.50	33.30	0.08	0.05	0.6	0	0
5、38	750	70.50	33.30	0.08	0.05	0.6	0	0
6、39	780	70.50	33.30	0.08	0.05	0.6	0	0
7、40	800	70.50	33.30	0.08	0.05	0.6	0	0
8、41	453	70.50	33.30	0.08	0.05	0.6	0	0
17~24	—	35.16	33.3	0.08	0	0	0	0
9~33	25	7.1	10.425	0.08	0.86	0.86	0.86	0.86

假设火灾发生在1号分支,火灾上游全部车行横通道的防护门打开,射流风机开启,向主隧道、服务隧道内送新风,新风通过车行横通道流向火灾隧道,驾乘人员迎着新风进入横通道疏散。开启竖井内(即42、43号分支)轴流风机。风机开启和各分支风速数据如表2-2所示。

风机开启和各分支风速数据　　　　　　　　　　表 2-2

分支编号	风机开启数目	风速（m/s）	分支编号	风机开启数目	风速（m/s）
1	2（SDS112T-4P-37）	4.4	10	1（SDS63T-2P-15）	3.2
2	2（SDS112T-4P-37）	4.3	11	1（SDS63T-2P-15）	3.9
3	2（SDS112T-4P-37）	4.1	12	1（SDS63T-2P-15）	3.5
4	1（SDS112T-4P-37）	4.5	13	1（SDS63T-2P-15）	2.9
5	1（SDS112T-4P-37）	4.7	14	1（SDS63T-2P-15）	3.1
6	1（SDS112T-4P-37）	4.7	15	1（SDS63T-2P-15）	3.2
7	1（SDS112T-4P-37）	4.6	16	1（SDS63T-2P-15）	2.8
8	1（SDS112T-4P-37）	4.5	17	1（SDS63T-2P-15）	3.3
9	1（SDS63T-2P-15）	3.3	34	1（SDS112T-4P-37）	3.3

注：SDS112T-4P-37 等为表示射流风机型号。

　　同样，根据上述方法，可实现其他风机配置以及通风形式的通风计算，为公路隧道火灾情况下防灾救援的风机配置提供计算依据。

2.2 流体动力学模拟（Fluent）

2.2.1 Fluent 简介

　　Fluent 是一款由美国公司开发的运用计算机模拟和分析流体流动和热交换的专业软件，于 2006 年被 Ansys 公司收购。Fluent 是使用 C 语言编写的，因此具有很好的灵活性与很强的能力，如内存动态分配、数据结构高效、计算灵活控制等。它是目前国内外使用最多、最流行的商业软件之一，可以对流体流动规律、组分运输、能量交换、化学反应等流体行为进行系统深入的计算和分析，具有稳定性好、适用范围广、精度高等特点，具有模拟流动、湍流、热传递和反应等广泛物理现象的能力。其在工业上的应用包括从流过风机机翼的气流到炉膛内的燃烧，从鼓泡塔到钻井平台，从血液流动到半导体生产，以及从无尘室设计到污水处理装置等。Ansys 软件包整合 Fluent 软件之后，为其提供了优质的双向连接，使不同的应用程序之间共享结果变得更为容易。用户可以通过 Ansys 软件包中的 DesignModeler 软件进行几何建模，Meshing 软件进行网格划分，CFD-post 软件进行后处理，实现在一个平台完成所有有限元分析工作。

2.2.2 Fluent 计算原理

　　隧道火灾中烟气流动依然遵循三大守恒定律（质量守恒定律、动量守恒定律及能量守恒定律），由于火灾燃烧包含不同组分的相互作用，因此还要遵循组分质量守恒定律。各定律对应的基本控制方程如下。

　　1）质量守恒方程

　　质量守恒方程：

$$\frac{\partial \rho}{\partial t} + \nabla \cdot \rho \boldsymbol{u} = 0 \tag{2-8}$$

式中：ρ——密度（kg/m³）；

t——时间（s）；

∇——Hulmition 算子，$\nabla = \dfrac{\partial}{\partial x}\mathbf{i} + \dfrac{\partial}{\partial y}\mathbf{j} + \dfrac{\partial}{\partial z}\mathbf{k}$；

$\boldsymbol{u}$——速度矢量，m/s。

2）动量守恒方程

$$\rho\left[\frac{\partial u}{\partial t} + (\boldsymbol{u} \cdot \nabla)\boldsymbol{u}\right] + \nabla \cdot p = \rho g + f + \nabla \cdot \tau \tag{2-9}$$

式中：p——压力（Pa）；

g——当地的重力加速度（m/s²）；

f——浮力（N）；

τ——层间切应力（Pa）。

3）能量守恒方程

$$\frac{\partial(\rho E)}{\partial t} + \nabla \cdot \left[\boldsymbol{V}(\rho E + p)\right] = \nabla \cdot \left[k_{\text{eff}}\nabla \cdot T - \sum_j h_j J_j + (T_{\text{eff}} \cdot V)\right] + S_{\text{h}} \tag{2-10}$$

式中：E——流体微团的总能；

$\boldsymbol{V}$——气体的速度矢量；

k_{eff}——有效导热系数；

h_j——组分 j 的焓定义；

J_j——组分 j 的扩散通量；

T——温度；

T_{eff}——有效平均温度；

S_{h}——由于化学反应引起的放热量和吸热量。

4）组分质量守恒方程

一个特定的系统中可能包含多种化学组分，每一种组分都应遵循组分质量守恒定律。组分质量守恒方程如式（2-11）所示。

$$\frac{\partial}{\partial t}(\rho Y_l) + \nabla \cdot \rho Y_l\boldsymbol{u} = \nabla \cdot \rho K_l\nabla \cdot Y_l + m_l^{\text{m}} \tag{2-11}$$

式中：Y_l——第 l 种组分的浓度；

m_l^{m}——单位空间内第 l 种组分的质量产生速率（kg/s）；

K_l——第 l 种组分的扩散系数。

2.2.3　Fluent 计算案例

射流风机在隧道中的位置如图 2-3 所示，一组风机的两台风机轴间距为 3m，隧道断面参数如图 2-4 所示，射流风机型号为 SDS112T-4P-37，风机风速为 32.7m/s，用 Fluent 可求解出隧道内速度分布云图、风机圆心线上的速度曲线图以及两风机中心线上湍流强度曲线图。

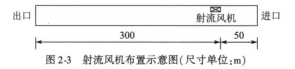

图 2-3　射流风机布置示意图（尺寸单位：m）

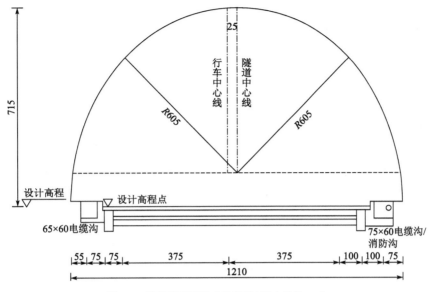

图2-4 隧道横断面尺寸示意图(尺寸单位:cm)

采用SpaceCliam软件建立长度为350m的1∶1双车道标准公路隧道三维模型。为提高网格质量和计算的精度,采用了结构化网格进行模型的网格划分,最终模型的网格数量为35万。建立的隧道射流纵向通风模型整体网格示意如图2-5所示,模型横断面网格划分示意如图2-6所示。

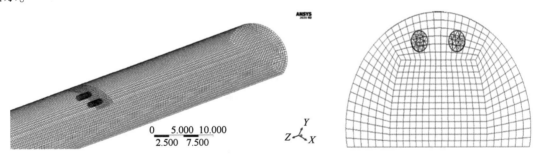

图2-5 隧道射流纵向通风模型网格示意图   图2-6 模型横断面网格划分示意图

将网格导入CFD计算软件Fluent进行迭代计算,模型采用基于压力的求解器,求解$k\text{-}\varepsilon$双方程湍流模型,速度-压力耦合采用SIMPLE(Semi-Implicit Method for Pressure-Linked Equation)算法,动量离散格式采用二阶迎风,其余量采用一阶迎风,计算收敛残差取1×10^{-4}。隧道入口、出口设定为压力出口边界条件,相对压强为零;隧道壁面设为固壁面边界条件,壁面无滑移,壁面扩散通量为零,根据《公路隧道通风设计细则》(JTG/T D70/2-02—2014),壁面粗糙度取8mm。射流风机入口、出口均设定为速度入口边界条件,其数值为所选用风机的出口流速参数,射流风机壁面设为壁面边界条件。综上所述,采用边界条件如表2-3所示。

边界条件   表2-3

模型位置	边界条件	参数
隧道入口	压力出口	0(大气压强相对值)

模型位置	边界条件	参数
隧道出口	压力出口	0（大气压强相对值）
风机进口	速度入口	32.7m/s
风机出口	速度入口	32.7m/s
隧道底部和顶部	壁面边界	粗糙度8mm

通过 Fluent 求解计算之后，将结果导入 CFD-post 进行可视化后处理分析。为了便于考察隧道内气流的速度和湍流强度等沿隧道纵向的分布情况，设置了 3 个监测位置，即隧道中线上三处 $h = 5.6\text{m}$、$h = 3.6\text{m}$ 和 $h = 1.6\text{m}$，如图 2-7 所示。得到隧道内风速分布云图如图 2-8 ~ 图 2-10 所示，风机圆心线上的速度曲线如图 2-11 所示，两风机中心线上湍流强度曲线如图 2-12 所示。

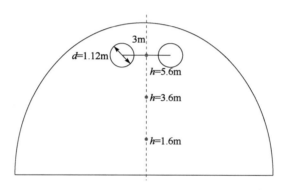

图 2-7　监测点位置示意图

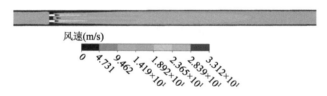

图 2-8　隧道水平截面风速云图（$h = 5.6\text{m}$）

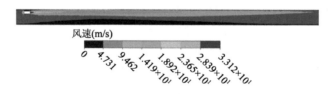

图 2-9　隧道垂直截面风速云图

图 2-10　隧道沿程截面风速云图

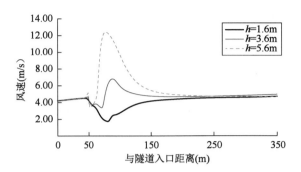

图 2-11   风机圆心线上的速度曲线

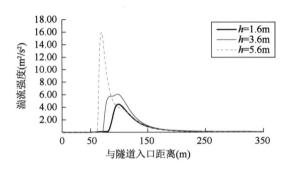

图 2-12   两风机中心线上湍流强度曲线

2.3 火灾动力学模拟（FDS）

2.3.1 FDS 简介

FDS 是以火灾中烟气运动为主要模拟对象的计算流体动力学软件。该软件采用数值方法求解热驱动的低速流动动量守恒方程,主要用于火灾中烟气流动和热传递过程的数值模拟。FDS 具有并行计算功能,普通计算机计算时,采用共享存储并行编程（OpenMP）进行多核并行计算;集群计算机（Cluster Computer）计算时,使用信息传递接口（MPI）实施并行计算。

FDS 开发的主要目标是解决消防工程的实际问题,即大规模火灾模拟问题,同时它也可作为火灾动力学和燃烧学研究的基本工具。目前,FDS 主要应用于烟气控制设计、探测器启动时间研究和火灾重构。火灾模型主要包括流体动力学模型、燃烧模型、辐射模型及边界条件。FDS 的流体动力学模型是求解适于热驱动的低速流动 N-S 方程,具体数值方法是空间和时间上具有二阶精度的显式预测校正算法。由于方程离散方法的限制,计算区域及内部物体只能为长方体及其组合体,且必须与计算网格对齐。当没有对齐时,FDS 会自动调整设置的坐标强制对齐。当建筑模型较为复杂时,可使用多个网格组成计算区域。湍流模型默认采用大涡模拟,当网格划分精密时也可采用直接模拟。关于燃烧模型,一般情况下应采用单步混合控制反应模型,复杂情况下,也可选用多步混合控制反应模型、多个反应模型及有限速率模型。

FDS 采用求解灰色体的辐射传热方程计算辐射导热,其数值方法类似于对流传热计算的有限容积法,具体计算时离散为 100 个辐射角。由于辐射计算的复杂性,辐射方程的求解时间约占总计算时间的20%。烟气混合气体的吸收系数使用 RadCal 窄带模型计算。在有水喷淋作用的情况下,液滴还具有吸收和散射热辐射能力,这是精确模拟水喷淋系统或细水雾系统对火的抑制作用的基本条件。在边界条件处理上,对物体表面均赋予一定的热边界条件,当物体为可燃物时还需要定义热解条件。火灾中,物体表面发生的传热传质现象采用经验公式处理。当湍流模型采用直接模拟时,也可直接计算物体表面的传热传质现象。

FDS 是火灾模拟领域应用最广泛的软件。从工程应用和科技文献看,30% 甚至更多的火灾模拟均采用 FDS 完成,这是由 FDS 的固有特点决定的。该软件具有以下优点。

1)火灾模拟功能丰富

FDS 是专业的火灾模拟软件,其功能包括消防工程量常用的火源设置、热解模型、燃烧模型、水喷淋系统、报警器模型和逻辑控制,能计算输出诸多和火灾有关的计算结果,气体参数主要有温度、速度、浓度、能见度、压力、网格热释放速率、密度和网格水滴质量,固体表面参数主要为温度、辐射与对流热流、燃烧率和单位面积水滴质量,其他参数主要为热释放率、喷头与探测器的启动时间、通过开口或固体表面的质量流与能量流。这些参数能够完整描述火灾产物的空间分布,满足消防工程设计和评估要求。

2)后处理功能强大

FDS 本身为 DOS 软件,计算后产生系列结果文件,这些文件可供其自带的后处理软件 Smokeview 读取并显示,必要时还可以生成动画。Smokeview 可显示点、线、面和体的数据,尤其在云图动画和三维等值面数据的显示方面毫不逊色于商业软件。

3)开源免费

FDS 及其后处理软件 Smokeview 不仅可以免费用于任何工程,而且两个软件的源代码可自由下载和使用,高水平的用户可以对其进行二次开发。

4)学习门槛低

与通用软件不同,FDS 进行火灾模拟的目的是专一的。FDS 针对火灾模拟进行了系列优化,涉及的模型参数均包括默认值,且这些默认值对多数情况是适用的。因此,用户可将更多的精力用于工程应用本身,而不用担心软件具体参数,许多无流体力学知识背景的工程师可方便地应用 FDS 解决实际问题。

2.3.2　FDS 计算原理

FDS 在模拟燃烧过程中的烟气流动和传热过程时有着很大的优势。其准确性经过大量试验验证,广泛应用于隧道火灾领域。FDS 基本控制方程如下:

(1)质量守恒方程:

$$\frac{\partial \rho}{\partial t} + \nabla \cdot \rho \boldsymbol{u} = \dot{m}_b'''　\tag{2-12}$$

(2)动量守恒方程:

$$\frac{\partial}{\partial t}(\boldsymbol{pu}) + \nabla \cdot \rho \boldsymbol{uu} + \nabla p = \rho \boldsymbol{g} + f + \nabla \cdot \tau_{ij}　\tag{2-13}$$

(3)能量守恒方程:

$$\frac{\partial}{\partial t}(\rho h_s) + \nabla \cdot p h_s \boldsymbol{u} = \frac{Dp}{Dt} + \dot{q}''' - \dot{q}_b''' - \nabla \cdot \dot{\boldsymbol{q}}'' + \varepsilon　\tag{2-14}$$

（4）状态方程：

$$p = \frac{\rho RT}{\overline{W}}\tag{2-15}$$

式中：ρ——气体密度，$\rho = (u,v,w)T$；

$\dot{m}_b'''$——汽化液滴的生成率；

f——外部作用力；

τ_{ij}——应力张量；

$\dot{q}'''$——单位体积热释放率；

$\dot{q}_b'''$——传递到蒸发液滴的能量；

$\dot{q}''$——传导和辐射热通量；

p——空间压；

h_s——烟气焓值；

$\overline{W}$——摩尔质量。

2.3.3 FDS计算案例

某公路隧道横断面面积为$80m^2$，衬砌净空尺寸（宽×高）为$9m \times 7m$，隧道计算长度截取500m，火源设置在隧道中心250m处，并采用t_2火灾发展模型模拟隧道火灾发展，火源设为快速火，发展系数α取0.04689，将隧道模型两端洞口设置为自然开口。计算网格尺寸取为$0.5m \times 0.5m \times 0.5m$。隧道火灾燃烧模型示意如图2-13所示。

图2-13 隧道火灾燃烧模型示意图

建立海拔为0m和4000m的不同规模隧道火灾燃烧模型，火源面积为$15m^2$，火源高度为1m，火焰高度如图2-14和图2-15所示。

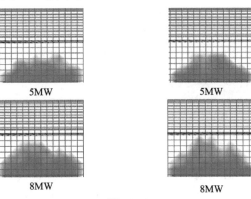

5MW 5MW

8MW 8MW

图 2-14

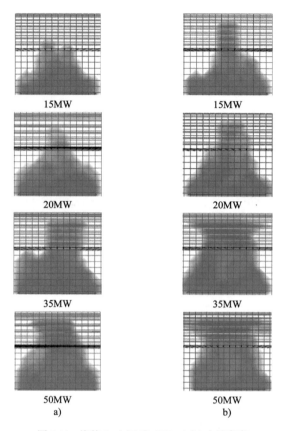

图2-14　海拔0m(左)和4000m(右)火焰高度

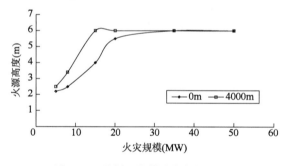

图2-15　不同火源规模火焰高度分析图

2.4 人员疏散三维模拟（Pathfinder）

2.4.1 Pathfinder 简介

Pathfinder专用于人员疏散仿真模拟,它主要包括SFPE模式和Steering模式两种人员运动模式。SFPE模式是基于人员自主选择出口的运动模式,它利用空间密度来确定人的运动速度。Steering模式是基于人类运动的行为模式,它使用路径规划、指导机制和碰撞处理等来控制人员运动。因为 Steering 模式更加符合人员疏散的实际过程,故通常采用该模式进行研究。Pathfinder 采用三维三角网格设计,通过对人员速度、密度及出口选择等参数的设定,能够真实模拟突发事故下逃生人员的疏散路径及逃生时间等信息,它还为用户的图形界面提供了模拟设计与执行功能,以及可视化动画分析结果。

2.4.2 Pathfinder 计算原理

Pathfinder 模拟软件主要包含仿真环境设定、模拟处理和结果分析三个基本过程。Pathfinder 仿真环境设定主要包括建筑环境和人员的设定,建筑环境包括对房间、楼梯等的设定,人员设定包括身高、肩宽、速度等的设定;模拟处理指对建立好的模型设置模拟时间及其他仿真参数,然后执行模拟,得到模拟结果。对于隧道来说,仿真结束之后主要对疏散时间、疏散路径等结果进行研究分析。

2.4.3 Pathfinder 计算案例

单线双洞铁路隧道加密横通道型紧急救援站,总长度为 550m,共 12 条疏散通道,横通道间距为 50m,横通道防护门宽 1.7m。疏散救援方案为列车驶入紧急救援站进行定点停车疏散,列车人员疏散到横通道内等待救援。

按照上述参数建立铁路隧道紧急救援站模型,设置相应的人员特征参数。紧急救援站人员疏散模型布局图如图 2-16 所示。

图 2-16　紧急救援站人员疏散模型布局图

该铁路隧道为客货共线铁路隧道,列车由 18 节车厢组成(其中车尾车厢为货车车厢),车厢长 25.5m,车门宽 1m,车身长 459m。在模拟过程中,人员总数以不同车厢定员人数为准,该列车假定设定工作人员 50 名。不同车厢的尺寸、定员、节数与位置如表 2-4 所示,各车厢人员随机分布。人员组成比例如图 2-17 所示。

不同车厢的尺寸、定员、节数与位置　　　　　　　　表 2-4

类型	尺寸(长×宽)	定员(人)	节数与位置
硬座车厢	25.5m×3m	118	第九～十七节
硬卧车厢	25.5m×3m	66	第二～五节
软卧车厢	25.5m×3m	36	第六～七节
餐车车厢	25.5m×3m	90	第八节
车头车厢	25.5m×3m	—	第一节
车尾货车车厢	25.5m×3m	—	第十八节

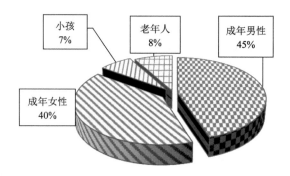

图2-17　人员组成比例

选取成年男性疏散速度为1.2m/s,成年女性疏散速度为1m/s,儿童疏散速度为0.8m/s,老人疏散速度为0.72m/s。铁路隧道紧急救援站火灾救援疏散时的人员疏散速度分布如图2-18所示。

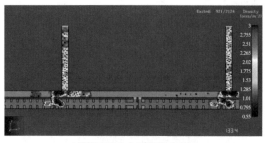

a)模拟疏散中人员密度分布图

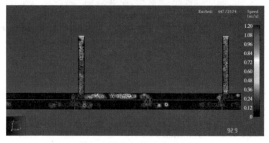

b)模拟疏散中人员速度分布图

图2-18　人员疏散速度分布

设置参数条件不变,横通道间距、防护门宽度和站台宽度的结构参数对出口人员聚集时间的影响规律分别如图2-19～图2-21所示。

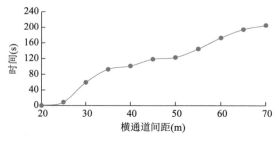

图2-19　横通道间距对出口人员聚集时间的影响规律

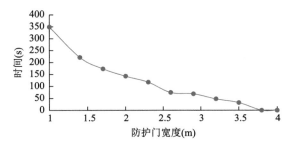

图 2-20　防护门宽度对出口人员聚集时间的影响规律

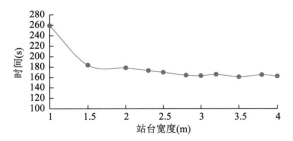

图 2-21　站台宽度对出口人员聚集时间的影响规律

第3章

天山胜利隧道联动防灾疏散分区研究

3.1 天山胜利隧道控烟分区划分方法

3.1.1 控烟分区划分原则

国内既有长大公路隧道的控烟分区划分如表 3-1 所示。

国内既有长大公路隧道的控烟分区划分　　　　　表 3-1

序号	划分依据	隧道名称	隧道长度（m）	分区数量	斜(竖)井数量
1	相邻横通道	终南山隧道	18200	两相邻车行横通道间为一个分区	3 竖
2	斜(竖)井位置	米仓山隧道	13800	排烟分区为 4 区段	2 斜 1 竖
3		西山隧道	20000	排烟分区为 3 区段	1 斜 1 竖
4		洪梯关隧道	13200	防火分区为 6 区段	4 斜
5		高楼山隧道	12248	排烟分区为 3 区段	3 斜 1 竖
6		云山隧道	左:11408 右:11377	排烟分区为 3 区段	左、右各 2 斜(竖)
7		宝塔山隧道	左:10191 右:10479	排烟分区为 3 区段	3 斜
8		中条山隧道	左:9670 右:9671	5 个火灾区段	3 竖
9	通风	白马隧道	13006	排烟分 3 区段,分别为 4.4km、4.8km、3.8km	2 斜
10	蓄水池	东天山隧道	左:11764 右:11775	隧道分为 0～5km,5～9km,9～13km 三段	2 斜

公路隧道控烟分区考虑斜(竖)井影响,基于烟气控制进行防烟分区。在正常工况下,公路隧道通过斜(竖)井向隧道内注入新鲜空气,稀释洞内由机动车排出的污染气体,使得隧道内的空气质量和烟雾透过率能够保证驾乘人员的身体健康和行车安全。

当发生火灾时,隧道内风流方向与行车方向一致,火源上游人员若不能通过车行横通道撤离至非火灾隧道,则需下车通过人行横通道撤离,火源下游车辆可快速从隧道出口驶离隧道。为保证火源上游人员疏散安全,火灾通风控制应遵循上游隧道环境安全,下游以最近的斜(竖)井排烟的原则,保证火灾隧道内人员撤离的安全性。因此,火灾情况下,距离火源最近的下游斜(竖)井向外排风,其余斜(竖)井不断向隧道内送风,使得隧道内的有毒气体和烟气得以排出,确保蔓延的火灾烟气控制在火源至火源下游距离最近的排烟口之间。

3.1.2 隧道控烟分区确定

根据上述控制烟气不跨区扩散的思想,结合天山胜利隧道结构特点,以竖井为分界点,将天山胜利隧道左、右线各分为 5 个控烟区间,共 10 个控烟分区,如图 3-1 所示。

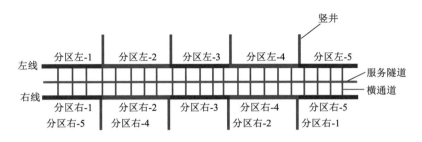

图 3-1 天山胜利隧道控烟分区示意图

3.2 天山胜利隧道疏散分区划分方法

3.2.1 疏散分区划分原则

考虑烟气控制区间,以竖井为分界点,将左线隧道、服务隧道、右线隧道共分为 10 个控烟区间。对于长度达 22km 的多交叉口公路隧道来说,还需进一步进行疏散区间的划分。目前国内特长公路隧道防灾疏散分区划分的方法主要是按照人员疏散安全需求,以相邻联络横通道为界进行分区(代表隧道为秦岭终南山隧道)。天山胜利隧道设计采用了以车行横通道作为疏散分区划分界线,具体如表 3-2 所示。秦岭终南山疏散区间划分考虑人员疏散安全,划分数目多达 142 个,数量多、预案多,不易执行。目前天山胜利隧道按车行横通道作为疏散区间的划分依据,划分数目为 61 个,虽然相对较少,但是为考虑具体的疏散情况,人员跨区间疏散情况较多,且执行预案时机电设备操作需要跨区间操作,不易执行。

国内既有长大公路隧道疏散分区划分 　　　　表 3-2

隧道名称	天山胜利隧道(设计方案)	秦岭终南山隧道
隧道长度(km)	22.1	18.2
划分依据	车行横通道	相邻横通道
分区数量(个)	61	142
竖井数量(个)	8	3

因此,考虑预案执行的高效性,提出防护门不跨区间开启的疏散区间划分原则,基于人员疏散和火源发生位置进行进一步区间划分。当发生火灾时,火源上游人员若不能通过车行横通道撤离至非火灾隧道,则需下车通过人行横通道撤离,根据火源点位置在分区范围内及横通道门不跨区间开启的原则,尽量满足人员不跨区间疏散。

3.2.2 隧道横通道布置概况

天山胜利隧道全长设置车行横通道 30 条,人行横通道 81 条,全隧道横通道分布详图如图 3-2 所示。

针对隧道各控烟分区,对分区内车行横通道、人行横通道位置进行了分析,横通道布置数量如表 3-3 所示。

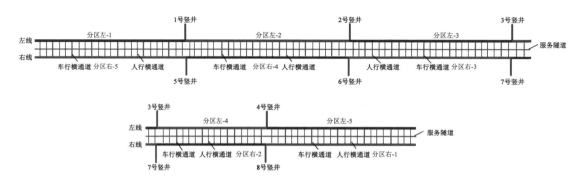

图 3-2　全隧道横通道分布详图

各防烟分区内横通道布置数量　　　　　　　　　　　　　　　　表 3-3

控烟分区	车行、人行横通道布置数量
左-1	6 条车行横通道、17 条人行横通道
左-2	7 条车行横通道、18 条人行横通道
左-3	7 条车行横通道、18 条人行横通道
左-4	5 条车行横通道、11 条人行横通道
左-5	5 条车行横通道、17 条人行横通道
右-1	5 条车行横通道、17 条人行横通道
右-2	5 条车行横通道、18 条人行横通道
右-3	7 条车行横通道、18 条人行横通道
右-4	7 条车行横通道、11 条人行横通道
右-5	6 条车行横通道、17 条人行横通道

由图 3-2 可知,可将横通道相对位置类型分为 6 类,"车"表示车行横通道,"人"表人行横通道。具体如下:

(1)"车人人车"横通道组合形式(共有 3 组);

(2)"车人人人车"横通道组合形式(共有 19 组);

(3)"车人人人人车"横通道组合形式(共有 1 组);

(4)"车车人人人车"横通道组合形式(共有 2 组);

(5)"人人人车"横通道组合形式(共有 1 组,位于隧道左侧);

(6)"车人人人"横通道组合形式(共有 1 组,位于隧道右侧)。

3.2.3　不同横通道布置组合下人员疏散分析

对于隧道疏散分区的划分,在控烟分区的基础上,对不同横通道布置组合下的火灾后人员疏散路径进行分析,确定各控烟区内的防灾疏散分区。

1)"车人人人车"横通道组合形式

考虑图 3-2 所示的人行横通道和车行横通道的分布情况,两条车行横通道之间有三条人行横通道("车人人人车"横通道组合形式)是出现最多的组合形式,为了确定该组合模式下人员疏散分区,建立横通道简图("人人车人人人车人人"横通道组合形式),火源发生点分别为火源点1~18,如图3-3所示。

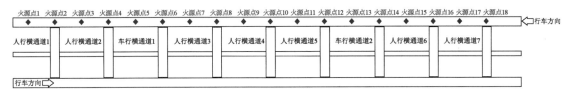

图3-3　不同火灾发生时横通道简图

(1)当火源发生在人行横通道1下游的左线隧道内时,具体疏散路径如图3-4所示。

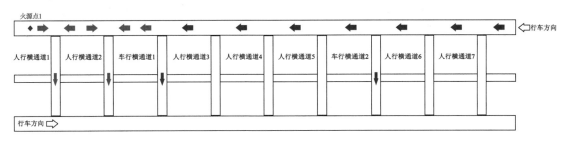

图3-4　火源点1疏散路径示意图

由图3-4可知,发生火灾时,火源点1下游车辆驾驶员可直接驾车驶离火灾区域。火源点1与人行横通道1之间的人员通过人行横通道1进行疏散,人行横通道1与人行横通道2之间的人员各自向两个横通道逃离火源区域,疏散人数各占两个横通道之间人数的一半,人行横通道2与车行横通道1之间的人员通过人行横通道2进行疏散。车行横通道1上游的车辆驾驶员通过下游最近的车行横通道驾车逃离火源区域。

(2)当火源发生在人行横通道1对应的左线隧道内时,具体疏散路径如图3-5所示。

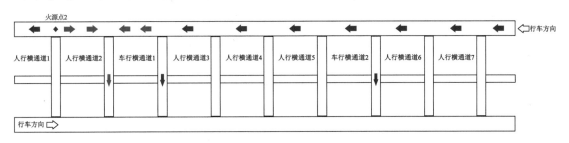

图3-5　火源点2疏散路径示意图

由图3-5可知,发生火灾时,火源点2下游车辆驾驶员可直接驾车驶离火灾区域。火源点2与人行横通道1之间的人员通过人行横通道1进行疏散,人行横通道2与车行横通道1之间的人员通过人行横通道2进行疏散。车行横通道1上游的车辆驾驶员通过下游最近的车行横通道驾车逃离火源区域。

(3)当火源发生在人行横通道1、人行横通道2之间的左线隧道内时,具体疏散路径如图3-6所示。

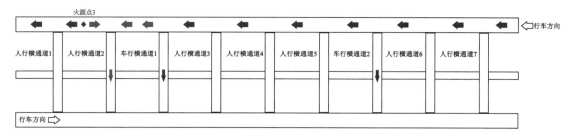

图 3-6　火源点 3 疏散路径示意图

由图 3-6 可知,发生火灾时,火源点 3 下游车辆驾驶员可直接驾车驶离火灾区域。火源点 3 与人行横通道 1 之间的人员通过人行横通道 1 进行疏散,人行横通道 2 与车行横通道 1 之间的人员通过人行横通道 2 进行疏散。车行横通道 1 上游的车辆驾驶员通过下游最近的车行横通道驾车逃离火源区域。

(4)当火源发生在人行横通道 2 对应的左线隧道内时,具体疏散路径如图 3-7 所示。

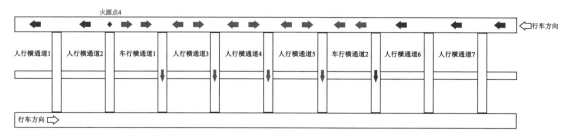

图 3-7　火源点 4 疏散路径示意图

由图 3-7 可知,发生火灾时,火源点 4 下游车辆驾驶员可直接驾车驶离火灾区域。火源点 4 与车行横通道 1 之间的人员通过车行横通道 1 进行疏散,车行横通道 1 与人行横通道 3 之间的人员各自向两个横通道逃离火源区域,人行横通道 3 与人行横通道 4 之间的人员各自向两个横通道逃离火源区域,人行横通道 4 与人行横通道 5 之间的人员各自向两个横通道逃离火源区域,疏散人数各占两个横通道之间人数的一半,人行横通道 5 与车行横通道 2 之间的人员通过人行横通道 5 进行疏散。车行横通道 2 上游的车辆驾驶员通过下游最近的车行横通道驾车逃离火源区域。

(5)当火源发生在人行横通道 2、车行横通道 1 之间的左线隧道内时,具体疏散路径如图 3-8 所示。

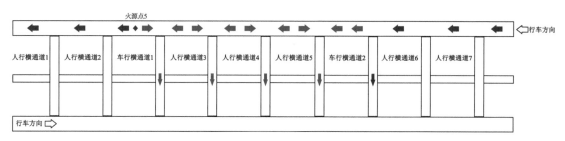

图 3-8　火源点 5 疏散路径示意图

由图 3-8 可知,发生火灾时,火源点 5 下游车辆驾驶员可直接驾车驶离火灾区域。火源点 5 与车行横通道 1 之间的人员通过车行横通道 1 进行疏散,车行横通道 1 与人行横通道 3 之间的人员各自向两个横通道逃离火源区域,人行横通道 3 与人行横通道 4 之间的人员各自向两个横通道逃离火源区域,人行横通道 4 与人行横通道 5 之间的人员各自向两个横通道逃离火源区域,疏散人数各占两个横通道之间人数的一半,人行横通道 5 与车行横通道 2 之间的人员通过人行横通道 5 进行疏散。车行横通道 2 上游的车辆驾驶员通过下游最近的车行横通道驾车逃离火源区域。

(6)当火源发生在车行横通道 1 对应的左线隧道内时,具体疏散路径如图 3-9 所示。

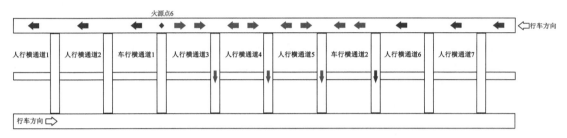

图 3-9　火源点 6 疏散路径示意图

由图 3-9 可知,发生火灾时,火源点 6 下游车辆驾驶员可直接驾车驶离火灾区域。火源点 6 与人行横通道 3 之间的人员通过人行横通道 3 进行疏散,人行横通道 3 与人行横通道 4 之间的人员各自向两个横通道逃离火源区域,人行横通道 4 与人行横通道 5 之间的人员各自向两个横通道逃离火源区域,疏散人数各占两个横通道之间人数的一半,人行横通道 5 与车行横通道 2 之间的人员通过人行横通道 5 进行疏散。车行横通道 2 上游的车辆驾驶员通过下游最近的车行横通道驾车逃离火源区域。

(7)当火源发生在车行横通道 1、人行横通道 3 之间的左线隧道内时,具体疏散路径如图 3-10 所示。

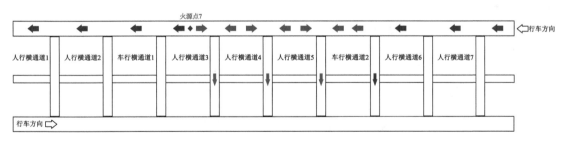

图 3-10　火源点 7 疏散路径示意图

由图 3-10 可知,发生火灾时,火源点 7 下游车辆驾驶员可直接驾车驶离火灾区域。火源点 7 与人行横通道 3 之间的人员通过人行横通道 3 进行疏散,人行横通道 3 与人行横通道 4 之间的人员各自向两个横通道逃离火源区域,人行横通道 4 与人行横通道 5 之间的人员各自向两个横通道逃离火源区域,疏散人数各占两个横通道之间人数的一半,人行横通道 5 与车行横通道 2 之间的人员通过人行横通道 5 进行疏散。车行横通道 2 上游的车辆驾驶员通过下游最近的车行横通道驾车逃离火源区域。

（8）当火源发生在人行横通道3对应的左线隧道内时,具体疏散路径如图3-11所示。

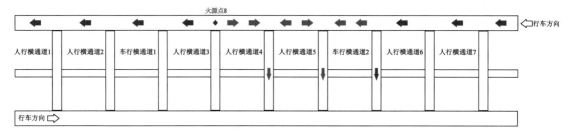

图3-11　火源点8疏散路径示意图

由图3-11可知,发生火灾时,火源点8下游车辆驾驶员可直接驾车驶离火灾区域。火源点8与人行横通道4之间的人员通过人行横通道4进行疏散,人行横通道4与人行横通道5之间的人员各自向两个横通道逃离火源区域,疏散人数各占两个横通道之间人数的一半,人行横通道5与车行横通道2之间的人员通过人行横通道5进行疏散。车行横通道2上游的车辆驾驶员通过下游最近的车行横通道驾车逃离火源区域。

（9）当火源发生在人行横通道3、4之间的左线隧道内时,具体疏散路径如图3-12所示。

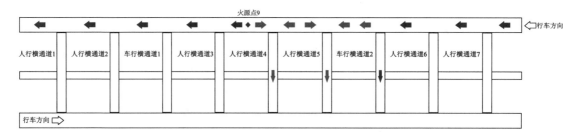

图3-12　火源点9疏散路径示意图

由图3-12可知,发生火灾时,火源点9下游车辆驾驶员可直接驾车驶离火灾区域。火源点9与人行横通道4之间的人员通过人行横通道4进行疏散,人行横通道4与人行横通道5之间的人员各自向两个横通道逃离火源区域,疏散人数各占两个横通道之间人数的一半,人行横通道5与车行横通道2之间的人员通过人行横通道5进行疏散。车行横通道2上游的车辆驾驶员通过下游最近的车行横通道驾车逃离火源区域。

（10）当火源发生在人行横通道4对应的左线隧道内时,具体疏散路径如图3-13所示。

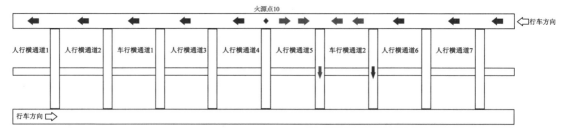

图3-13　火源点10疏散路径示意图

由图3-13可知,发生火灾时,火源点10下游车辆驾驶员可直接驾车驶离火灾区域。火源点10与人行横通道5之间的人员通过人行横通道5进行疏散,人行横通道5与车行横通道2

之间的人员通过人行横通道5进行疏散。车行横通道2上游的车辆驾驶员通过下游最近的车行横通道驾车逃离火源区域。

（11）当火源发生在人行横通道4、5之间的左线隧道内时，具体疏散路径如图3-14所示。

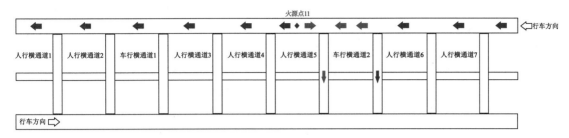

图3-14　火源点11疏散路径示意图

由图3-14可知，发生火灾时，火源点11下游车辆驾驶员可直接驾车驶离火灾区域。火源点11与人行横通道5之间的人员通过人行横通道5进行疏散，人行横通道5与车行横通道2之间的人员通过人行横通道5进行疏散。车行横通道2上游的车辆驾驶员通过下游最近的车行横通道驾车逃离火源区域。

（12）当火源发生在人行横通道5对应的左线隧道内时，具体疏散路径如图3-15所示。

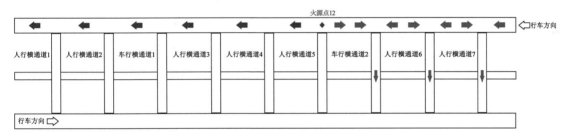

图3-15　火源点12疏散路径示意图

由图3-15可知，发生火灾时，火源点12下游车辆驾驶员可直接驾车驶离火灾区域。火源点12与车行横通道2之间的人员通过车行横通道2进行疏散，车行横通道2与人行横通道6之间的人员各自向两个横通道逃离火源区域，人行横通道6与人行横通道7之间的人员各自向两个横通道逃离火源区域，疏散人数各占两个横通道之间人数的一半，人行横通道7上游人员若不能通过车行横通道撤离至非火灾隧道，则需下车通过人行横通道撤离。

（13）当火源发生在人行横通道5、车行横通道2之间的左线隧道内时，具体疏散路径如图3-16所示。

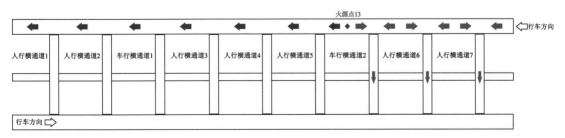

图3-16　火源点13疏散路径示意图

由图 3-16 可知,发生火灾时,火源点 13 下游车辆驾驶员可直接驾车驶离火灾区域。火源点 13 与车行横通道 2 之间的人员通过车行横通道 2 进行疏散,车行横通道 2 与人行横通道 6 之间的人员各自向两个横通道逃离火源区域,人行横通道 6 与人行横通道 7 之间的人员各自向两个横通道逃离火源区域,疏散人数各占两个横通道之间人数的一半,人行横通道 7 上游人员若不能通过车行横通道撤离至非火灾隧道,则需下车通过人行横通道撤离。

（14）当火源发生在车行横通道 2 对应的左线隧道内时,具体疏散路径如图 3-17 所示。

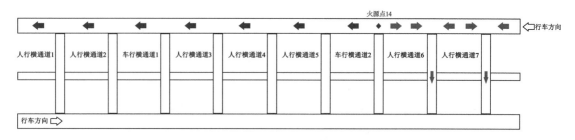

图 3-17　火源点 14 疏散路径示意图

由图 3-17 可知,发生火灾时,火源点 14 下游车辆驾驶员可直接驾车驶离火灾区域。火源点 14 与人行横通道 6 之间的人员通过人行横通道 6 进行疏散,人行横通道 6 与人行横通道 7 之间的人员各自向两个横通道逃离火源区域,疏散人数各占两个横通道之间人数的一半,人行横通道 7 上游人员若不能通过车行横通道撤离至非火灾隧道,则需下车通过人行横通道撤离。

（15）当火源发生在车行横通道 2 与人行横通道 6 之间的左线隧道内时,具体疏散路径如图 3-18 所示。

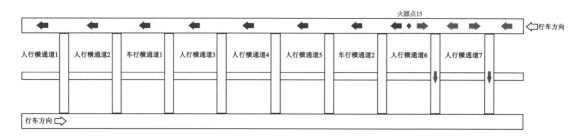

图 3-18　火源点 15 疏散路径示意图

由图 3-18 可知,发生火灾时,火源点 15 下游车辆驾驶员可直接驾车驶离火灾区域。火源点 15 与人行横通道 6 之间的人员通过人行横通道 6 进行疏散,人行横通道 6 与人行横通道 7 之间的人员各自向两个横通道逃离火源区域,疏散人数各占两个横通道之间人数的一半,人行横通道 7 上游人员若不能通过车行横通道撤离至非火灾隧道,则需下车通过人行横通道撤离。

（16）当火源发生在人行横通道 6 对应的左线隧道内时,具体疏散路径如图 3-19 所示。

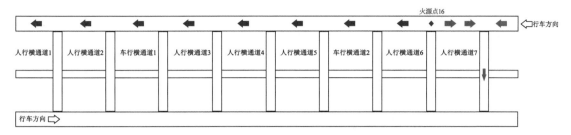

图 3-19　火源点 16 疏散路径示意图

由图 3-19 可知,发生火灾时,火源点 16 下游车辆驾驶员可直接驾车驶离火灾区域。火源点 16 与人行横通道 7 之间的人员通过人行横通道 7 进行疏散,人行横通道 7 上游人员若不能通过车行横通道撤离至非火灾隧道,则需下车通过人行横通道撤离。

(17)当火源发生在人行横通道 6、7 之间的左线隧道内时,具体疏散路径如图 3-20 所示。

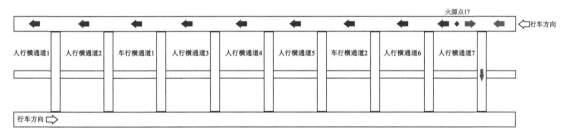

图 3-20　火源点 17 疏散路径示意图

由图 3-20 可知,发生火灾时,火源点 17 下游车辆驾驶员可直接驾车驶离火灾区域,火源上游人员若不能通过车行横通道撤离至非火灾隧道,则需下车通过人行横通道撤离。

(18)当火源发生在人行横通道 7 对应的左线隧道内时,具体疏散路径如图 3-21 所示。

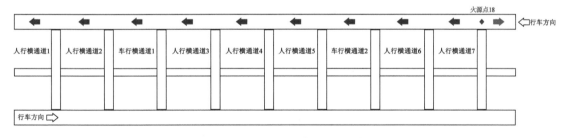

图 3-21　火源点 10 疏散路径示意图

由图 3-21 可知,发生火灾时,火源点 18 下游车辆驾驶员可直接驾车驶离火灾区域,火源上游人员若不能通过车行横通道撤离至非火灾隧道,则需下车通过人行横通道撤离。

2)"车车人人人车"横通道组合形式

考虑图 3-2 所示的人行横通道和车行横通道的分布情况,以及两条车行横通道、三条人行横通道加一条车行横通道("车车人人人车"横通道组合形式),为了确定该组合模式下人员疏散分区,建立横通道简图(采用"人人车车人人人车人人"横通道组合形式),火源发生点分别为火源点 1~20,如图 3-22 所示。

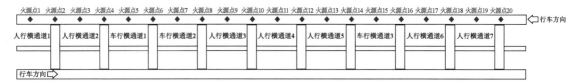

图 3-22　不同火灾发生时横通道简图

（1）当火源发生在车行横通道 1 下游的左线隧道内时,具体疏散路径如图 3-23 所示。

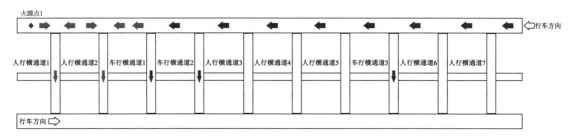

图 3-23　火源点 1 疏散路径示意图

由图 3-23 可知,发生火灾时,火源点 1 下游车辆驾驶员可直接驾车驶离火灾区域。火源点 1 与人行横通道 1 之间的人员通过人行横通道 1 进行疏散,人行横通道 1 与人行横通道 2 之间的人员各自向两个横通道逃离火源区域,疏散人数各占两个横通道之间人数的一半,车行横通道 1 与车行横通道 2 之间的车辆通过车行横通道 1 进行疏散,车行横通道 2 上游的车辆驾驶员通过下游最近的车行横通道驾车逃离火源区域。

（2）当火源发生在人行横通道 1 对应的左线隧道内时,具体疏散路径如图 3-24 所示。

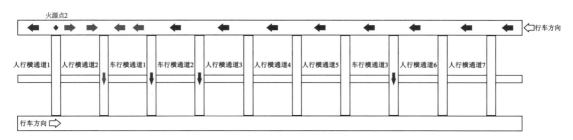

图 3-24　火源点 2 疏散路径示意图

由图 3-24 可知,发生火灾时,火源点 2 下游车辆驾驶员可直接驾车驶离火灾区域。火源点 2 与人行横通道 2 之间的人员通过人行横通道 2 进行疏散,人行横通道 2 与车行横通道 1 之间的人员通过人行横通道 2 进行疏散,车行横通道 1 与车行横通道 2 之间的车辆通过车行横通道 1 进行疏散,车行横通道 2 上游的车辆驾驶员通过下游最近的车行横通道驾车逃离火源区域。

（3）当火源发生在人行横通道 1、车行横通道 2 之间的左线隧道内时,具体疏散路径如图 3-25 所示。

由图 3-25 可知,发生火灾时,火源点 3 下游车辆驾驶员可直接驾车驶离火灾区域。火源点 3 与人行横通道 2 之间的人员通过人行横通道 2 进行疏散,人行横通道 2 与车行横通道 1 之间的人员通过人行横通道 2 进行疏散,车行横通道 1 与车行横通道 2 之间的车辆通过车行横通道 1 进行疏散,车行横通道 2 上游的车辆驾驶员通过下游最近的车行横通道驾车逃离火源区域。

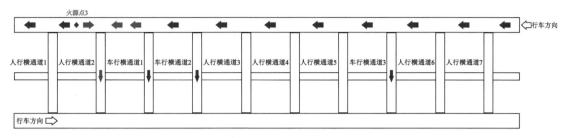

图 3-25　火源点 3 疏散路径示意图

(4)当火源发生在人行横通道 2 对应的左线隧道内时,具体疏散路径如图 3-26 所示。

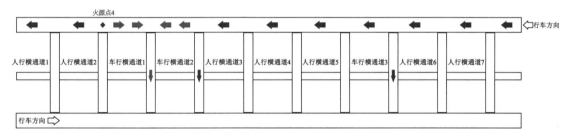

图 3-26　火源点 4 疏散路径示意图

由图 3-26 可知,发生火灾时,火源点 4 下游车辆驾驶员可直接驾车驶离火灾区域。火源点 4 与车行横通道 1 之间的人员通过车行横通道 1 进行疏散,车行横通道 1 与车行横通道 2 之间的车辆通过车行横通道 1 进行疏散,车行横通道 2 上游的车辆驾驶员通过下游最近的车行横通道驾车逃离火源区域。

(5)当火源发生在人行横通道 2、车行横通道 1 之间的左线隧道内时,具体疏散路径如图 3-27 所示。

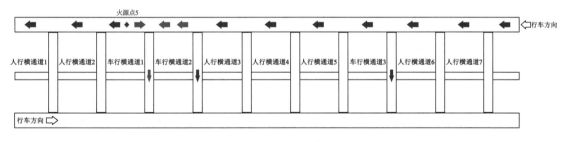

图 3-27　火源点 5 疏散路径示意图

由图 3-27 可知,发生火灾时,火源点 5 下游车辆驾驶员可直接驾车驶离火灾区域。火源点 5 与车行横通道 1 之间的人员通过车行横通道 1 进行疏散,车行横通道 1 与车行横通道 2 之间的车辆通过车行横通道 1 进行疏散,车行横通道 2 上游的车辆驾驶员通过下游最近的车行横通道驾车逃离火源区域。

(6)当火源发生在车行横通道 1 对应的左线隧道内时,具体疏散路径如图 3-28 所示。

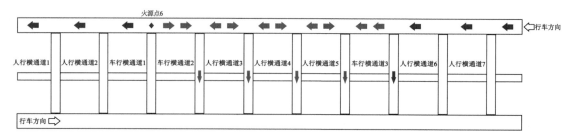

图 3-28　火源点 6 疏散路径示意图

由图 3-28 可知,发生火灾时,火源点 6 下游车辆驾驶员可直接驾车驶离火灾区域。火源点 6 与车行横通道 2 之间的人员通过车行横通道 2 进行疏散,车行横通道 2 与人行横通道 3 之间的人员各自向两个横通道逃离火源区域,人行横通道 3 与人行横通道 4 之间的人员各自向两个横通道逃离火源区域,人行横通道 4 与人行横通道 5 之间的人员各自向两个横通道逃离火源区域,疏散人数各占两个横通道之间人数的一半,人行横通道 5 与车行横通道 3 之间的人员通过人行横通道 5 进行疏散。车行横通道 3 上游的车辆驾驶员通过下游最近的车行横通道驾车逃离火源区域。

（7）当火源发生在车行横通道 1、2 之间的左线隧道内时,具体疏散路径如图 3-29 所示。

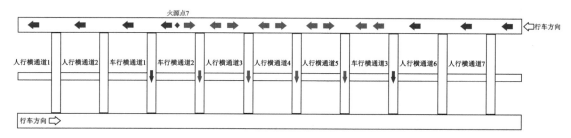

图 3-29　火源点 7 疏散路径示意图

由图 3-29 可知,发生火灾时,火源点 7 下游车辆驾驶员可直接驾车驶离火灾区域。火源点 7 与车行横通道 2 之间的人员通过车行横通道 2 进行疏散,车行横通道 2 与人行横通道 3 之间的人员各自向两个横通道逃离火源区域,人行横通道 3 与人行横通道 4 之间的人员各自向两个横通道逃离火源区域,人行横通道 4 与人行横通道 5 之间的人员各自向两个横通道逃离火源区域,疏散人数各占两个横通道之间人数的一半,人行横通道 5 与车行横通道 3 之间的人员通过人行横通道 5 进行疏散。车行横通道 3 上游的车辆驾驶员通过下游最近的车行横通道驾车逃离火源区域。

（8）当火源发生在车行横通道 2 对应的左线隧道内时,具体疏散路径如图 3-30 所示。

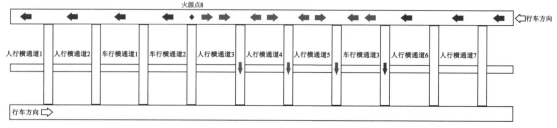

图 3-30　火源点 8 疏散路径示意图

由图 3-30 可知,发生火灾时,火源点 8 下游车辆驾驶员可直接驾车驶离火灾区域。火源点 8 与人行横通道 3 之间的人员通过人行横通道 3 进行疏散,人行横通道 3 与人行横通道 4 之间的人员各自向两个横通道逃离火源区域,人行横通道 4 与人行横通道 5 之间的人员各自向两个横通道逃离火源区域,疏散人数各占两个横通道之间人数的一半,人行横通道 5 与车行横通道 3 之间的人员通过人行横通道 5 进行疏散。车行横通道 3 上游的车辆驾驶员通过下游最近的车行横通道驾车逃离火源区域。

（9）当火源发生在车行横通道 2、人行横通道 3 之间的左线隧道内时,具体疏散路径如图 3-31 所示。

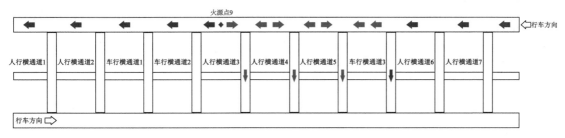

图 3-31　火源点 9 疏散路径示意图

由图 3-31 可知,发生火灾时,火源点 9 下游车辆驾驶员可直接驾车驶离火灾区域。火源点 9 与人行横通道 3 之间的人员通过人行横通道 3 进行疏散,人行横通道 3 与人行横通道 4 之间的人员各自向两个横通道逃离火源区域,人行横通道 4 与人行横通道 5 之间的人员各自向两个横通道逃离火源区域,疏散人数各占两个横通道之间人数的一半,人行横通道 5 与车行横通道 3 之间的人员通过人行横通道 5 进行疏散。车行横通道 3 上游的车辆驾驶员通过下游最近的车行横通道驾车逃离火源区域。

（10）当火源发生在人行横通道 3 对应的左线隧道内时,具体疏散路径如图 3-32 所示。

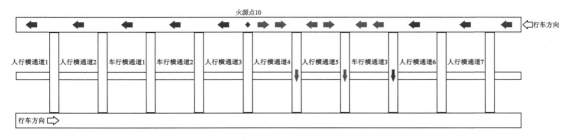

图 3-32　火源点 10 疏散路径示意图

由图 3-32 可知,发生火灾时,火源点 10 下游车辆驾驶员可直接驾车驶离火灾区域。火源点 10 与人行横通道 4 之间的人员通过人行横通道 4 进行疏散,人行横通道 4 与人行横通道 5 之间的人员各自向两个横通道逃离火源区域,疏散人数各占两个横通道之间人数的一半,人行横通道 5 与车行横通道 3 之间的人员通过人行横通道 5 进行疏散。车行横通道 3 上游的车辆驾驶员通过下游最近的车行横通道驾车逃离火源区域。

（11）当火源发生在人行横通道 3、4 之间的左线隧道内时,具体疏散路径如图 3-33 所示。

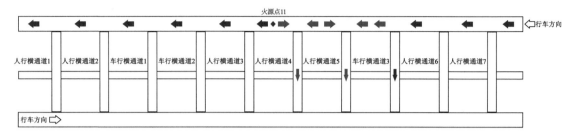

图 3-33　火源点 11 疏散路径示意图

由图 3-33 可知,发生火灾时,火源点 11 下游车辆驾驶员可直接驾车驶离火灾区域。火源点 11 与人行横通道 4 之间的人员通过人行横通道 4 进行疏散,人行横通道 4 与人行横通道 5 之间的人员各自向两个横通道逃离火源区域,疏散人数各占两个横通道之间人数的一半,人行横通道 5 与车行横通道 3 之间的人员通过人行横通道 5 进行疏散。车行横通道 3 上游的车辆驾驶员通过下游最近的车行横通道驾车逃离火源区域。

(12)当火源发生在人行横通道 4 对应的左线隧道内时,具体疏散路径如图 3-34 所示。

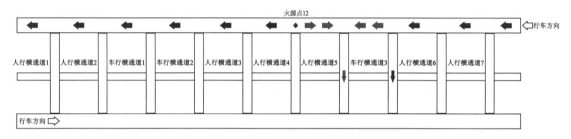

图 3-34　火源点 12 疏散路径示意图

由图 3-34 可知,发生火灾时,火源点 12 下游车辆驾驶员可直接驾车驶离火灾区域。火源点 12 与人行横通道 5 之间的人员通过人行横通道 5 进行疏散,人行横通道 5 与车行横通道 3 之间的人员通过人行横通道 5 进行疏散。车行横通道 3 上游的车辆驾驶员通过下游最近的车行横通道驾车逃离火源区域。

(13)当火源发生在人行横通道 4、5 之间的左线隧道内时,具体疏散路径如图 3-35 所示。

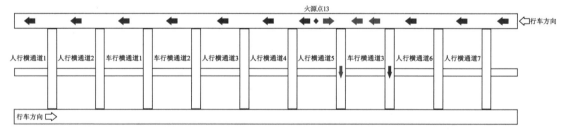

图 3-35　火源点 13 疏散路径示意图

由图 3-35 可知,发生火灾时,火源点 13 下游车辆驾驶员可直接驾车驶离火灾区域。火源点 13 与人行横通道 5 之间的人员通过人行横通道 5 进行疏散,人行横通道 5 与车行横通道 3 之间的人员通过人行横通道 5 进行疏散。车行横通道 3 上游的车辆驾驶员通过下游最近的车行横通道驾车逃离火源区域。

（14）当火源发生在人行横通道 5 对应的左线隧道内时，具体疏散路径如图 3-36 所示。

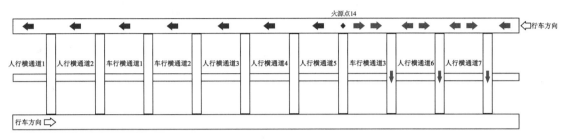

图 3-36　火源点 14 疏散路径示意图

由图 3-36 可知，发生火灾时，火源点 14 下游车辆驾驶员可直接驾车驶离火灾区域。火源点 14 与车行横通道 3 之间的人员通过车行横通道 3 进行疏散，车行横通道 3 与人行横通道 6 之间的人员各自向两个横通道逃离火源区域，人行横通道 6 与人行横通道 7 之间的人员各自向两个横通道逃离火源区域，疏散人数各占两个横通道之间人数的一半。人行横通道 7 上游人员若不能通过车行横通道撤离至非火灾隧道，则需下车通过人行横通道撤离。

（15）当火源发生在人行横通道 5、车行横通道 3 之间的左线隧道内时，具体疏散路径如图 3-37 所示。

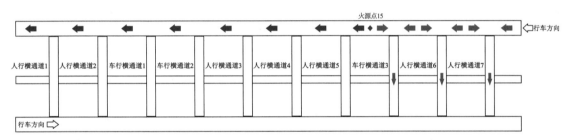

图 3-37　火源点 15 疏散路径示意图

由图 3-37 可知，发生火灾时，火源点 15 下游车辆驾驶员可直接驾车驶离火灾区域。火源点 15 与车行横通道 3 之间的人员通过车行横通道 3 进行疏散，车行横通道 3 与人行横通道 6 之间的人员各自向两个横通道逃离火源区域，人行横通道 6 与人行横通道 7 之间的人员各自向两个横通道逃离火源区域，疏散人数各占两个横通道之间人数的一半。人行横通道 7 上游人员若不能通过车行横通道撤离至非火灾隧道，则需下车通过人行横通道撤离。

（16）当火源发生在车行横通道 3 对应的左线隧道内时，具体疏散路径如图 3-38 所示。

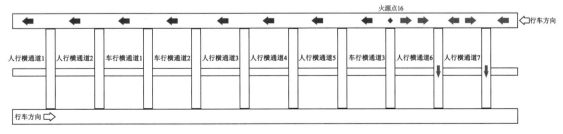

图 3-38　火源点 16 疏散路径示意图

由图 3-38 可知,发生火灾时,火源点 16 下游车辆驾驶员可直接驾车驶离火灾区域。火源点 16 与人行横通道 6 之间的人员通过人行横通道 6 进行疏散,人行横通道 6 与人行横通道 7 之间的人员各自向两个横通道逃离火源区域,疏散人数各占两个横通道之间人数的一半。人行横通道 7 上游人员若不能通过车行横通道撤离至非火灾隧道,则需下车通过人行横通道撤离。

(17)当火源发生在车行横通道 3、人行横通道 6 之间的左线隧道内时,具体疏散路径如图 3-39 所示。

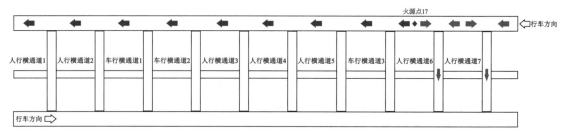

图 3-39　火源点 17 疏散路径示意图

由图 3-39 可知,发生火灾时,火源点 17 下游车辆驾驶员可直接驾车驶离火灾区域。火源点 17 与人行横通道 6 之间的人员通过人行横通道 6 进行疏散,人行横通道 6 与人行横通道 7 之间的人员各自向两个横通道逃离火源区域,疏散人数各占两个横通道之间人数的一半。人行横通道 7 上游人员若不能通过车行横通道撤离至非火灾隧道,则需下车通过人行横通道撤离。

(18)当火源发生在车行横通道 3 对应的左线隧道内时,具体疏散路径如图 3-40 所示。

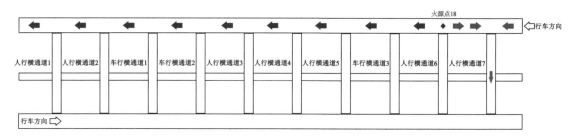

图 3-40　火源点 18 疏散路径示意图

由图 3-40 可知,发生火灾时,火源点 18 下游车辆驾驶员可直接驾车驶离火灾区域。火源点 18 与人行横通道 7 之间的人员通过人行横通道 7 进行疏散,人行横通道 7 上游人员若不能通过车行横通道撤离至非火灾隧道,则需下车通过人行横通道撤离。

(19)当火源发生在人行横通道 6、7 之间的左线隧道内时,具体疏散路径如图 3-41 所示。

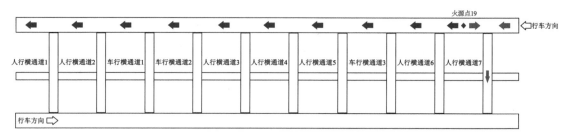

图 3-41　火源点 19 疏散路径示意图

由图 3-41 可知,发生火灾时,火源点 19 下游车辆驾驶员可直接驾车驶离火灾区域。火源点 19 与人行横通道 7 之间的人员通过人行横通道 7 进行疏散,人行横通道 7 上游人员若不能通过车行横通道撤离至非火灾隧道,则需下车通过人行横通道撤离。

(20) 当火源发生在人行横通道 7 对应的左线隧道内时,具体疏散路径如图 3-42 所示。

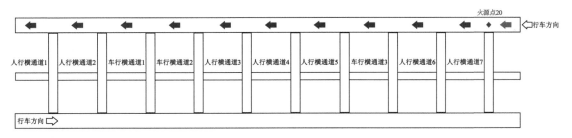

图 3-42　火源点 20 疏散路径示意图

由图 3-42 可知,发生火灾时,火源点 20 下游车辆驾驶员可直接驾车驶离火灾区域,火源点 20 上游人员若不能通过车行横通道撤离至非火灾隧道,则需下车通过人行横通道撤离。

3)"人人人车"横通道组合形式

考虑图 3-2 所示的人行横通道和车行横通道的分布情况,三条人行横通道一条车行横通道("人人人车"横通道组合形式)出现在左线隧道出口处。为了确定该组合模式下的人员疏散分区,建立横通道简图("人人人车人人车"横通道组合形式),火源发生点分别为火源点 1~14,如图 3-43 所示。

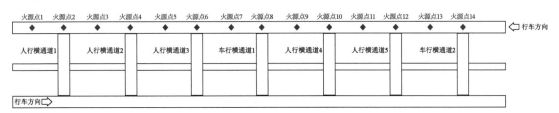

图 3-43　不同火灾发生时横通道简图

(1) 当火源发生在人行横通道 1 下游的左线隧道内时,具体疏散路径如图 3-44 所示。

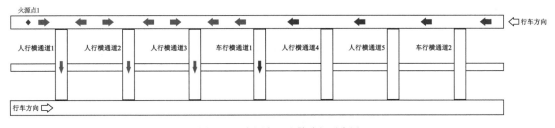

图 3-44　火源点 1 疏散路径示意图

由图 3-44 可知,发生火灾时,火源点 1 下游车辆驾驶员可直接驾车驶离火灾区域。火源点 1 与人行横通道 1 之间的人员通过人行横通道 1 进行疏散,人行横通道 1 与人行横通道 2 之间的人员各自向两个横通道逃离火源区域,人行横通道 2 与人行横通道 3 之间的人员各自向两个横通道逃离火源区域,疏散人数各占两个横通道之间人数的一半,人行横通道 3 与车行横通道1之间的人员通过人行横通道3进行疏散。车行横通道1上游的车辆驾驶员通过下游最近的车行横通道驾车逃离火源区域。

（2）当火源发生在车行横通道1对应的左线隧道内时，具体疏散路径如图3-45所示。

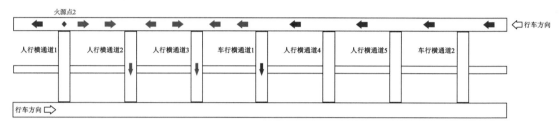

图3-45　火源点2疏散路径示意图

由图3-45可知，发生火灾时，火源点2下游车辆驾驶员可直接驾车驶离火灾区域。火源点2与人行横通道2之间的人员通过人行横通道2进行疏散，人行横通道2与人行横通道3之间的人员各自向两个横通道逃离火源区域，疏散人数各占两个横通道之间人数的一半，人行横通道3与车行横通道1之间的人员通过人行横通道3进行疏散。车行横通道1上游的车辆驾驶员通过下游最近的车行横通道驾车逃离火源区域。

（3）当火源发生在人行横通道1、2之间的左线隧道内时，具体疏散路径如图3-46所示。

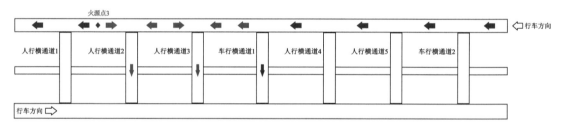

图3-46　火源点3疏散路径示意图

由图3-46可知，发生火灾时，火源点3下游车辆驾驶员可直接驾车驶离火灾区域。火源点3与人行横通道2之间的人员通过人行横通道2进行疏散，人行横通道2与人行横通道3之间的人员各自向两个横通道逃离火源区域，疏散人数各占两个横通道之间人数的一半，人行横通道3与车行横通道1之间的人员通过人行横通道3进行疏散。车行横通道1上游的车辆驾驶员通过下游最近的车行横通道驾车逃离火源区域。

（4）当火源发生在人行横通道2对应的左线隧道内时，具体疏散路径如图3-47所示。

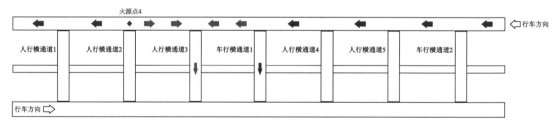

图3-47　火源点4疏散路径示意图

由图3-47可知，发生火灾时，火源点4下游车辆驾驶员可直接驾车驶离火灾区域。火源点4与人行横通道3之间的人员通过人行横通道3进行疏散，人行横通道3与车行横通道1

之间的人员通过人行横通道3进行疏散。车行横通道1上游的车辆驾驶员通过下游最近的车行横通道驾车逃离火源区域。

（5）当火源发生在人行横通道2、3之间的左线隧道内时，具体疏散路径如图3-48所示。

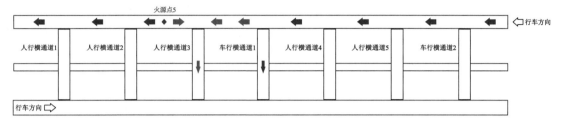

图3-48 火源点5疏散路径示意图

由图3-48可知，发生火灾时，火源点5下游车辆驾驶员可直接驾车驶离火灾区域。火源点5与人行横通道3之间的人员通过人行横通道3进行疏散，人行横通道3与车行横通道1之间的人员通过人行横通道3进行疏散。车行横通道1上游的车辆驾驶员通过下游最近的车行横通道驾车逃离火源区域。

（6）当火源发生在人行横通道2对应的左线隧道内时，具体疏散路径如图3-49所示。

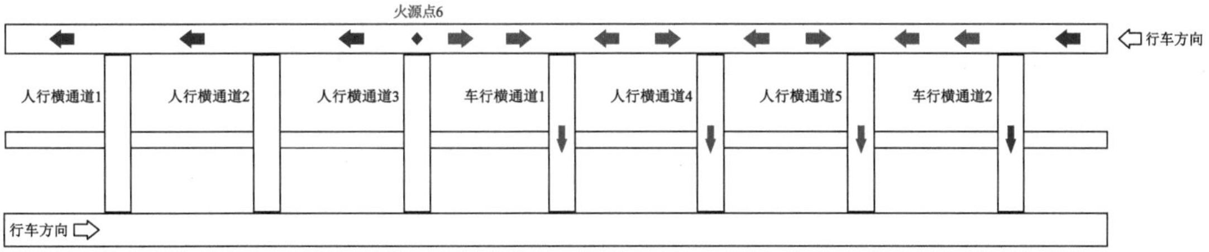

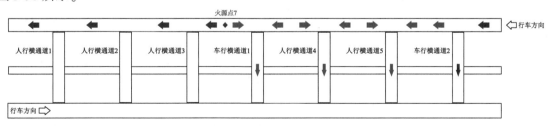

图3-49 火源点6疏散路径示意图

由图3-49可知，发生火灾时，火源点6下游车辆驾驶员可直接驾车驶离火灾区域。火源点6与车行横通道1之间的人员通过车行横通道1进行疏散，车行横通道1与人行横通道4之间的人员各自向两个横通道逃离火源区域，人行横通道4与人行横通道5之间的人员各自向两个横通道逃离火源区域，疏散人数各占两个横通道之间人数的一半，人行横通道5与车行横通道2之间的人员通过人行横通道5进行疏散。车行横通道2上游的车辆驾驶员通过下游最近的车行横通道驾车逃离火源区域。

（7）当火源发生在人行横通道3、车行横通道1之间的左线隧道内时，具体疏散路径如图3-50所示。

图3-50 火源点7疏散路径示意图

由图 3-50 可知,发生火灾时,火源点 7 下游车辆驾驶员可直接驾车驶离火灾区域。火源点 7 与车行横通道 1 之间的人员通过车行横通道 1 进行疏散,车行横通道 1 与人行横通道 4 之间的人员各自向两个横通道逃离火源区域,人行横通道 4 与人行横通道 5 之间的人员各自向两个横通道逃离火源区域,疏散人数各占两个横通道之间人数的一半,人行横通道 5 与车行横通道 2 之间的人员通过人行横通道 5 进行疏散。车行横通道 2 上游的车辆驾驶员通过下游最近的车行横通道驾车逃离火源区域。

(8)当火源发生在车行横通道 1 对应的左线隧道内时,具体疏散路径如图 3-51 所示。

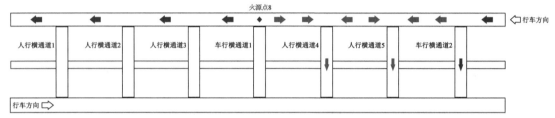

图 3-51　火源点 8 疏散路径示意图

由图 3-51 可知,发生火灾时,火源点 8 下游车辆驾驶员可直接驾车驶离火灾区域。火源点 8 与人行横通道 4 之间的人员通过人行横通道 4 进行疏散,人行横通道 4 与人行横通道 5 之间的人员各自向两个横通道逃离火源区域,疏散人数各占两个横通道之间人数的一半,人行横通道 5 与车行横通道 2 之间的人员通过人行横通道 5 进行疏散。车行横通道 2 上游的车辆驾驶员通过下游最近的车行横通道驾车逃离火源区域。

(9)当火源发生在车行横通道 1、人行横通道 4 之间的左线隧道内时,具体疏散路径如图 3-52 所示。

图 3-52　火源点 9 疏散路径示意图

由图 3-52 可知,发生火灾时,火源点 9 下游车辆驾驶员可直接驾车驶离火灾区域。火源点 9 与人行横通道 4 之间的人员通过人行横通道 4 进行疏散,人行横通道 4 与人行横通道 5 之间的人员各自向两个横通道逃离火源区域,疏散人数各占两个横通道之间人数的一半,人行横通道 5 与车行横通道 2 之间的人员通过人行横通道 5 进行疏散。车行横通道 2 上游的车辆驾驶员通过下游最近的车行横通道驾车逃离火源区域。

(10)当火源发生在人行横通道 4 对应的左线隧道内时,具体疏散路径如图 3-53 所示。

由图 3-53 可知,发生火灾时,火源点 10 下游车辆驾驶员可直接驾车驶离火灾区域。火源点 10 与人行横通道 5 之间的人员通过人行横通道 5 进行疏散,人行横通道 5 与车行横通道 2 之间的人员通过人行横通道 5 进行疏散。车行横通道 2 上游的车辆驾驶员通过下游最近的车行横通道驾车逃离火源区域。

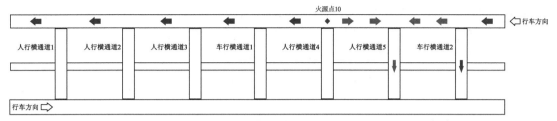

图 3-53　火源点 10 疏散路径示意图

（11）当火源发生在人行横通道 4、5 之间的左线隧道内时，具体疏散路径如图 3-54 所示。

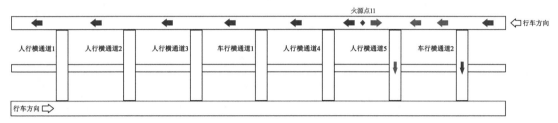

图 3-54　火源点 11 疏散路径示意图

由图 3-54 可知，发生火灾时，火源点 11 下游车辆驾驶员可直接驾车驶离火灾区域。火源点 11 与人行横通道 5 之间的人员通过人行横通道 5 进行疏散，人行横通道 5 与车行横通道 2 之间的人员通过人行横通道 5 进行疏散。车行横通道 2 上游的车辆驾驶员通过下游最近的车行横通道驾车逃离火源区域。

（12）当火源发生在人行横通道 5 对应的左线隧道内时，具体疏散路径如图 3-55 所示。

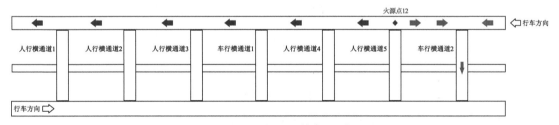

图 3-55　火源点 12 疏散路径示意图

由图 3-55 可知，发生火灾时，火源点 12 下游车辆可直接驾车驶离火灾区域。火源点 12 与车行横通道 2 之间的人员通过车行横通道 2 进行疏散，火源上游人员若不能通过车行横通道撤离至非火灾隧道，则需下车通过人行横通道撤离。

（13）当火源发生在人行横通道 5 与车行横通道 2 之间的左线隧道内时，具体疏散路径如图 3-56 所示。

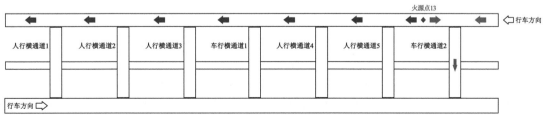

图 3-56　火源点 13 疏散路径示意图

由图 3-56 可知,发生火灾时,火源点 13 下游车辆驾驶员可直接驾车驶离火灾区域。火源点 13 与车行横通道 2 之间的人员通过车行横通道 2 进行疏散,火源上游人员若不能通过车行横通道撤离至非火灾隧道,则需下车通过人行横通道撤离。

(14)当火源发生在人行横通道 5 对应的左线隧道内时,具体疏散路径如图 3-57 所示。

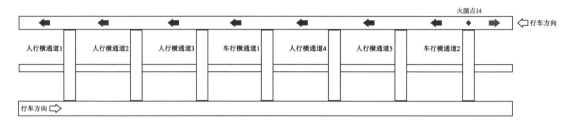

图 3-57　火源点 14 疏散路径示意图

由图 3-57 可知,发生火灾时,火源点 14 下游车辆驾驶员可直接驾车驶离火灾区域,火源上游人员若不能通过车行横通道撤离至非火灾隧道,则需下车通过人行横通道撤离。

4)"车人人人"横通道组合形式

考虑图 3-2 所示的人行横通道和车行横通道的分布情况,一条车行横通道加三条人行横通道("车人人人"横通道组合形式)出现在左线隧道入口处。为了确定该组合模式下的人员疏散分区,建立横通道简图(采用"车人人人车人人"横通道组合形式),火源发生点分别为火源点 1~16,如图 3-58 所示。

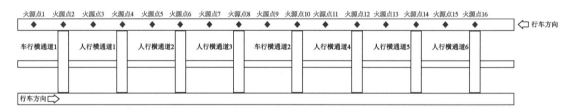

图 3-58　不同火灾发生时横通道简图

(1)当火源发生在车行横通道 1 下游的左线隧道内时,具体疏散路径如图 3-59 所示。

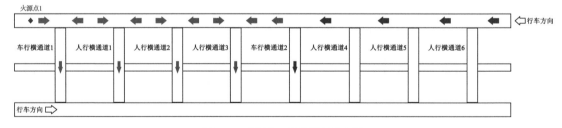

图 3-59　火源点 1 疏散路径示意图

由图 3-59 可知,发生火灾时,火源点 1 下游车辆驾驶员可直接驾车驶离火灾区域。火源点 1 与车行横通道 1 之间的人员通过车行横通道 1 进行疏散,车行横通道 1 与人行横通道 1 之间的人员各自向两个横通道逃离火源区域,人行横通道 1 与人行横通道 2 之间的人员各自向两个横通道逃离火源区域,人行横通道 2 与人行横通道 3 之间的人员各自向两个横通道逃离火源区域,疏散人数各占两个横通道之间人数的一半,人行横通道 3 与车行横通道 2 之间的人员通过人行横通道3进行疏散。车行横通道2上游的车辆驾驶员通过下游最近的车行横通道驾车逃离火源区域。

（2）当火源发生在车行横通道1对应的左线隧道内时，具体疏散路径如图3-60所示。

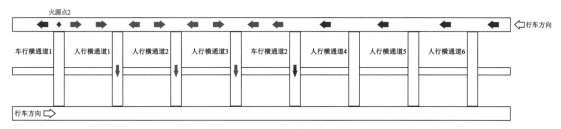

图3-60　火源点2疏散路径示意图

由图3-60可知，发生火灾时，火源点2下游车辆驾驶员可直接驾车驶离火灾区域。火源点2与人行横通道1之间的人员通过人行横通道1进行疏散，人行横通道1与人行横通道2之间的人员各自向两个横通道逃离火源区域，人行横通道2与人行横通道3之间的人员各自向两个横通道逃离火源区域，人行横通道3与人行横通道4之间的人员各自向两个横通道逃离火源区域，疏散人数各占两个横通道之间人数的一半，人行横通道3与车行横通道2之间的人员通过人行横通道3进行疏散。车行横通道2上游的车辆驾驶员通过下游最近的车行横通道驾车逃离火源区域。

（3）当火源发生在车行横通道1与人行横通道1之间的左线隧道内时，具体疏散路径如图3-61所示。

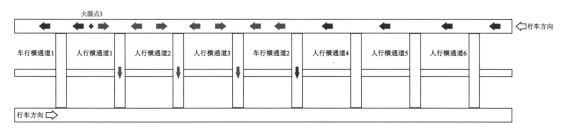

图3-61　火源点3疏散路径示意图

由图3-61可知，发生火灾时，火源点3下游车辆驾驶员可直接驾车驶离火灾区域。火源点3与人行横通道1之间的人员通过人行横通道1进行疏散，人行横通道1与人行横通道2之间的人员各自向两个横通道逃离火源区域，人行横通道2与人行横通道3之间的人员各自向两个横通道逃离火源区域，疏散人数各占两个横通道之间人数的一半，人行横通道3与车行横通道2之间的人员通过人行横通道3进行疏散。车行横通道2上游的车辆驾驶员通过下游最近的车行横通道驾车逃离火源区域。

（4）当火源发生在人行横通道1对应的左线隧道内时，具体疏散路径如图3-62所示。

由图3-62可知，发生火灾时，火源点4下游车辆驾驶员可直接驾车驶离火灾区域。火源点4与人行横通道2之间的人员通过人行横通道2进行疏散，人行横通道2与人行横通道3之间的人员各自向两个横通道逃离火源区域，疏散人数各占两个横通道之间人数的一半，人行横通道3与车行横通道2之间的人员通过人行横通道3进行疏散。车行横通道2上游的车辆驾驶员通过下游最近的车行横通道驾车逃离火源区域。

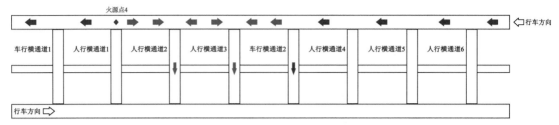

图 3-62　火源点 4 疏散路径示意图

（5）当火源发生在人行横通道 1、2 之间的左线隧道内时，具体疏散路径如图 3-63 所示。

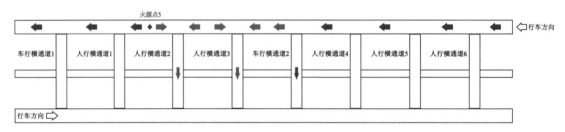

图 3-63　火源点 5 疏散路径示意图

由图 3-63 可知，发生火灾时，火源点 5 下游车辆驾驶员可直接驾车驶离火灾区域。火源点 5 与人行横通道 2 之间的人员通过人行横通道 2 进行疏散，人行横通道 2 与人行横通道 3 之间的人员各自向两个横通道逃离火源区域，疏散人数各占两个横通道之间人数的一半，人行横通道 3 与车行横通道 2 之间的人员通过人行横通道 3 进行疏散。车行横通道 2 上游的车辆驾驶员通过下游最近的车行横通道驾车逃离火源区域。

（6）当火源发生在人行横通道 2 对应的左线隧道内时，具体疏散路径如图 3-64 所示。

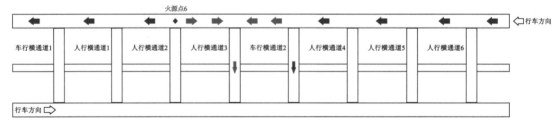

图 3-64　火源点 6 疏散路径示意图

由图 3-64 可知，发生火灾时，火源点 6 下游车辆驾驶员可直接驾车驶离火灾区域。火源点 6 与人行横通道 3 之间的人员通过人行横通道 3 进行疏散，人行横通道 3 与车行横通道 2 之间的人员通过人行横通道 3 进行疏散。车行横通道 2 上游的车辆驾驶员通过下游最近的车行横通道驾车逃离火源区域。

（7）当火源发生在人行横通道 2、3 之间的左线隧道内时，具体疏散路径如图 3-65 所示。

由图 3-65 可知，发生火灾时，火源点 7 下游车辆驾驶员可直接驾车驶离火灾区域。火源点 7 与人行横通道 3 之间的人员通过人行横通道 3 进行疏散，人行横通道 3 与车行横通道 2 之间的人员通过人行横通道 3 进行疏散。车行横通道 2 上游的车辆驾驶员通过下游最近的车行横通道驾车逃离火源区域。

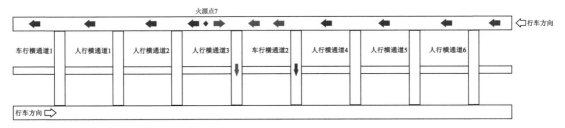

图 3-65　火源点 7 疏散路径示意图

（8）当火源发生在人行横通道 3 对应的左线隧道内时，具体疏散路径如图 3-66 所示。

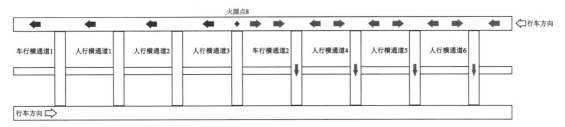

图 3-66　火源点 8 疏散路径示意图

由图 3-66 可知，发生火灾时，火源点 8 下游车辆驾驶员可直接驾车驶离火灾区域。火源点 8 与车行横通道 2 之间的人员通过车行横通道 2 进行疏散，车行横通道 2 与人行横通道 4 之间的人员各自向两个横通道逃离火源区域，人行横通道 4 与人行横通道 5 之间的人员各自向两个横通道逃离火源区域，人行横通道 5 与人行横通道 6 之间的人员各自向两个横通道逃离火源区域，疏散人数各占两个横通道之间人数的一半，人行横通道 6 上游的人员通过人行横通道 6 或开车驶出隧道。

（9）当火源发生在人行横通道 3、车行横通道 2 之间的左线隧道内时，具体疏散路径如图 3-67 所示。

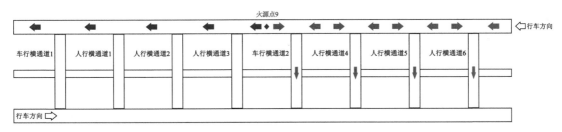

图 3-67　火源点 9 疏散路径示意图

由图 3-67 可知，发生火灾时，火源点 9 下游车辆驾驶员可直接驾车驶离火灾区域。火源点 9 与车行横通道 2 之间的人员通过车行横通道 2 进行疏散，车行横通道 2 与人行横通道 4 之间的人员各自向两个横通道逃离火源区域，人行横通道 4 与人行横通道 5 之间的人员各自向两个横通道逃离火源区域，人行横通道 5 与人行横通道 6 之间的人员各自向两个横通道逃离火源区域，疏散人数各占两个横通道之间人数的一半，人行横通道 6 上游的人员通过人行横通道 6 或开车驶出隧道。

（10）当火源发生在车行横通道 2 对应的左线隧道内时，具体疏散路径如图 3-68 所示。

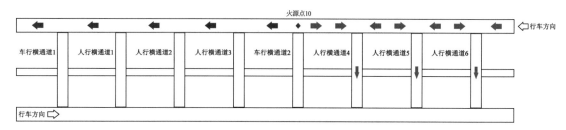

图 3-68 火源点 10 疏散路径示意图

由图 3-68 可知,发生火灾时,火源点 10 下游车辆驾驶员可直接驾车驶离火灾区域。火源点 10 与人行横通道 4 之间的人员通过车行横通道 4 进行疏散,人行横通道 4 与人行横通道 5 之间的人员各自向两个横通道逃离火源区域,人行横通道 5 与人行横通道 6 之间的人员各自向两个横通道逃离火源区域,疏散人数各占两个横通道之间人数的一半,人行横通道 6 上游的人员通过人行横通道 6 或开车驶出隧道。

(11) 当火源发生在车行横通道 2、人行横通道 4 之间的左线隧道内时,具体疏散路径如图 3-69 所示。

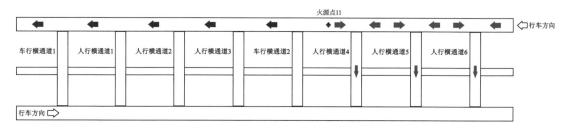

图 3-69 火源点 11 疏散路径示意图

由图 3-69 可知,发生火灾时,火源点 11 下游车辆驾驶员可直接驾车驶离火灾区域。火源点 11 与人行横通道 4 之间的人员通过车行横通道 4 进行疏散,人行横通道 4 与人行横通道 5 之间的人员各自向两个横通道逃离火源区域,人行横通道 5 与人行横通道 6 之间的人员各自向两个横通道逃离火源区域,疏散人数各占两个横通道之间人数的一半,人行横通道 6 上游的人员通过人行横通道 6 或开车驶出隧道。

(12) 当火源发生在车行横通道 4 对应的左线隧道内时,具体疏散路径如图 3-70 所示。

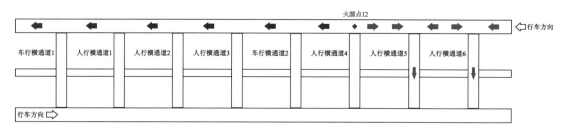

图 3-70 火源点 12 疏散路径示意图

由图 3-70 可知,发生火灾时,火源点 12 下游车辆驾驶员可直接驾车驶离火灾区域。火源点 12 与人行横通道 5 之间的人员通过人行横通道 5 进行疏散,人行横通道 5 与人行横通道 6

之间的人员各自向两个横通道逃离火源区域,疏散人数各占两个横通道之间人数的一半,人行横通道6上游的人员通过人行横通道6或开车驶出隧道。

(13)当火源发生在人行横通道4、5之间的左线隧道内时,具体疏散路径如图3-71所示。

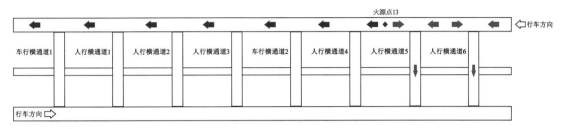

图3-71 火源点13疏散路径示意图

由图3-71可知,发生火灾时,火源点13下游车辆驾驶员可直接驾车驶离火灾区域。火源点13与人行横通道5之间的人员通过人行横通道5进行疏散,人行横通道5与人行横通道6之间的人员各自向两个横通道逃离火源区域,疏散人数各占两个横通道之间人数的一半,人行横通道6上游的人员通过人行横通道6或开车驶出隧道。

(14)当火源发生在人行横通道5对应的左线隧道内时,具体疏散路径如图3-72所示。

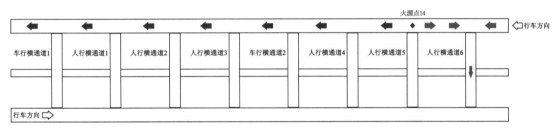

图3-72 火源点14疏散路径示意图

由图3-72可知,发生火灾时,火源点14下游车辆驾驶员可直接驾车驶离火灾区域。火源点14与人行横通道6之间的人员通过人行横通道6进行疏散,人行横通道6上游的人员通过人行横通道6或开车驶出隧道。

(15)当火源发生在人行横通道5、6之间的左线隧道内时,具体疏散路径如图3-73所示。

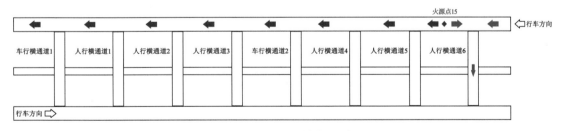

图3-73 火源点15疏散路径示意图

由图3-73可知,发生火灾时,火源点15下游车辆驾驶员可直接驾车驶离火灾区域。火源点15与人行横通道6之间的人员通过人行横通道6进行疏散,人行横通道6上游的人员通过人行横通道6或开车驶出隧道。

(16)当火源发生在人行横通道6对应的左线隧道内时,具体疏散路径如图3-74所示。

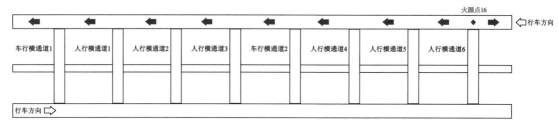

图 3-74　火源点 16 疏散路径示意图

由图 3-74 可知,发生火灾时,火源点 16 下游车辆驾驶员可直接驾车驶离火灾区域。人行横通道 6 上游的车辆驶出隧道。

火源上游人员若不能通过车行横通道撤离至非火灾隧道,则需下车通过人行横通道撤离。

3.2.4　隧道疏散分区确定

1)"车人人人车"横通道组合形式

为明确此横通道组合形式下的疏散分区,建立横通道简图("人人车人人人车人人"组合形式),火源发生点分别为火源点 1 ~ 18,如图 3-75 所示。

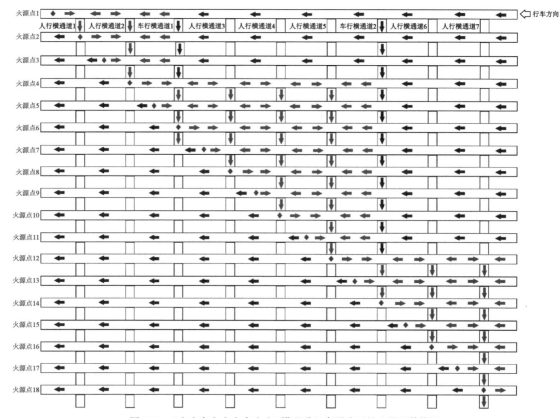

图 3-75　"人人车人人人车人人"横通道组合形式下的人员疏散简图

由图 3-75 可知,当疏散分区为两相邻车行横通道下游的人行横通道时(即火源点 4 ~ 12 区域内),在这个区域内,虽然人行横通道 5 与车行横通道 2 之间的人员会出现跨区间疏散的现象,但火源燃烧位置位于疏散分区内,开启的人行横通道门也位于疏散范围内,满足火源点位置在分区范围内及人行横通道不跨区间开门的原则,并最大限度地满足人员不跨区间疏散。因此,"车人人人车"横通道组合形式下,疏散分区定为两相邻车行横通道下游的人行横通道。

2)"车车人人人车"横通道组合形式

为明确此横通道组合形式下的疏散分区,建立横通道简图("人人车车人人人车人人"横通道组合形式),火源发生点分别为火源点1~20,如图3-76所示。

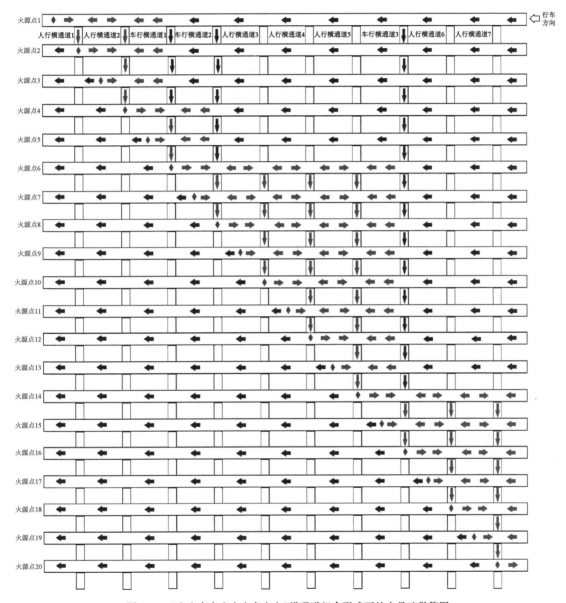

图3-76 "人人车车人人人车人人"横通道组合形式下的人员疏散简图

由图3-76可知,当疏散分区为两相邻车行横通道下游的人行横通道时(即火源点4~14区域内),在这个区域内,虽然人行横通道5与车行横通道3之间的人员会出现跨区间疏散的现象,但火源燃烧位置位于疏散分区内,开启的人行横通道门也都位于疏散范围内,满足火源点位置在分区范围内及人行横通道不跨区间开门的原则,并最大限度地满足人员不跨区间疏散。因此,"车车人人人车"横通道组合形式下,疏散分区定为两相邻车行横通道下游的人行横通道。

3)"人人人车"横通道组合形式

为明确此横通道组合形式下的疏散分区,建立横通道简图("人人人车车人人人人车"横通道组合形式),火源发生点分别为火源点1~14,如图3-77所示。

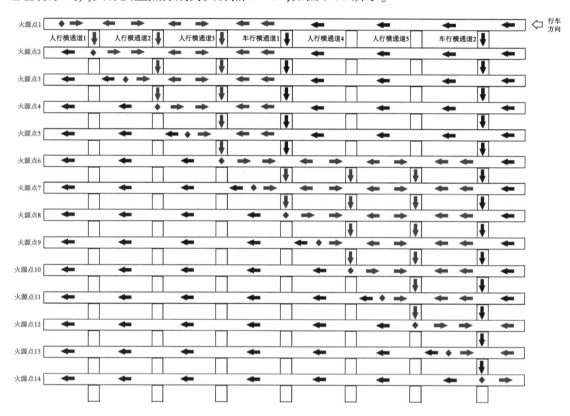

图3-77 "人人人车人人人车"横通道组合形式下的人员疏散简图

由图3-77可知,当疏散分区为两相邻车行横通道下游的人行横通道时(即火源点1~6区域内),在这个区域内,虽然人行横通道3与车行横通道1之间的人员会出现跨区间疏散的现象,但火源燃烧位置位于疏散分区内,开启的人行横通道门也都位于疏散范围内,满足火源点位置在分区范围内及人行横通道不跨区间开门的原则,并最大限度地满足人员不跨区间疏散。因此,"人人人车"横通道组合形式下,疏散分区定为两相邻车行横通道下游的人行横通道。

4)"车人人人"横通道组合形式

为明确此横通道组合形式下的疏散分区,建立横通道简图("车人人人车人人人"横通道组合形式),火源发生点分别为火源点1~16,如图3-78所示。

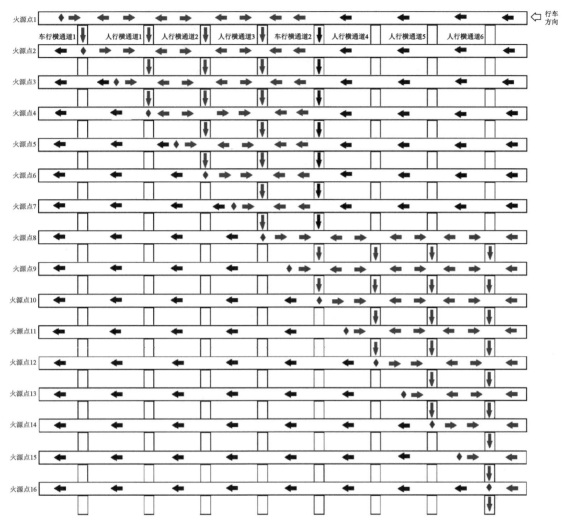

图3-78 "车人人人车人人"横通道组合形式下的人员疏散简图

由图3-78可知,当疏散分区为车行横通道下游的人行横通道时(即火源点8~16区域内),在这个区域内,虽然人行横通道6上游人员会出现跨区间疏散的现象,但火源燃烧位置位于疏散分区内,开启的人行横通道门也都位于疏散范围内,满足火源点位置在分区范围内及人横通道不跨区间开门的原则,并最大限度地满足人员不跨区间疏散。因此,"车人人人"横通道组合形式下,疏散分区定为车行横通道下游的人行横通道。

3.3 天山胜利隧道防灾分区划分方案

通过以上4种横通道组合形式的分析可知,当疏散分区为两相邻车行横通道下游的人行横通道时,可以满足火源点位置在分区范围内及人行横通道不跨区间开门的原则,并最大限度地满足人员不跨区间疏散。根据此原则,左线隧道划分为31分区,右线隧道划分为30分区,共61个防灾分区,隧道整体防灾疏散分区如图3-79所示,各防灾疏散分区长度分布如表3-4所示。

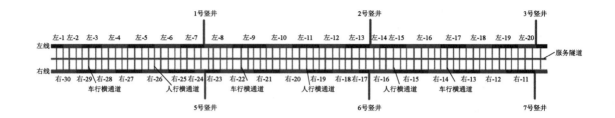

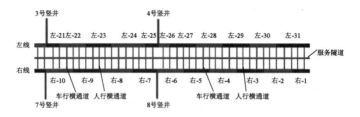

图 3-79 隧道整体防灾疏散分区

各防灾疏散分区长度分布

表 3-4

左线隧道防灾疏散 分区编号	防灾疏散分区长度 （m）	右线隧道防灾疏散 分区编号	防灾疏散分区长度 （m）
左-1	450	右-1	780
左-2	625	右-2	800
左-3	525	右-3	800
左-4	750	右-4	800
左-5	825	右-5	830
左-6	815	右-6	719
左-7	613	右-7	721
左-8	988	右-8	850
左-9	760	右-9	800
左-10	800	右-10	703
左-11	800	右-11	897
左-12	830	右-12	800
左-13	576	右-13	800
左-14	442	右-14	770
左-15	850	右-15	890
左-16	810	右-16	742
左-17	800	右-17	276
左-18	800	右-18	830
左-19	800	右-19	800
左-20	397	右-20	800
左-21	403	右-21	780

续上表

左线隧道防灾疏散 分区编号	防灾疏散分区长度 （m）	右线隧道防灾疏散 分区编号	防灾疏散分区长度 （m）
左-22	800	右-22	880
左-23	850	右-23	398
左-24	840	右-24	373
左-25	181	右-25	730
左-26	419	右-26	850
左-27	830	右-27	770
左-28	800	右-28	505
左-29	800	右-29	625
左-30	800	右-30	750
左-31	1080		

第4章

天山胜利隧道火灾燃烧性能及烟气控制技术

火灾的燃烧特性和火灾规模是设计和试验各种火灾防灾减灾技术的基础,本书通过调研大量文献,总结出高海拔条件对火灾燃烧特性的影响,并确定试验所采用的火灾规模;通过高低海拔的试验对比,确定火灾规模的修正系数;采用 FDS 建立隧道模型,模拟隧道内温度和烟雾的分布和扩散,分析相关数据并给出相应结论。

4.1.1 天山胜利隧道火灾燃烧特性

高海拔条件下气压相对平原更低,而气压的降低也会造成氧气浓度的降低,甚至温度的变化,这些因素都会不同程度影响火灾的燃烧性能。

1)气压对火灾燃烧性能的影响

低压环境会明显降低空气中氧气的分压,进而影响可燃气体的点火能、点燃温度等特性,燃料的点燃温度会随着气压的降低而增大。气压也会对燃料的燃烧速率造成影响,表现为气压升高,燃料的燃烧速率上升,气压降低燃料的燃烧速率也随之降低。随着气压的降低,火焰中心线的最高温度出现的位置也会提高;低压环境中燃料的燃烧时间会变长、火焰体积变大、着火温度也随之升高;燃料的燃烧速率会随着气压的升高而降低,并且火焰温度高于平原地区。在高海拔低氧条件下,烟气的蔓延速率更快。

2)氧含量对火灾燃烧性能的影响

高海拔条件下,火焰会更加细长,这是由于氧含量较平原更低,火焰的发展需要足够的氧气,只能通过增大自身与空气的接触面面积来增大氧气量;并且由于含氧量较低,燃料不充分燃烧,较含氧量高的条件下,燃烧效率下降,会产生更多的不完全燃烧产物。

3)气温对火灾燃烧性能的影响

高海拔条件下,气温较低,低气温不能使燃料中的水分迅速蒸发,但是若有火源,可较慢达到燃点。

可以看出,高海拔低温低压低氧,对火焰的燃烧特性具有很大的影响,主要归结为以下几点:①高海拔条件下空气浮力小,温度场的分布与扩散和烟雾场的分布与扩散不同于低海拔地区;②海拔越高,火焰燃烧效率越低,热释放速率越小,火焰温度更低,但燃烧时间延长;③随着海拔的升高,气压降低,会产生更多的不完全燃烧产物;④为了与空气有足够大的接触面积,高海拔地区火焰更加细长。

4.1.2 天山胜利隧道火灾规模确定

1)影响公路隧道火灾规模确定的一般因素

火灾规模的确定是隧道工程防火设计中非常重要的一环,防火设计中,必须考虑火灾规模。火灾规模是制定预防策略、设计防火体系、选用防火设备及开展相关工作的基础和依据。影响隧道火灾规模的一般因素如表 4-1 所示。

影响隧道火灾规模的一般因素 表4-1

序号	因素	备注
1	隧道运营管理制度	长大隧道是否禁止或限制油罐车等装有易燃、易爆危险品的运输车辆通过隧道
2	车辆数	火灾的车辆数越多,火灾规模越大
3	车辆的类型	不同的车型燃烧产生的热量,等效于消耗的汽油量也不同,发生火灾时的火源规模不同
4	燃烧程度	考虑车辆是否完全燃烧

2)公路隧道火灾规模的一般划分

确定火灾规模时要考虑的因素很多,如火源类型(汽车、轿车、载重货车等)、火源散发的热量、火源面积、火源边界、露天火焰高度、产生的烟量、烟层初始速度、烟层初始厚度、排烟最小距离、火烟上方烟层升高距离、皮肤裸露不能忍受的临界距离、起火的临界距离等,而且大部分是非定量化的,因此要全面考虑这些因素。准确预报或设定火灾规模是不容易的,通常是以某一因素为主进行划分,其中以火源类型划分火灾规模如表4-2所示。

不同火灾情形下的火源类型 表4-2

序号	火灾情形	火源类型	备注
1	限制油罐车等装有易爆、易燃危险品的运输车辆通过隧道	一辆小汽车	小型火灾规模
		一辆载重货车	中型火灾规模
		两辆载重货车相撞起火	大型火灾规模
2	禁止油罐车及装有易爆、易燃危险品的运输车辆通过隧道	两辆小汽车相撞起火	小型火灾规模
		货车起火	中型火灾规模
		两辆公共汽车相撞	大型火灾规模

3)火灾规模的确定

通过调研国内外隧道火灾试验的火源规模,得到的数据如表4-3所示。

国内外隧道火灾试验的火源规模 表4-3

序号	研究来源	火源类型	火灾规模
1	世界道路协会(PIARC)	大型车辆	20MW
		中型车辆	5MW
		小型车辆	2.5MW
2	于丽	一辆大型车辆 + 四辆小型车辆	30MW
		一辆大型车辆 + 两辆小型车辆	25MW
3	杨其新	一辆小汽车起火	60L 汽油
		一辆载重货车起火	150L 汽油
		两辆载重货车相撞起火	300L 汽油

本书参考 PIARC 的火源规模,确定大型车辆20MW、中型车辆5MW、小型车辆2.5MW,考虑到于丽试验中一辆大型车辆燃烧时引燃两辆小型车辆对火灾现场的模拟更为逼真,决定参考于丽的火灾规模。同时考虑到天山胜利隧道只有两条车道,火灾最不利时,一辆小汽车燃烧规模只能影响其前、后及侧面各 1 辆车,既考虑最多 4 辆车燃烧,又考虑大型车辆最多两辆燃

烧,最终由此确定火灾规模。不同类型车辆的比例及火灾规模如表4-4所示,不同车辆组合下火灾规模和概率如表4-5所示。

不同类型车辆的比例及火灾规模　　　　　　　　　表4-4

车辆类型	比例(%)	火灾规模(MW)
大型车辆	27.6	20
中型车辆	9.5	5
小型车辆	62.9	2.5

不同车辆组合下火灾规模和概率　　　　　　　　　表4-5

序号	小型车辆	中型车辆	大型车辆	火灾规模(MW)	概率(%)
1	1	0	0	2.5	0.6290
2	0	1	0	5	0.0950
3	0	0	1	20	0.2760
4	2	0	0	5	0.3956
5	1	1	0	7.5	0.0598
6	1	0	1	22.5	0.1736
7	0	2	0	10	0.0090
8	0	1	1	25	0.0262
9	0	0	2	40	0.0762
10	3	0	0	7.5	0.2489
11	2	1	0	10	0.0375
12	2	0	1	25	0.3956
13	1	2	0	12.5	0.0057
14	1	0	2	42.5	0.6290
15	1	1	1	27.5	0.0598
16	0	3	0	15	0.0009
17	0	2	1	30	0.0090
18	0	1	2	45	0.0950
19	4	0	0	10	0.1565
20	3	1	0	12.5	0.0236
21	3	0	1	27.5	0.0687
22	2	2	0	15	0.0036
23	2	1	1	30	0.0104
24	2	0	2	45	0.0301
25	1	3	0	17.5	0.0005
26	1	2	1	32.5	0.0016
27	1	1	2	47.5	0.0046
28	0	4	0	20	0.0001
29	0	3	1	35	0.0002
30	0	2	2	50	0.0007

对表 4-5 中重复火源规模的概率进行汇总,整理得到表 4-6。

不同火源规模发生的概率　　　　　　表 4-6

序号	火源规模(MW)	概率(%)
1	2.5	0.1789
2	5	0.1395
3	7.5	0.0878
4	10	0.0578
5	12.5	0.0067
6	15	0.0013
7	17.5	0.0002
8	20	0.0785
9	22.5	0.0494
10	25	0.1197
11	27.5	0.0365
12	30	0.0055
13	32.5	0.0005
14	35	0.0001
15	40	0.7841
16	42.5	0.9629
17	45	0.9985
18	47.5	0.9998
19	50	1.0000

累加不同火灾规模的概率,得到图 4-1。

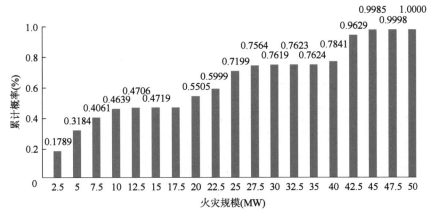

图 4-1　不同火灾规模发生火灾的概率汇总

从图 4-1 中可以看出,当火源规模达到 50MW 时,火灾发生规模基本上包含了所有火灾发生的概率,考虑不利工况下人员的疏散,确定以 50MW 作为隧道内的火源规模。

平原的气温气压和氧气浓度均比高原地区大,这些因素会导致高原地区的火灾规模小于平原地区,因此,需要对不同海拔的火源规模进行折减。通过大量调研可得出不同海拔下的火灾规模折减系数,如图4-2所示。

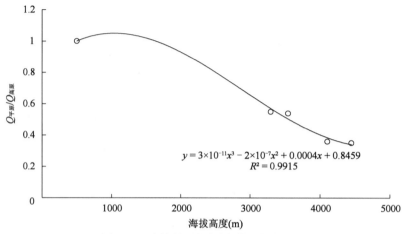

$$y = 3\times10^{-11}x^3 - 2\times10^{-7}x^2 + 0.0004x + 0.8459$$
$$R^2 = 0.9915$$

图4-2 不同海拔下的火灾规模的折减系数

本项目的海拔约为3000m,根据图4-2中公式可知,3000m海拔情况下对应的折减系数为0.6331,根据图4-1确定的火灾规模50MW,可折减至火灾规模为32MW进行计算。此外,由于大气中氧气含量不充足,造成火灾燃烧速率降低。综合考虑,天山胜利隧道火灾发展速率可选取快速火。

4.2 天山胜利隧道火灾温度分布及烟气蔓延规律研究

4.2.1 天山胜利隧道火灾燃烧三维模型建立

1)隧道模型尺寸参数

应用FDS软件,建立三洞并行公路隧道火灾燃烧模型,隧道结构参数如表4-7所示。

隧道结构参数 表4-7

序号	名称	数值
1	隧道长度	300m
2	主隧道最大高度	8.75m
3	主隧道最大宽度	12.1m
4	服务隧道最大高度	8.4m
5	服务隧道最大宽度	8.4m
6	车行横通道最大高度	7m
7	车行横通道最大宽度	8m
8	人行横通道最大高度	3.1m

序号	名称	数值
9	车行横通道最大宽度	2.5m
10	横通道长度	50m
11	隧道坡度	1.367%
12	横通道坡度	7.5%

FDS 建立的模型隧道正视图、俯视图分别如图4-3、图4-4所示。

图 4-3　模型隧道正视图

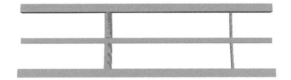

图 4-4　模型隧道俯视图

FDS 建立的模型隧道网格图如图4-5所示。

图 4-5　模型隧道网格图

2）隧道模型测点示意图

在主隧道中,火源上方拱顶下方(7m)和火源上方人眼特征高度2m处分别在0m、100m、200m、300m、350m、400m、450m、460m、470m、480m、490m、500m、510m、520m、530m、540m、550m、600m、650m、700m、800m、900m、1000m处设置总共60个测点,记录火灾发生时该高度的能见度和温度;在火源上方2m、2.5m、3m、3.5m、4m、4.5m、5m、5.5m、6m、6.5m处设置10个测点,记录火源正上方温度的变化。主隧道测点示意图如图4-6、图4-7所示。

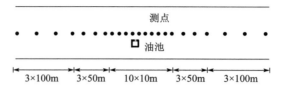

图4-6　主隧道纵断面测点示意图

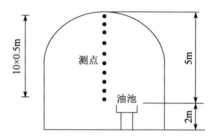

图4-7　主隧道横断面测点示意图

4.2.2　天山胜利隧道火灾温度分布规律

1）火源温升规律

（1）火源处横向温度变化云图。

运用FDS软件建立数值模拟模型,截取不同风速不同时刻不同位置处隧道横向温度云图,并作出不同风速不同时刻、不同位置的曲线,如图4-8～图4-19所示。

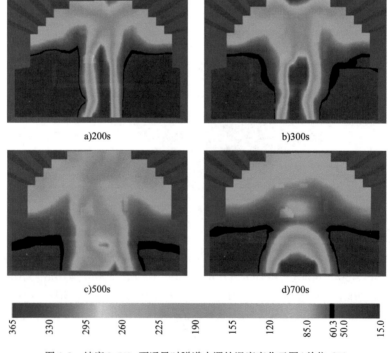

图4-8　坡度0.5%,不通风时隧道火源处温度变化云图(单位:℃)

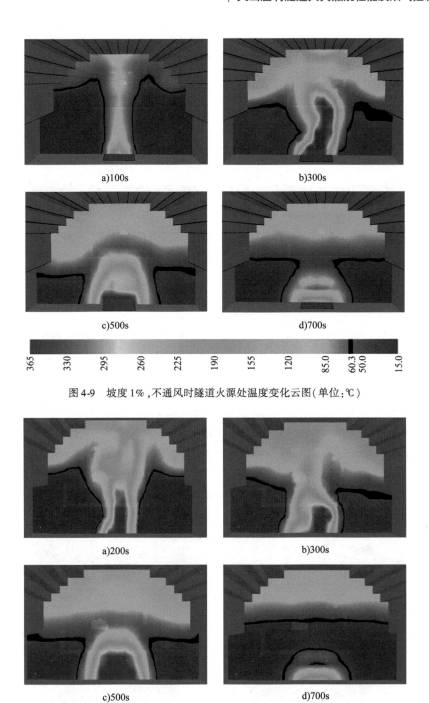

图 4-9　坡度 1% ,不通风时隧道火源处温度变化云图(单位:℃)

图 4-10　坡度 1.367% ,不通风时隧道火源处温度变化云图(单位:℃)

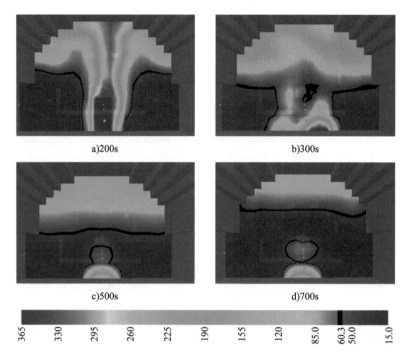

图 4-11　坡度 1.8%，不通风时隧道火源处温度变化云图(单位：℃)

由图 4-8～图 4-11 可知，火源上方随着隧道高度增大，温度逐渐变大，拱顶处温度达到最大值；距离隧道边墙越近，温度越低；随着火灾时间延长，火源上方温度先增加后减小；随着隧道坡度的增大，火源上方拱顶最高温度减小，火源断面内高温区逐渐变小，60℃的等温面高度逐渐增大。

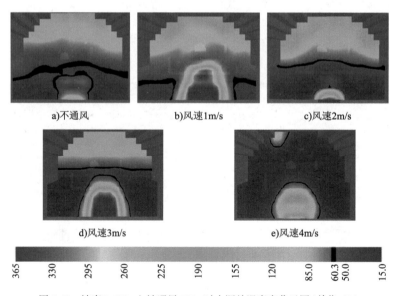

图 4-12　坡度 0.5%，上坡通风 700s 时火源处温度变化云图(单位：℃)

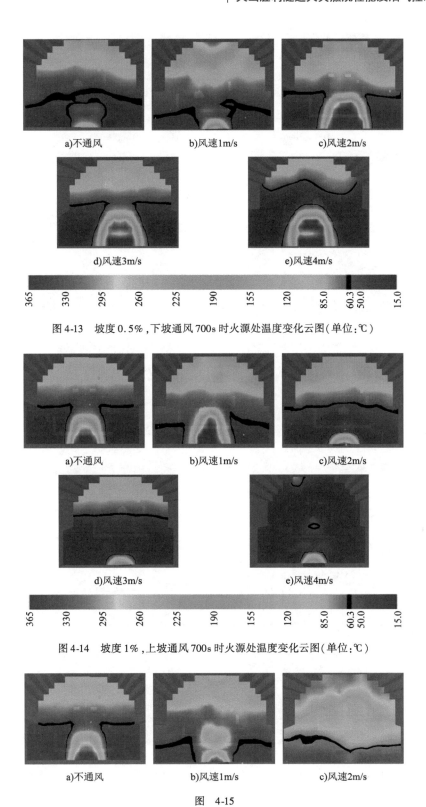

a)不通风　　　　　　b)风速1m/s　　　　　　c)风速2m/s

d)风速3m/s　　　　　　e)风速4m/s

图4-13　坡度0.5%,下坡通风700s时火源处温度变化云图(单位:℃)

a)不通风　　　　　　b)风速1m/s　　　　　　c)风速2m/s

d)风速3m/s　　　　　　e)风速4m/s

图4-14　坡度1%,上坡通风700s时火源处温度变化云图(单位:℃)

a)不通风　　　　　　b)风速1m/s　　　　　　c)风速2m/s

图　4-15

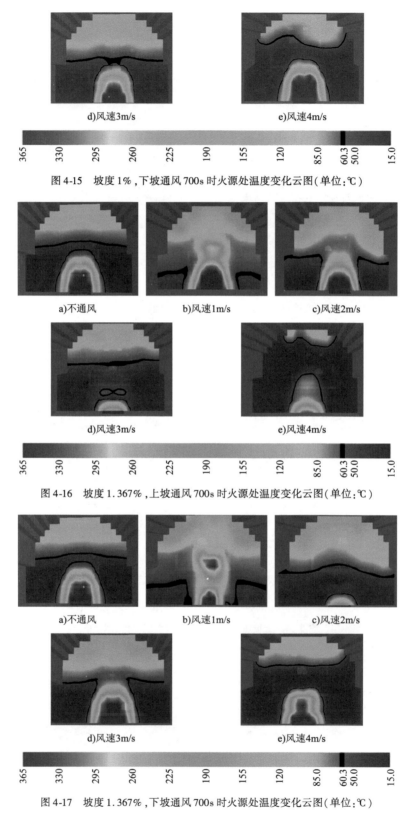

d)风速3m/s   e)风速4m/s

图4-15 坡度1%,下坡通风700s时火源处温度变化云图(单位:℃)

a)不通风   b)风速1m/s   c)风速2m/s

d)风速3m/s   e)风速4m/s

图4-16 坡度1.367%,上坡通风700s时火源处温度变化云图(单位:℃)

a)不通风   b)风速1m/s   c)风速2m/s

d)风速3m/s   e)风速4m/s

图4-17 坡度1.367%,下坡通风700s时火源处温度变化云图(单位:℃)

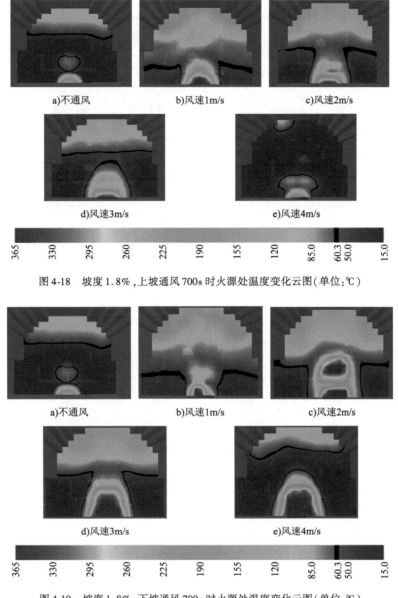

图4-18 坡度1.8%,上坡通风700s时火源处温度变化云图(单位:℃)

图4-19 坡度1.8%,下坡通风700s时火源处温度变化云图(单位:℃)

由图4-12～图4-19可知,随着风速的增加,隧道内火源断面处的最高温度逐渐降低;上坡方向通风时,温度随着风速的增大先升高后降低;在风速大于1m/s时,60℃的等温面高度随风速增加而增大,在风速为4m/s时,除火源点与拱顶很小范围外,其余位置温度均小于60℃;下坡方向通风时,火源处高温范围随着风速的增大总体呈现增大的趋势,温度达到60℃的高度也随风速的增大而升高,整个断面内温度低于60℃的范围变大;坡度相同,风速大于3m/s时,火源处高温区范围更大,60℃的等温面高度更低。

(2)火源温升曲线。

不同风速及隧道坡度条件下,火源处拱顶的温升曲线如图4-20～图4-27所示。

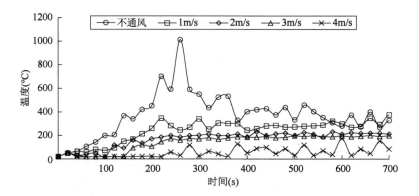

图 4-20　坡度 0.5%，上坡通风时隧道火源上方拱顶温升曲线对比图

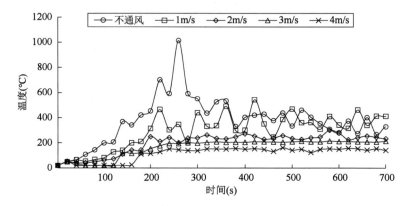

图 4-21　坡度 0.5%，下坡通风时隧道火源上方拱顶温升曲线对比图

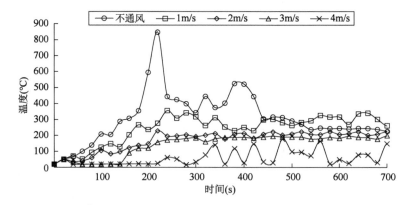

图 4-22　坡度 1%，上坡通风时隧道火源上方拱顶温升曲线对比图

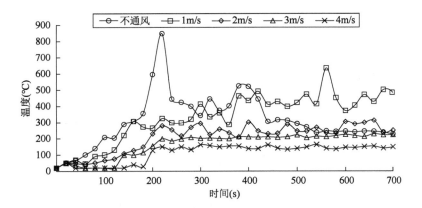

图 4-23　坡度 1%,下坡通风时隧道火源上方拱顶温升曲线对比图

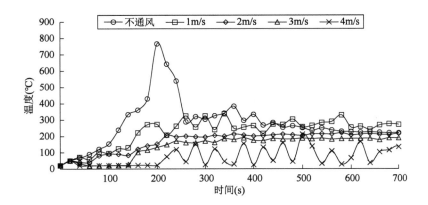

图 4-24　坡度 1.367%,上坡通风时隧道火源上方拱顶温升曲线对比图

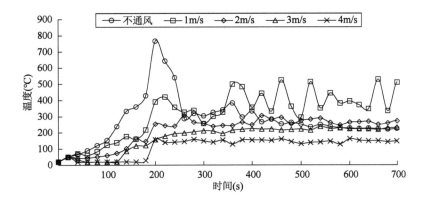

图 4-25　坡度 1.367%,下坡通风坡时隧道火源上方拱顶温升曲线对比图

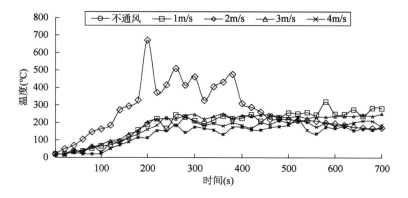

图 4-26 坡度 1.8%，上坡通风时隧道火源上方拱顶温升曲线对比图

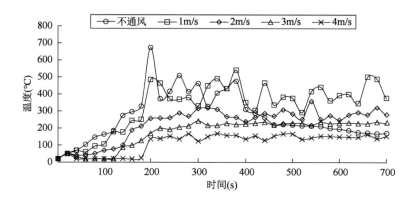

图 4-27 坡度 1.8%，下坡通风时隧道火源上方拱顶温升曲线对比图

由图 4-20 ~ 图 4-27 可知，火源上方拱顶的温度与隧道坡度密切相关，随着坡度的增大，火源上方拱顶最高温度逐渐降低，当隧道坡度为 0.5% 时，不通风时拱顶温度达到最高（1013℃）；当隧道坡度为 1% 时，不通风时拱顶温度达到最高（847℃）；当隧道坡度为 1.367% 时，不通风时拱顶温度达到最高（766℃）；当隧道坡度为 1.8% 时，不通风时拱顶温度达到最高（672℃），即隧道坡度为 0.5% 时，隧道内温度达到最高；随着通风速度的增大火源上方拱顶的最高温度逐渐降低，下坡通风与上坡通风相比，火源上方拱顶最高温度前者大于后者。以隧道坡度为 1.367% 为例，当隧道下坡通风风速分别为 1m/s、2m/s、3m/s、4m/s 时，对应的最高温度分别为 580℃、300℃、195℃、168℃；当隧道风速达到 4m/s 时，火源上方拱顶温度最高温度达到 170℃ 左右，坡度的影响程度不明显；随着火灾燃烧时间的增加，火源上方拱顶最高温度先增加后减小，火灾发生后 200s 时，隧道内温度达到最高，300s 后温度下降并基本趋于稳定，不通风时比通风状态下，温度下降率更大。

2）隧道内纵向温度变化规律

（1）隧道内纵向温度分布云图。

运用 FDS 软件建立数值模拟模型，截取不同风速、不同时刻、不同位置处隧道内纵向温度变化云图，并作出不同风速、不同时刻、不同位置的曲线，如图 4-28 ~ 图 4-39 所示。

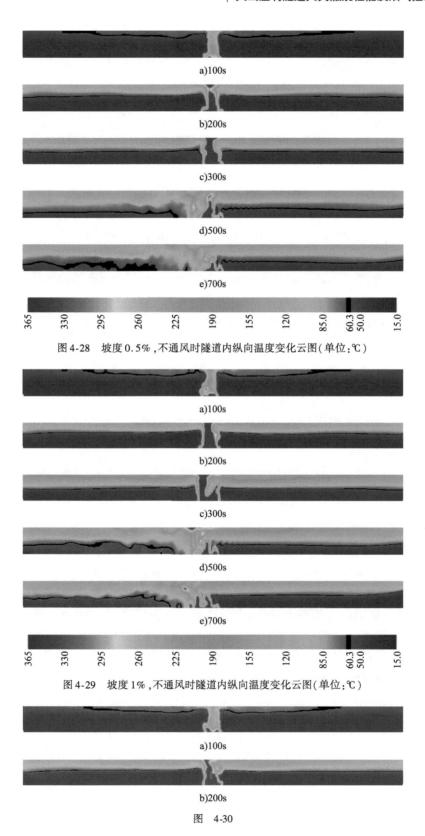

a)100s

b)200s

c)300s

d)500s

e)700s

图4-28　坡度0.5%,不通风时隧道内纵向温度变化云图(单位:℃)

a)100s

b)200s

c)300s

d)500s

e)700s

图4-29　坡度1%,不通风时隧道内纵向温度变化云图(单位:℃)

a)100s

b)200s

图　4-30

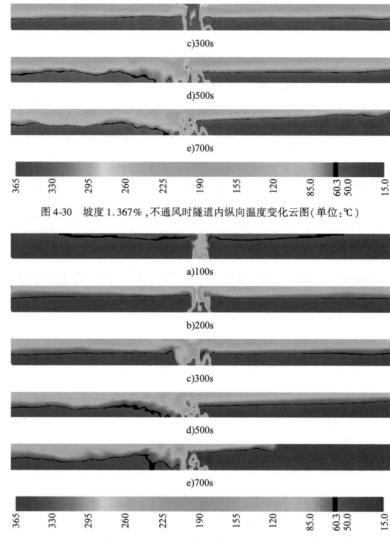

c)300s

d)500s

e)700s

图4-30 坡度1.367%,不通风时隧道内纵向温度变化云图(单位:℃)

a)100s

b)200s

c)300s

d)500s

e)700s

图4-31 坡度1.8%,不通风时隧道内纵向温度变化云图(单位:℃)

由图4-28~图4-31可知,隧道内温度出现了明显的分层现象,隧道内高度越大,温度越高;随着远离火源,隧道内温度逐渐降低;由于隧道内存在坡度,在200s前,隧道内温度基本对称分布,拱顶的温度也在逐渐增大,60℃的等温面高度逐渐降低。200s后,上坡段隧道内温度高于下坡段,上坡段隧道温度达到60℃的高度低于下坡段。随着坡度的增大,火源前后的高温区减小,隧道纵断面的温度也减小,60℃的等温面高度增大。

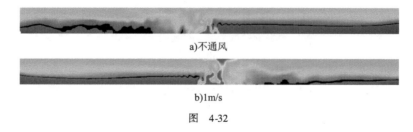

a)不通风

b)1m/s

图 4-32

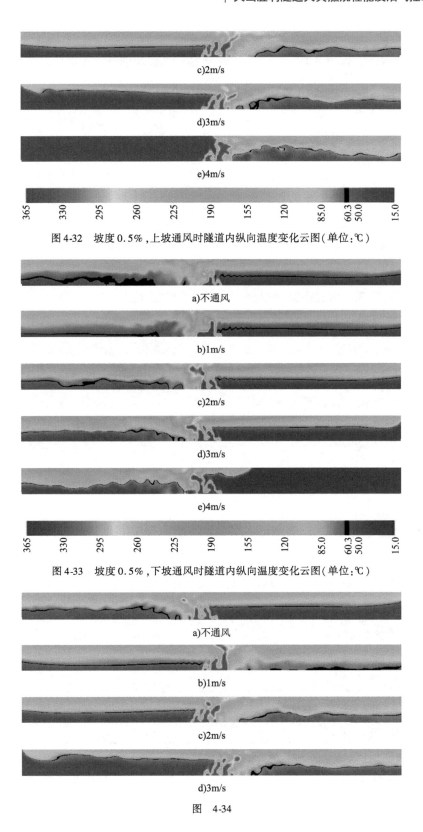

c)2m/s

d)3m/s

e)4m/s

图4-32　坡度0.5%,上坡通风时隧道内纵向温度变化云图(单位:℃)

a)不通风

b)1m/s

c)2m/s

d)3m/s

e)4m/s

图4-33　坡度0.5%,下坡通风时隧道内纵向温度变化云图(单位:℃)

a)不通风

b)1m/s

c)2m/s

d)3m/s

图　4-34

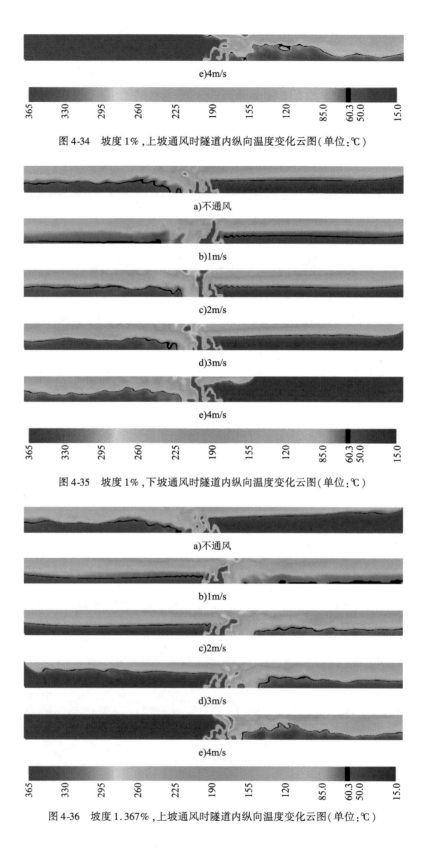

e)4m/s

图 4-34　坡度 1%，上坡通风时隧道内纵向温度变化云图（单位：℃）

a)不通风

b)1m/s

c)2m/s

d)3m/s

e)4m/s

图 4-35　坡度 1%，下坡通风时隧道内纵向温度变化云图（单位：℃）

a)不通风

b)1m/s

c)2m/s

d)3m/s

e)4m/s

图 4-36　坡度 1.367%，上坡通风时隧道内纵向温度变化云图（单位：℃）

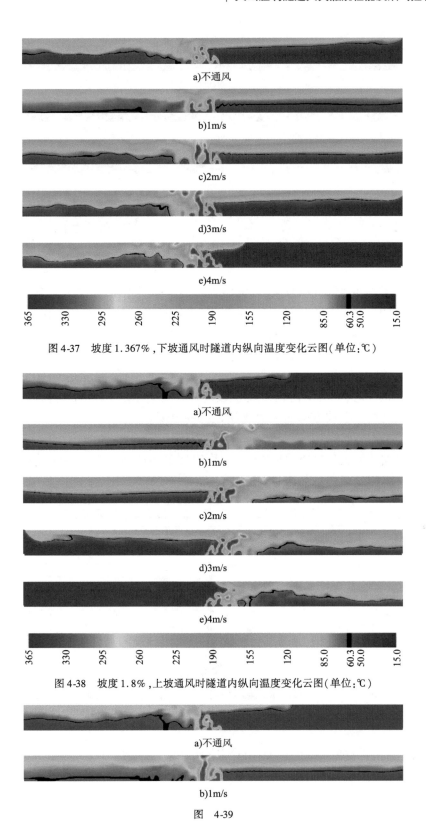

a)不通风

b)1m/s

c)2m/s

d)3m/s

e)4m/s

图4-37　坡度1.367%,下坡通风时隧道内纵向温度变化云图(单位:℃)

a)不通风

b)1m/s

c)2m/s

d)3m/s

e)4m/s

图4-38　坡度1.8%,上坡通风时隧道内纵向温度变化云图(单位:℃)

a)不通风

b)1m/s

图　4-39

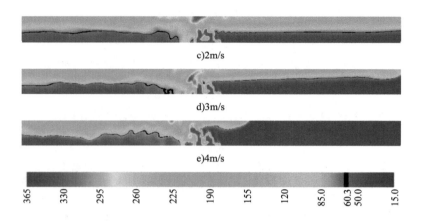

c)2m/s

d)3m/s

e)4m/s

365 330 295 260 225 190 155 120 85.0 60.3 50.0 15.0

图4-39 坡度1.8%,下坡通风时隧道内纵向温度变化云图(单位:℃)

由图4-32~图4-39可知,不通风时,火源上游温度高于下游,上游通风后高温区向下游移动;随着风速的增大,火源上游高温区减小,温度降低,温度达到60℃的等温面高度逐渐升高,火源下游高温区扩大,整体温度升高;在风速4m/s时,火源上游与环境温度基本一致。风速相同时,坡度越小,火源上游温度越高,温度达到60℃的等温面高度越大。下游通风时,火源上游温度高于下游,风速越大,上游高温区越大,下游温度越低,温度达到60℃的等温面高度越大,风速达到4m/s时,火源下游与环境温度基本一致。相同坡度相同风速,下坡方向通风时火源下游的温度高于上坡方向通风时火源上游的温度。

(2)隧道纵向温度分布曲线。

不同通风速度及坡度条件下,隧道最高温度纵向分布曲线如图4-40~图4-47所示,人眼特征高度处温度纵向分布曲线如图4-48~图4-55所示。

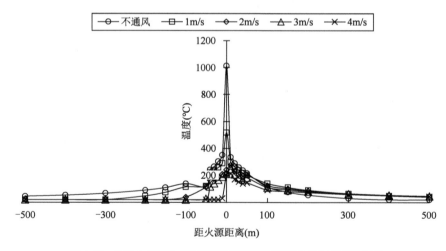

图4-40 坡度0.5%,上坡通风时隧道最高温度纵向分布曲线对比图

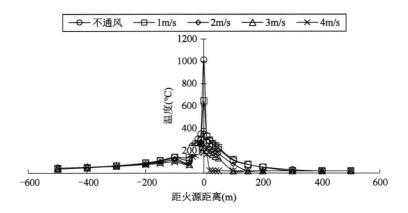

图4-41 坡度0.5%,下坡通风时隧道最高温度纵向分布曲线对比图

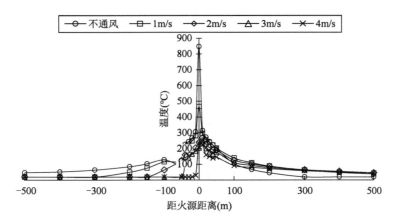

图4-42 坡度1%,上坡通风时隧道最高温度纵向分布曲线对比图

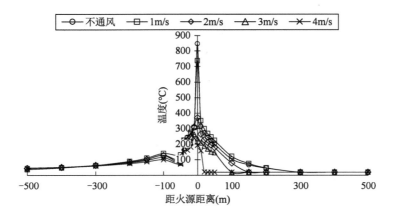

图4-43 坡度1%,下坡通风时隧道最高温度纵向分布曲线对比图

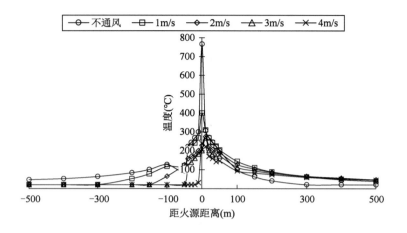

图4-44　坡度1.367%,上坡通风时隧道最高温度纵向分布曲线对比图

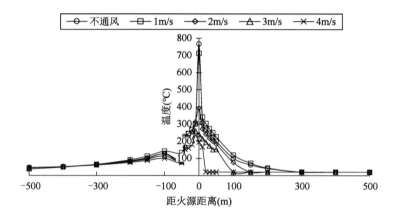

图4-45　坡度1.367%,下坡通风时隧道最高温度纵向分布曲线对比图

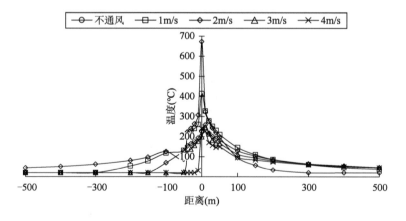

图4-46　坡度1.8%,上坡通风时隧道最高温度纵向分布曲线对比图

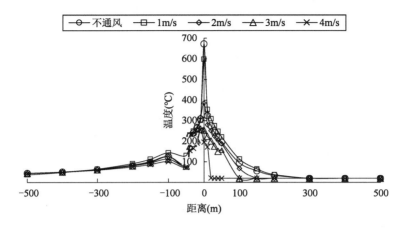

图 4-47　坡度 1.8%,下坡通风时隧道最高温度纵向分布曲线对比图

由图 4-40~图 4-47 可知,火源拱顶最高温度随纵向远离火源逐渐降低,不通风时,上坡方向温度高于下坡方向,当坡度为 0.5% 时,隧道内上坡方向高于 100℃ 的范围大约为 150m,下坡方向则不足 100m。随着通风风速增大,拱顶最高温度越低,在风速低于 2m/s 时,火源处拱顶温度最高;当风速大于 2m/s 时,拱顶最高温度出现在火源下游约 10m 处;在风速达到 4m/s 时,火源上游 20m 以外拱顶温度与环境温度基本一致。随着坡度的增大,火源处拱顶最高温度降低,当隧道为上坡通风时,火源下坡方向拱顶温度随着坡度增大,上升率下降;当隧道为下坡通风时,火源下坡方向拱顶温度随着坡度增大,下降率增大。

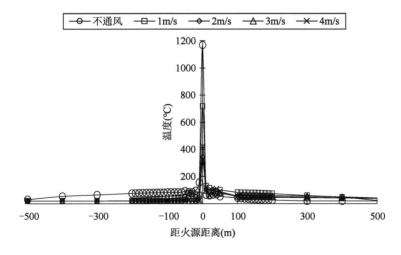

图 4-48　坡度 0.5%,上坡时通风特征高度处最高温度纵向分布曲线对比图

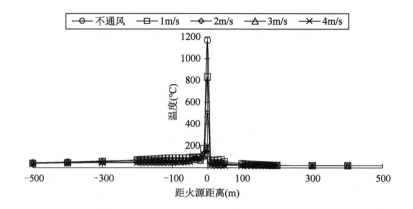

图 4-49　坡度 0.5%，下坡通风时特征高度处最高温度纵向分布曲线对比图

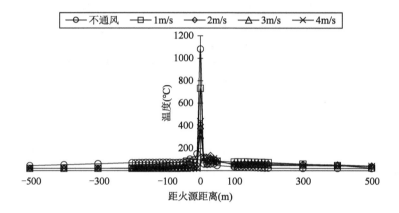

图 4-50　坡度 1%，上坡通风时特征高度处最高温度纵向分布曲线对比图

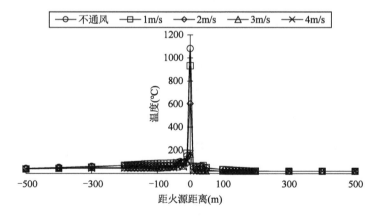

图 4-51　坡度 1%，下坡通风时特征高度处最高温度纵向分布曲线对比图

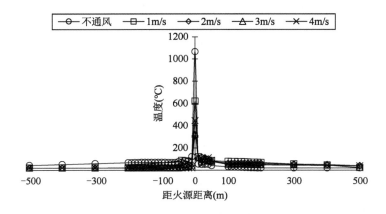

图 4-52 坡度 1.367%,上坡通风时特征高度处最高温度纵向分布曲线对比图

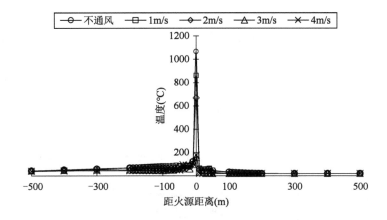

图 4-53 坡度 1.367%,上坡通风时特征高度处最高温度纵向分布曲线对比图

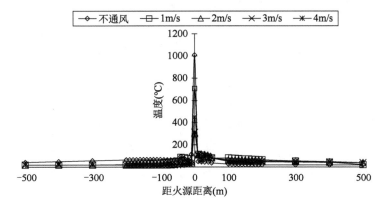

图 4-54 坡度 1.8%,上坡通风时特征高度处最高温度纵向分布曲线对比图

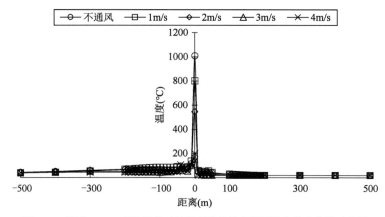

图4-55　坡度1.8%,下坡通风时特征高度处最高温度纵向分布曲线对比图

由图4-48～图4-55可知,火源位置处人眼特征高度的温度高于拱顶的温度,但除火源位置外,其余位置温度均比拱顶温度低。不通风时,火源上坡方向温度高于火源下坡方向,坡度变化值对于人员特征高度处的温度影响不明显;通风时,火源上游温度降低,下游温度升高,在风速达到4m/s时,下游人眼特征高度处温度近100℃,火源上游温度与环境温度基本一致。

4.2.3　天山胜利隧道火灾烟气蔓延规律

1)火源处横向可视度变化云图

运用FDS建立数值模拟模型,截取不同风速、不同时刻、不同位置处隧道横向的可视度变化云图,如图4-56～图4-67所示。

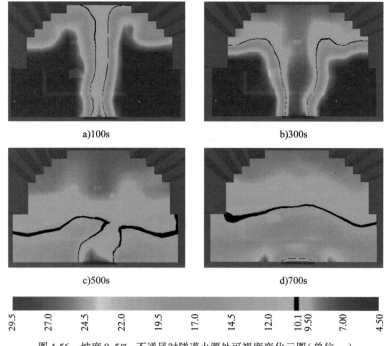

图4-56　坡度0.5%,不通风时隧道火源处可视度变化云图(单位:m)

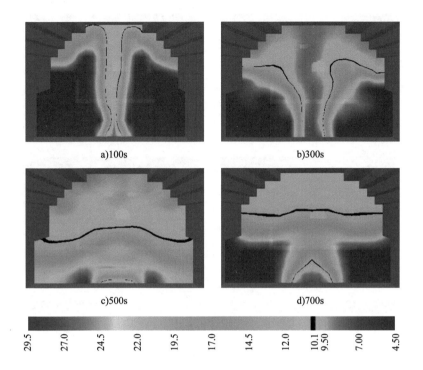

图 4-57　坡度 1%,不通风时隧道火源处可视度变化云图(单位:m)

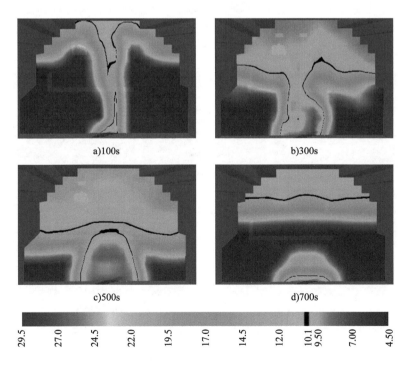

图 4-58　坡度 1.367%,不通风时隧道火源处可视度变化云图(单位:m)

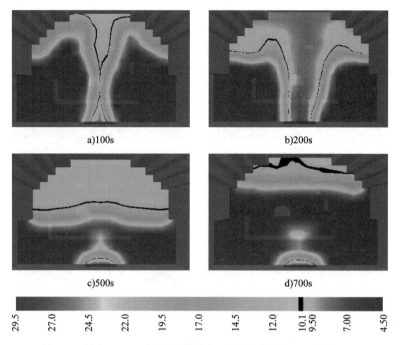

a)100s　　　　　　　　　　　b)200s

c)500s　　　　　　　　　　　d)700s

图4-59　坡度1.8%,不通风时隧道火源处可视度变化云图(单位:m)

由图4-56～图4-59可知,烟气分布与温度分布具有一致性,火源上方随着高度增大,可视度越小,拱顶的可视度最小;同一时刻,越靠近边墙,可视度越大。火源处断面可视度随时间的推移先减小后增大。随着坡度的增大,隧道断面内整体可视度增大,可视度为10m的烟气层高度也增大,在坡度1.8%处,仅拱顶下1m范围内可视度低于10m。

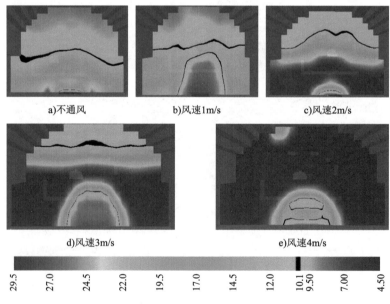

a)不通风　　　　　b)风速1m/s　　　　　c)风速2m/s

d)风速3m/s　　　　　　　　　e)风速4m/s

图4-60　坡度0.5%,上坡通风不同风速700s时火源处可视度变化云图(单位:m)

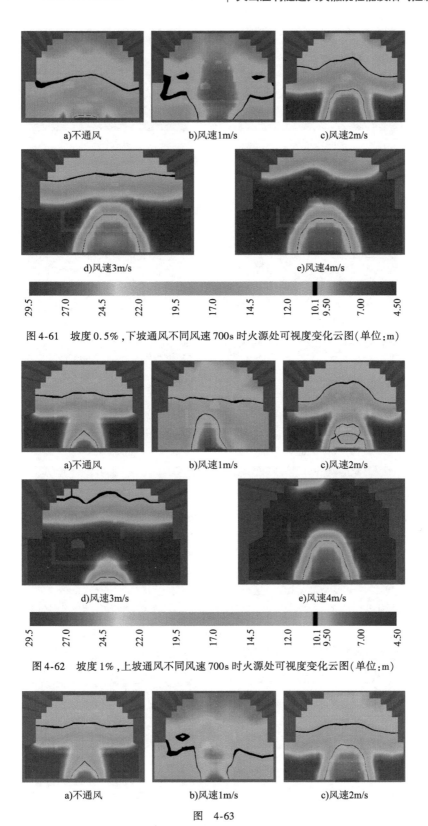

a)不通风　　　　　b)风速1m/s　　　　　c)风速2m/s

d)风速3m/s　　　　　　　　　　e)风速4m/s

29.5　27.0　24.5　22.0　19.5　17.0　14.5　12.0　10.1　9.50　7.00　4.50

图4-61　坡度0.5%,下坡通风不同风速700s时火源处可视度变化云图(单位:m)

a)不通风　　　　　b)风速1m/s　　　　　c)风速2m/s

d)风速3m/s　　　　　　　　　　e)风速4m/s

29.5　27.0　24.5　22.0　19.5　17.0　14.5　12.0　10.1　9.50　7.00　4.50

图4-62　坡度1%,上坡通风不同风速700s时火源处可视度变化云图(单位:m)

a)不通风　　　　　b)风速1m/s　　　　　c)风速2m/s

图　4-63

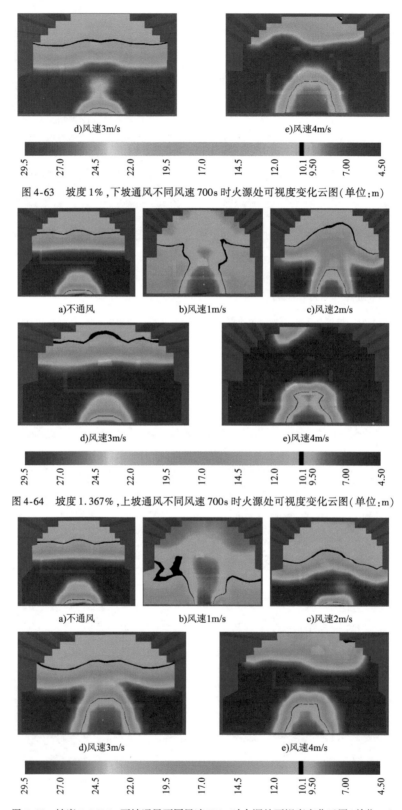

d)风速3m/s　　　　　　　　　e)风速4m/s

图 4-63　坡度 1%，下坡通风不同风速 700s 时火源处可视度变化云图（单位：m）

a)不通风　　　　　　b)风速1m/s　　　　　　c)风速2m/s

d)风速3m/s　　　　　　　　　e)风速4m/s

图 4-64　坡度 1.367%，上坡通风不同风速 700s 时火源处可视度变化云图（单位：m）

a)不通风　　　　　　b)风速1m/s　　　　　　c)风速2m/s

d)风速3m/s　　　　　　　　　e)风速4m/s

图 4-65　坡度 1.367%，下坡通风不同风速 700s 时火源处可视度变化云图（单位：m）

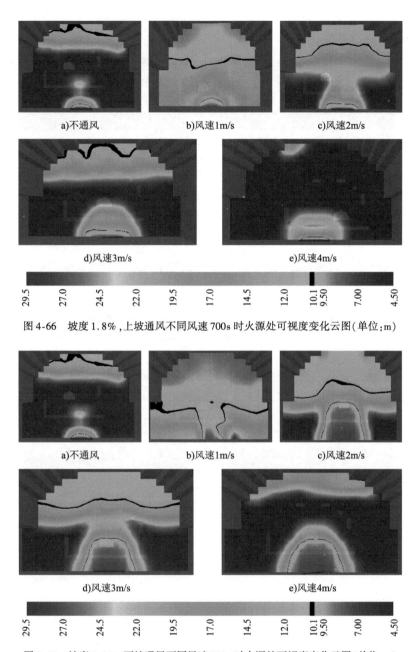

a)不通风   b)风速1m/s   c)风速2m/s

d)风速3m/s   e)风速4m/s

29.5 27.0 24.5 22.0 19.5 17.0 14.5 12.0 10.1 9.50 7.00 4.50

图4-66　坡度1.8%,上坡通风不同风速700s时火源处可视度变化云图(单位:m)

a)不通风   b)风速1m/s   c)风速2m/s

d)风速3m/s   e)风速4m/s

29.5 27.0 24.5 22.0 19.5 17.0 14.5 12.0 10.1 9.50 7.00 4.50

图4-67　坡度1.8%,下坡通风不同风速700s时火源处可视度变化云图(单位:m)

　　由图4-60~图4-67可知,随着风速的增大,隧道断面内可视度越来越小,可视度为10m的烟气层高度越来越大,上坡通风,风速为3m/s时,只有火源处和拱顶下方1m范围内可视度小于10m。所有坡度当风速达到4m/s时,除火源很小范围外,整个隧道断面内可视度均大于10m。并且随着坡度的增大,相同风速情况下可视度减小。下坡通风时,断面内可视度先减小后增大,可视度为10m的烟气层高度也在减小,在风速为1m/s时可视度最小,风速4m/s时除火源处很小范围外,整个隧道断面可视度均大于10m。同坡度同风速情况下,下坡方向通风时可视度更小。

2）隧道内纵向可视度变化云图

运用 FDS 建立数值模拟模型,截取不同风速、不同时刻、不同位置处隧道纵向的可视度云图,并作出不同风速、不同时刻、不同位置的曲线,如图 4-68 ~ 图 4-79 所示。

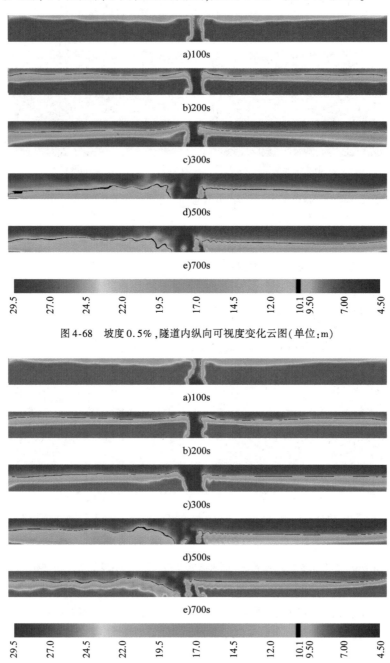

图 4-68　坡度 0.5%,隧道内纵向可视度变化云图(单位:m)

图 4-69　坡度 1%,隧道内纵向可视度变化云图(单位:m)

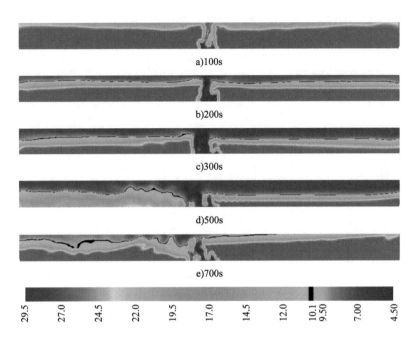

图4-70 坡度1.367%,隧道内纵向可视度变化云图(单位:m)

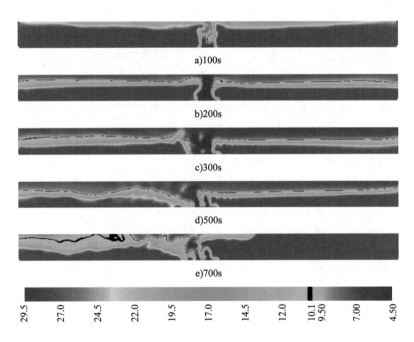

图4-71 坡度1.8%,隧道内纵向可视度变化云图(单位:m)

由图4-68～图4-71可知,隧道内可视度出现明显的分层现象,烟气层高度越大,可视度越小;随着远离火源,隧道内可视度逐渐增大;随着时间推移,隧道内可视度逐渐减小。火源上游的可视度均低于火源下游,随着坡度的增大,整个隧道纵断面内,整体可视度减小。

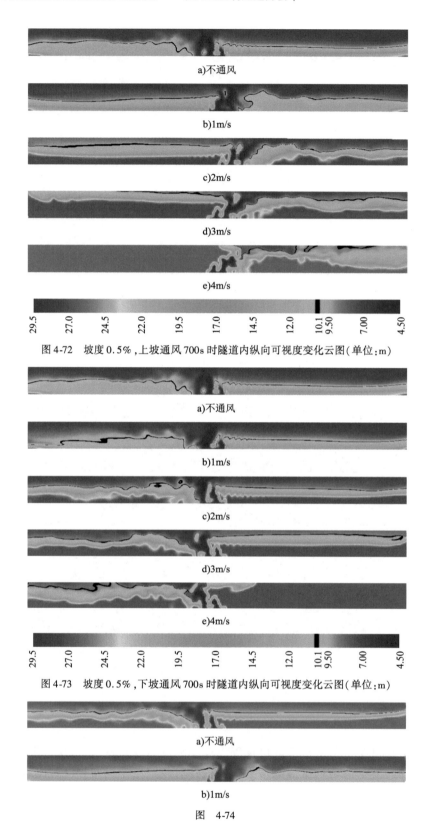

a)不通风

b)1m/s

c)2m/s

d)3m/s

e)4m/s

图4-72　坡度0.5%,上坡通风700s时隧道内纵向可视度变化云图(单位:m)

a)不通风

b)1m/s

c)2m/s

d)3m/s

e)4m/s

图4-73　坡度0.5%,下坡通风700s时隧道内纵向可视度变化云图(单位:m)

a)不通风

b)1m/s

图　4-74

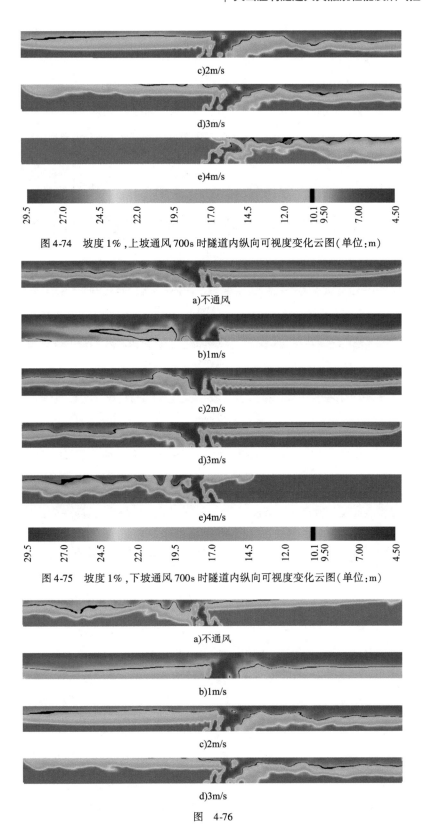

c)2m/s

d)3m/s

e)4m/s

图4-74　坡度1%,上坡通风700s时隧道内纵向可视度变化云图(单位:m)

a)不通风

b)1m/s

c)2m/s

d)3m/s

e)4m/s

图4-75　坡度1%,下坡通风700s时隧道内纵向可视度变化云图(单位:m)

a)不通风

b)1m/s

c)2m/s

d)3m/s

图　4-76

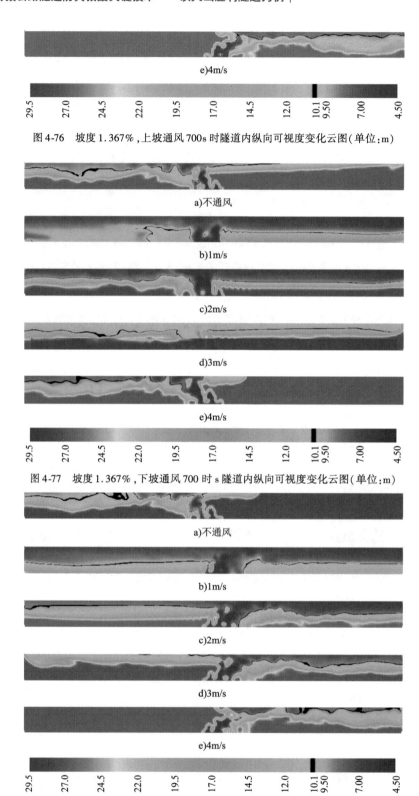

e)4m/s

图4-76　坡度1.367%,上坡通风700s时隧道内纵向可视度变化云图(单位:m)

a)不通风

b)1m/s

c)2m/s

d)3m/s

e)4m/s

图4-77　坡度1.367%,下坡通风700时s隧道内纵向可视度变化云图(单位:m)

a)不通风

b)1m/s

c)2m/s

d)3m/s

e)4m/s

图4-78　坡度1.8%,上坡通风700s时隧道内纵向可视度变化云图(单位:m)

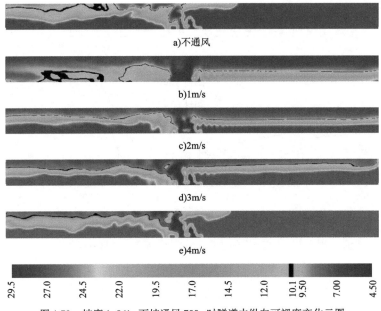

a)不通风

b)1m/s

c)2m/s

d)3m/s

e)4m/s

| 29.5 | 27.0 | 24.5 | 22.0 | 19.5 | 17.0 | 14.5 | 12.0 | 10.1 9.50 | 7.00 | 4.50 |

图4-79 坡度1.8%,下坡通风700s时隧道内纵向可视度变化云图

由图4-72～图4-79可知,在不通风时,火源下坡方向可视度小于上坡方向;上坡通风时,火源上游可视度大于火源下游;风速为1m/s时,整个断面内可视度最小,随着风速增大,火源上游可视度逐渐增大,可视度为10m的烟气层高度也在增大,火源下游整体可视度减小;在风速为4m/s时,整个火源上游区域可视度均大于10m;下坡通风时,整个隧道下游纵断面的可视度先减小后增大,在风速为1m/s时可视度最小,可视度为10m的烟气层高度最低,随着风速的增大,下坡方向可视度增大,可视度为10m的烟气层高度也随之增大,风速达到4m/s时,整个下坡可视度基本不受影响。同坡度、同风速,下坡通风时下游可视度大于上坡通风时上游可视度,且可视度为10m的烟气层高度低于上坡通风时的烟气层高度;不同坡度在通风时,纵向能见度的变化不明显。

3)隧道纵向可视度分布曲线

不同风速、坡度组合下拱顶最低可视度纵向分布曲线如图4-80～图4-87所示,人眼特征高度处可视度纵向分布曲线如图4-88～图4-95所示。

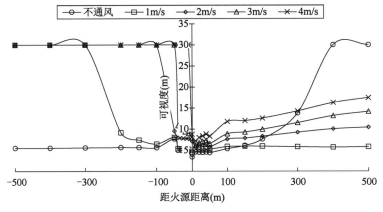

图4-80 坡度0.5%,上坡通风时拱顶最低可视度对比曲线

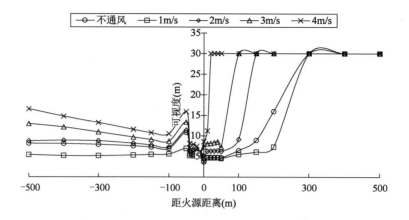

图 4-81　坡度 0.5%，下坡通风时拱顶最低可视度对比曲线

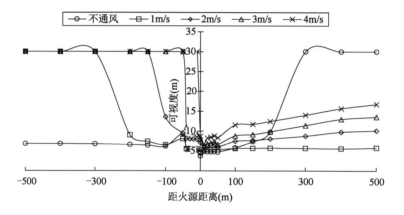

图 4-82　坡度 1%，上坡通风时拱顶最低可视度对比曲线

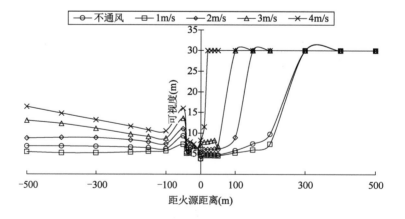

图 4-83　坡度 1%，下坡通风时拱顶最低可视度对比曲线

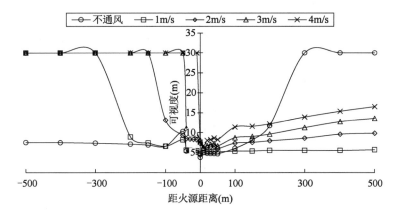

图4-84 坡度1.367%,上坡通风时拱顶最低可视度对比曲线

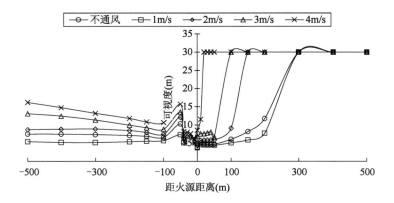

图4-85 坡度1.367%,下坡通风时拱顶最低可视度对比曲线

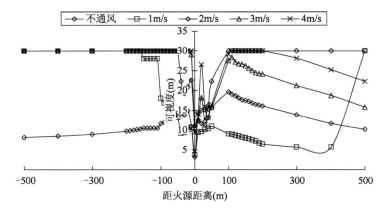

图4-86 坡度1.8%,上坡通风时拱顶最低可视度对比曲线

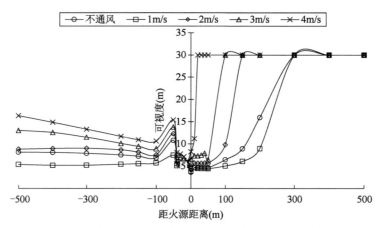

图 4-87　坡度 1.8%，下坡通风时拱顶最低可视度对比曲线

由图 4-80 ~ 图 4-87 可知，火源点处拱顶可视度最小，最小为 3m，由于火风压的影响，随着远离火源，可视度先增大后减小再逐渐增大，随着风速增大，隧道内可视度先减小再逐渐增大；相比于不通风模式下，上游可视度有较大程度提升，且随风速增大，隧道内可视度提高越明显，下游隧道可视度随风速增大而减小；当上坡通风风速为 1m/s 时，下游距火源 300m 处可视度由 30m 降至 5m，之后再随着风速增大，可视度逐渐增大；当下坡通风风速为 1m/s 时，下游距火源 300m 处可视度由 8.8m 降至 5m，之后再随着风速增大，可视度逐渐增大。

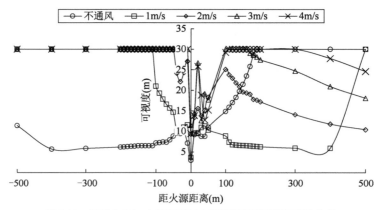

图 4-88　坡度 0.5%，上坡通风时人眼特征高度可视度对比曲线

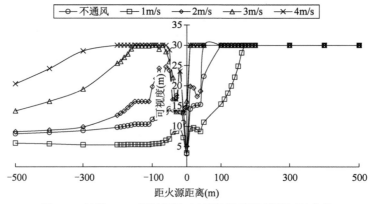

图 4-89　坡度 0.5%，下坡通风时人眼特征高度可视度对比曲线

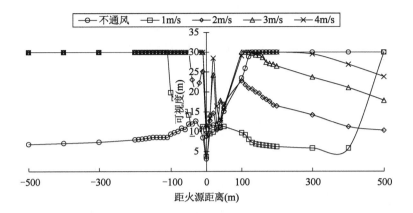

图4-90 坡度1%,上坡通风时人眼特征高度可视度对比曲线

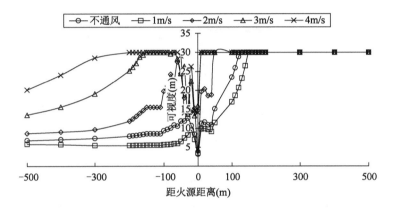

图4-91 坡度1%,下坡通风时人眼特征高度可视度对比曲线

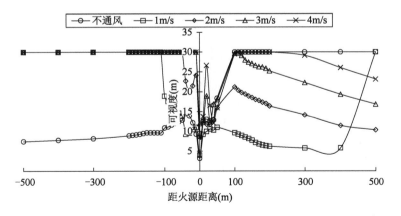

图4-92 坡度1.367%,上坡通风时人眼特征高度可视度对比曲线

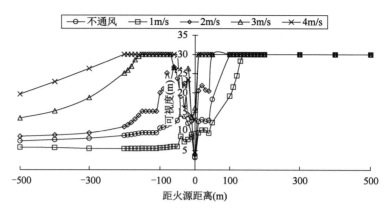

图 4-93　坡度1.367%,下坡通风时人眼特征高度可视度对比曲线

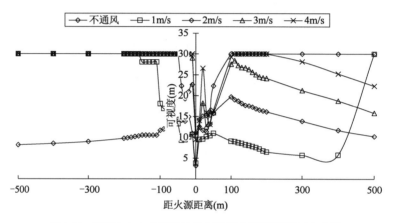

图 4-94　坡度1.8%,上坡通风时人眼特征高度可视度对比曲线

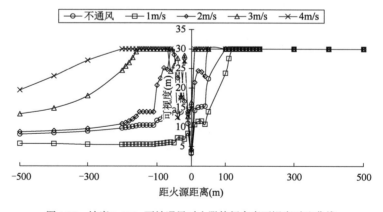

图 4-95　坡度1.8%,下坡通风时人眼特征高度可视度对比曲线

由图 4-88 ~ 图 4-95 可知,人眼特征高度处,火源点处可视度最小,最小值为 3m,随着远离火源,可视度先增大后减小,整体可视度均大于拱顶处可视度;不通风模式下,隧道上坡方向可视度明显小于下坡方向,且随着坡度的增大上述现象越明显,随着隧道内风速的增大,隧道内可视度逐渐增大;同坡度、同风速时,下坡通风时上游可视度小于上坡通风时下游可视度。

4.3 天山胜利隧道横通道气流对主隧道环境影响规律

4.3.1 主隧道与横通道交叉模型建立

通过 FDS 建立两个长 500m 的公路隧道火灾燃烧模型,在距离火源 100m 处设置横通道,对比横通道开启前后,主隧道内温度场与烟气场分布差异。横通道内向主隧道内通风,风速为 2m/s。火源规模 22MW,设置在距隧道入口 200m 处,X、Y 轴网格尺寸 2m,Z 轴网格尺寸 1m,环境温度 15℃,气压为 70107Pa,在隧道 0m、50m、100m、150m、160m、170m、180m、190m、195m、200m、205m、210m、220m、230m、240m、250m、300m、350m、400m、450m、500m 处设置人眼特征高度 2m 和隧道拱顶的温度与可视度测点。带横通道隧道 FDS 模型如图 4-96 所示。

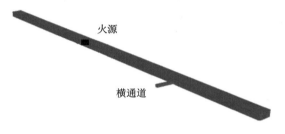

图 4-96　带横通道隧道 FDS 模型

4.3.2 横通道防护门开启对主隧道内温度场变化影响

横通道防护门开启前后的隧道内纵向温度分布云图分别如图 4-97、图 4-98 所示。

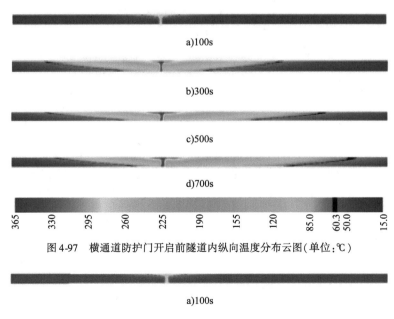

a)100s

b)300s

c)500s

d)700s

图 4-97　横通道防护门开启前隧道内纵向温度分布云图(单位:℃)

a)100s

图 4-98

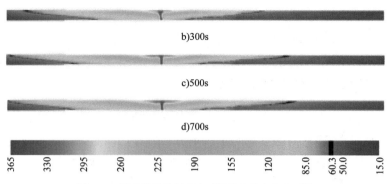

b)300s

c)500s

d)700s

| 365 | 330 | 295 | 260 | 225 | 190 | 155 | 120 | 85.0 | 60.3 50.0 | 15.0 |

图4-98　横通道防护门开启后隧道内纵向温度云图

由图4-97、图4-98可知,在火灾发展前300s,防护门是否开启,对主隧道内温度影响不明显,但300s后,横通道防护门开启后,火源上游主隧道内温度高于60℃的范围整体向上移动,说明横通道防护门开启后,火源上游主隧道内温度降低。分析原因在于,横通道内存在通风,风流冲撞主隧道形成射流,沿上游流动的射流阻碍烟气的运动,甚至使烟气逆流,使得隧道内高温区整体向上游移动。

防护门开启前后,主隧道内拱顶高度和人眼特征高度处的最高温度对比曲线分别如图4-99、图4-100所示。其中,原点为火源点,负半轴代表火源下游,正半轴代表火源上游,横通道位置为 $x=100\mathrm{m}$ 处。

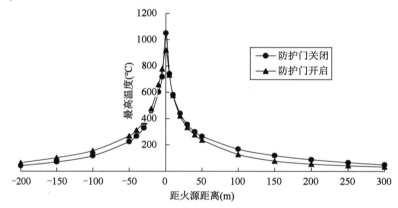

图4-99　隧道拱顶处最高温度对比

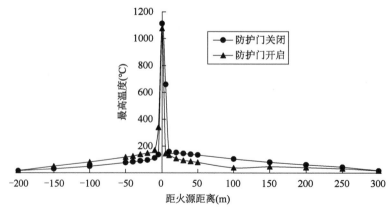

图4-100　人眼特征高度处最高温度对比

由图4-99、图4-100可知,横通道防护门开启后,火源处温度最高下降,火源上游隧道内环境温度下降,火源下游隧道内温度上升。防护门开启前后,火源上方隧道拱顶处最高温度分别为1050℃和921℃,人眼特征高度处最高温度分别为1112℃和1075℃;防护门开启后,火源上游段隧道内拱顶温度大约下降40℃,人眼特征高度处温度在横通道与火源间的隧道段下降明显,大约下降60℃。说明横通道防护门开启后,可以有效降低火源上游隧道人眼高度处温度,对于上游人员安全疏散有利。

4.3.3 横通道防护门开启对主隧道内可视度变化影响

横通道防护门开启前后的隧道内纵向可视度云图分别如图4-101、图4-102所示。

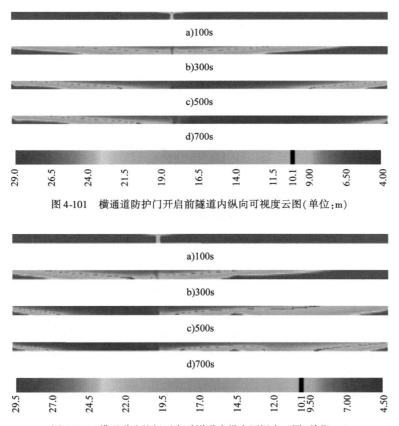

图4-101 横通道防护门开启前隧道内纵向可视度云图(单位:m)

图4-102 横通道防护门开启后隧道内纵向可视度云图(单位:m)

由图4-101、图4-102可知,可视度与温度变化规律有关,温度高则可视度低,且与温度变化规律一样出现了明显的分层;在火灾发生300s内,横通道防护门开启对隧道内烟气的可视度影响不明显,300s后,横通道防护门开启将有效增加火源上游隧道内可视度,隧道上游可视度小于10m的范围整体向上移动,火源下游隧道内可视度减小,可视度分布规律与隧道内纵向温度变化原因一致。原因在于,横通道内存在通风,横通道内的风进入主隧道形成射流时,加快了烟流的流动,稀释了烟气的浓度,增大了该处的可视度,随着射流距离的增大,风速减弱,并且烟气沉降,可视度再度减小,拱顶处高度高于防护门高度,几乎不受通风影响。

防护门开启前后,主隧道内拱顶高度和人眼特征高度处的最低可视度对比曲线分别如图 4-103、图 4-104 所示。

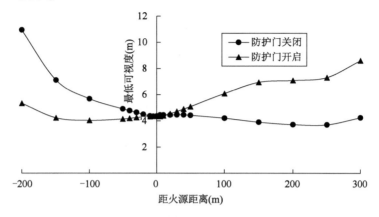

图 4-103　隧道拱顶处最低可视度对比

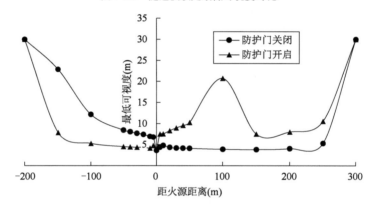

图 4-104　人眼特征高度处最低可视度对比

由图 4-103、图 4-104 可知,横通道防护门开启后,火源上游隧道内环境可视度增大,火源下游隧道内可视度减小。防护门开启后,火源上游段隧道内拱顶可视度大约提高 3.5m,人眼特征高度处可视度大约平均增加 4m,在横通道送风处可视度增加最显著,可达到 14m;火源下游隧道内拱顶可视度大约减小 3m,人眼特征高度处可视度大约平均减小 6m,说明横通道防护门开启后,可以有效降低火源上游隧道人眼高度处温度,对于上游人员安全疏散有利。原因在于,横通道内存在通风,横通道内的风进入主隧道形成射流时,加快了烟流的流动,稀释了烟气的浓度,增大了该处的可视度,随着射流距离的增加,风速减弱,并且烟气沉降,可视度再度减小。而拱顶处可视度在横通道处无此规律的原因在于,拱顶处烟流位置高于防护门,基本不受横通道通风的影响。

4.3.4　横通道防护门开启对主隧道内风速的变化影响

火灾模式下,当横通道防护门开启后,服务隧道会通过横通道向主隧道内送风,以保证火灾烟气不进入服务隧道。因此,横通道防护门开启后,隧道整体风网发生变化,风流受到影响。以防烟分区左二分区发生火灾为例,分析横通道开启后,主隧道内风流变化,其对比曲线如

图4-105所示。火源具体位置发生在距离隧道洞口($x=0\mathrm{m}$)6.57km处,火源上游段(6.57~22.1m)距火源1.5km范围内人行横通道防护门开启,所有车行横通道防护门开启,火源下游段人行、车行横通道防护门均关闭。

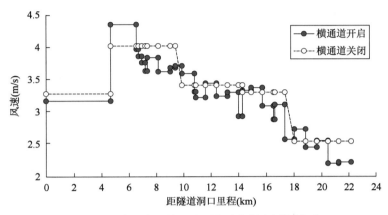

图4-105　横通道防护门开启对主隧道内风流影响规律

如图4-105所示,当火源上游邻近人行横通道防护门和车行横通道防护门开启后,火源上游主隧道内风速受到较明显影响。横通道防护门开启后,火源上游隧道内风速基本呈下降趋势,风速下降值在$0.1\sim0.4\mathrm{m/s}$之间,少部分隧道段有上升趋势,最大上升风速为$0.2\mathrm{m/s}$。火源下游隧道内,邻近火源1.8km内,主隧道内风速上升,上升值约为$0.35\mathrm{m/s}$;1.8km以外至隧道口段,主隧道风速下降,下降值约为$0.1\mathrm{m/s}$。综上所述,横通道防护门开启后,对于主隧道风速有减弱的趋势,尤其在横通道开启位置,对风速的影响更为显著。

4.4 天山胜利隧道火灾烟流控制技术研究

4.4.1 主隧道逆流烟气长度及临界风速确定

在8个坡度条件下(上坡0.5%、下坡0.5%、上坡1%、下坡1%、上坡1.367%、下坡1.367%、上坡1.8%、下坡1.8%),分别建立不通风、1m/s、2m/s、3m/s、4m/s共40个工况。隧道内烟气逆流长度对比如图4-106~图4-114所示。

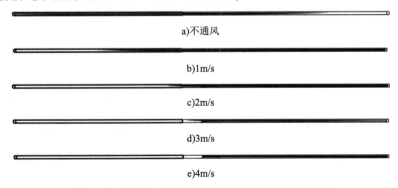

a)不通风

b)1m/s

c)2m/s

d)3m/s

e)4m/s

图4-106　坡度0.5%,上坡通风时烟气逆流长度对比图

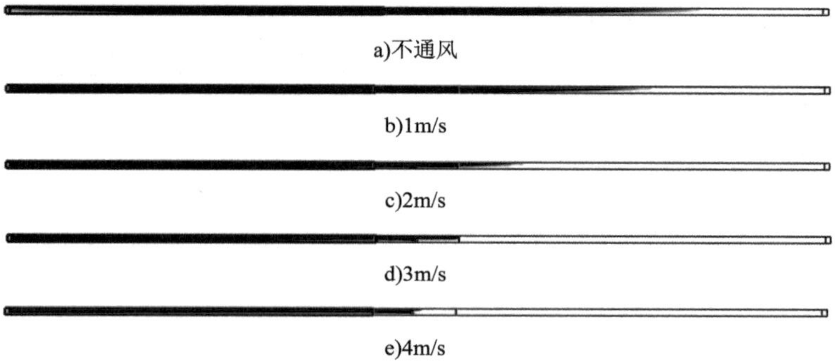

a)不通风

b)1m/s

c)2m/s

d)3m/s

e)4m/s

图 4-107　坡度 0.5%，下坡通风时烟气逆流长度对比图

a)不通风

b)1m/s

c)2m/s

d)3m/s

e)4m/s

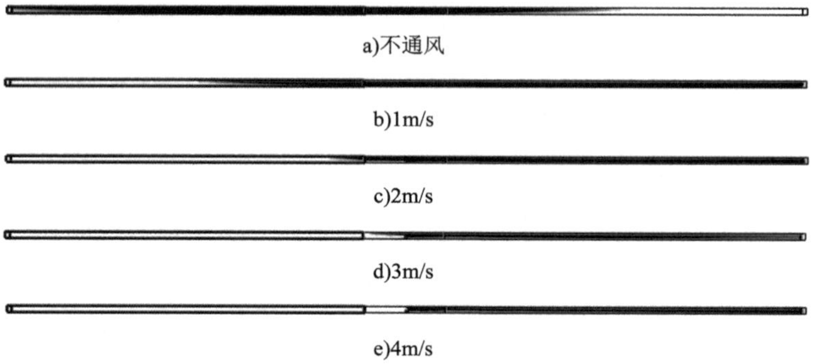

图 4-108　坡度 1%，上坡通风时烟气逆流长度对比图

a)不通风

b)1m/s

c)2m/s

d)3m/s

e)4m/s

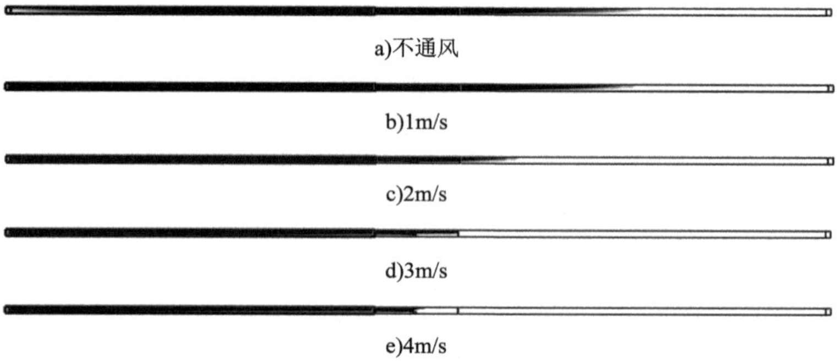

图 4-109　坡度 1%，下坡通风时烟气逆流长度对比图

a)不通风

b)1m/s

c)2m/s

d)3m/s

e)4m/s

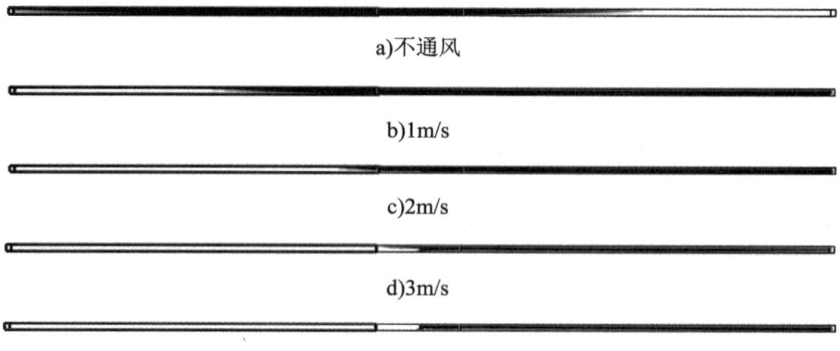

图 4-110　坡度 1.367%，上坡通风时烟气逆流长度对比图

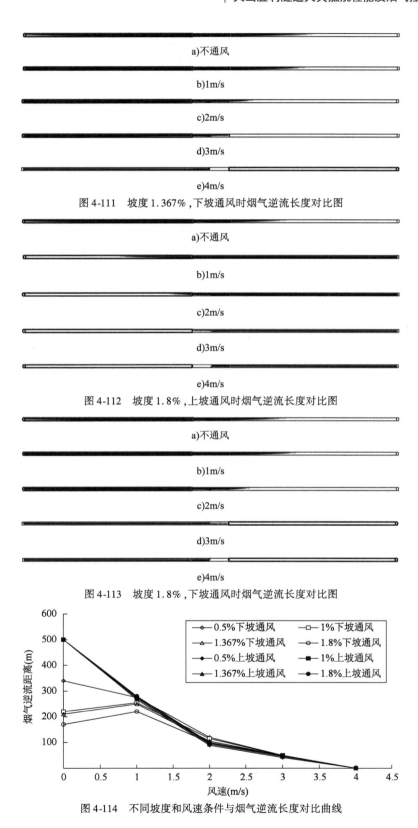

a)不通风

b)1m/s

c)2m/s

d)3m/s

e)4m/s

图 4-111 坡度 1.367%，下坡通风时烟气逆流长度对比图

a)不通风

b)1m/s

c)2m/s

d)3m/s

e)4m/s

图 4-112 坡度 1.8%，上坡通风时烟气逆流长度对比图

a)不通风

b)1m/s

c)2m/s

d)3m/s

e)4m/s

图 4-113 坡度 1.8%，下坡通风时烟气逆流长度对比图

图 4-114 不同坡度和风速条件与烟气逆流长度对比曲线

由图 4-106~图 4-114 可知,随着隧道坡度的增大,烟气逆流的长度有明显变化。在不通风模式下,上坡方向逆流长度均达到 500m 以上,而下坡方向烟气逆流长度随坡度的增大明显减小,坡度分别为 0.5%、1%、1.367% 和 1.8% 的烟气逆流距离大约为 340m、255m、210m 和 170m。

随着通风速度的增大,烟气的逆流长度逐渐减小。当风速为上坡方向送风风速时,隧道坡度对烟气逆流长度影响不明显,当送风速度分别为 1m/s、2m/s、3m/s 和 4m/s 时,烟气逆流长度分别约为 280m、100m、50m 和 0m。当风速为下坡方向送风风速时,隧道坡度对烟气逆流长度影响显著。当坡度为 0.5% 时,送风速度分别为 1m/s、2m/s、3m/s 和 4m/s,对应的烟气逆流长度分别约为 280m、120m、50m 和 0m;当坡度为 1% 时,送风速度分别为 1m/s、2m/s、3m/s 和 4m/s 对应的烟气逆流长度分别为约 270m、110m、50m 和 0m;当坡度为 1.367% 时,送风速度分别为 1m/s、2m/s、3m/s 和 4m/s 对应的烟气逆流长度分别约为 250m、110m、50m 和 0m;当坡度为 1.8% 时,送风速度分别约为 1m/s、2m/s、3m/s 和 4m/s 对应的烟气逆流长度分别为 220m、105m、50m 和 0m。

综上所述可知,隧道火灾模式下,无论上坡方向,还是下坡方向,防止烟气逆流的主隧道临界风速为 4m/s。

4.4.2 竖井排烟效率及风速确定

选取最不利工况即右线(不跨线)排风联络风道坡度为 12.3% 和左线(跨线)排风联络风道坡度为 33.6% 的两种联络风道建模,模型中主隧道长 500m,火源位置在隧道 350m 处,火源面积 10m², 火源规模 22MW,联络风道位于火源左侧距隧道进口 150m,不跨线联络风道(坡度12.3%)长 80m,跨线联络风道(坡度 33.6%)长 152m,竖井高度 200m。联络风道示意图如图 4-115 所示。竖井排烟模型如图 4-116 所示。

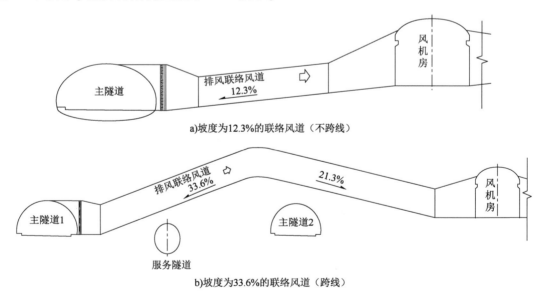

a)坡度为12.3%的联络风道(不跨线)

b)坡度为33.6%的联络风道(跨线)

图 4-115　联络风道示意图

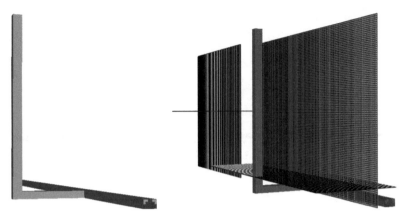

图4-116 竖井排烟模型

分别改变排烟口左右主隧道内的对向风速以及竖井排烟风量,计算竖井排烟效率,计算工况共22组,如表4-8所示。

竖井排烟效率计算工况 　　　　　　　　　　　　　　　　　　表4-8

计算工况	风道坡度(%)	左侧风速(m/s)	右侧风速(m/s)	竖井风量(m³/s)
1	12.3	0	0	600
2	12.3	0	4	600
3	12.3	2	4	600
4	12.3	3	4	300
5	12.3	3	4	400
6	12.3	3	4	500
7	12.3	3	4	600
8	12.3	4	4	300
9	12.3	4	4	400
10	12.3	4	4	500
11	12.3	4	4	600
12	33.6	0	0	600
13	33.6	0	4	600
14	33.6	2	4	600
15	33.6	3	4	300
16	33.6	3	4	400
17	33.6	3	4	500
18	33.6	3	4	600
19	33.6	4	4	300
20	33.6	4	4	400
21	33.6	4	4	500
22	33.6	4	4	600

1)主隧道风速变化影响

当改变主隧道风速时,竖井的排烟效果有明显的差异。不跨线排风联络风道(排烟道)坡度为12.3%,当竖井排风量为600m³/s时,主隧道内排烟道烟气扩散如图4-117所示。

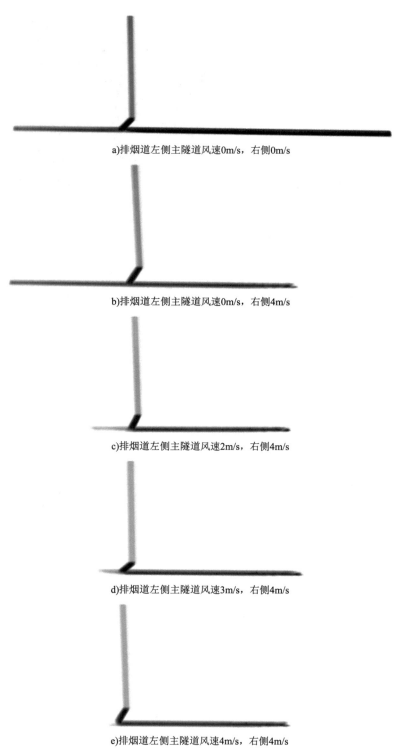

a)排烟道左侧主隧道风速0m/s，右侧0m/s

b)排烟道左侧主隧道风速0m/s，右侧4m/s

c)排烟道左侧主隧道风速2m/s，右侧4m/s

d)排烟道左侧主隧道风速3m/s，右侧4m/s

e)排烟道左侧主隧道风速4m/s，右侧4m/s

图 4-117　不跨线坡度 12.3% 排烟道烟气扩散图

由图 4-117 可知,当竖井排风量达到 $600m^3/s$ 时,主隧道内若不通风,则烟气可以部分进入竖井内排走,但效率很低,主隧道内充满烟气,且烟气未控制在规定的防烟分区内,跨区扩散严重;当主隧道内排烟道右侧风速达到控烟临界风速 4m/s 时,随着左侧主隧道对向通风风速的增大,可以有效抑制烟气扩散,促使烟气由排烟竖井排出。当隧道左侧对向通风风速达到 3m/s 后,烟气跨区扩散现象不明显。

不跨线坡度 12.3% 排烟道左侧对向风速与主隧道烟气逆流长度曲线如图 4-118 所示。

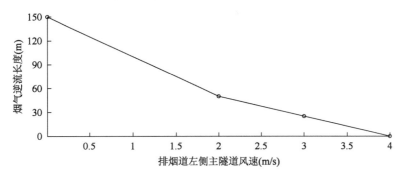

图 4-118　不跨线坡度 12.3% 排烟道左侧对向风速与主隧道烟气逆流长度曲线

由图 4-118 可知,排烟道右侧风速为 4m/s 时,左侧风速越大,烟气逆流长度越小。当排烟道左侧不通风时,烟气逆流长度距离 150m,主隧道内烟气不完全通过排烟道排除;当排烟道左侧对向通风风速为 2m/s 时,烟气逆流长度约 50m;当排烟道左侧对向通风风速为 3m/s 时,烟气逆流长度约 25m;当排烟道左侧对向通风风速为 4m/s 时,烟气不逆流。此时,烟气完全通过排烟道排出。

跨线排风联络风道(排烟道)坡度为 33.6%,主隧道内排烟道烟气扩散如图 4-119 所示。

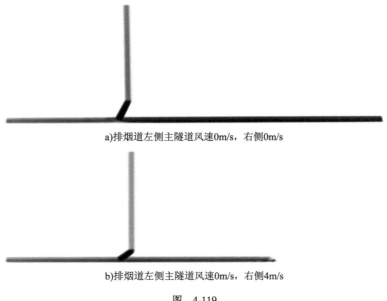

a)排烟道左侧主隧道风速0m/s,右侧0m/s

b)排烟道左侧主隧道风速0m/s,右侧4m/s

图　4-119

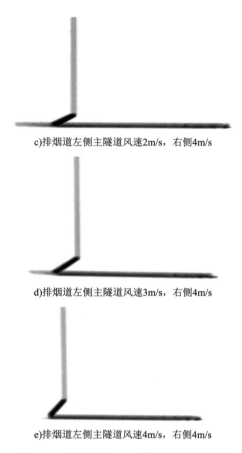

c)排烟道左侧主隧道风速2m/s，右侧4m/s

d)排烟道左侧主隧道风速3m/s，右侧4m/s

e)排烟道左侧主隧道风速4m/s，右侧4m/s

图4-119　跨线坡度33.6%排烟道烟气扩散图

由图4-119可知，当竖井排风量达到600m³/s时，主隧道内若不通风，则烟气可以部分进入竖井内排走，但效率很低，主隧道内充满烟气，且烟气未控制在规定的防烟分区内，跨区扩散严重；当主隧道内排烟道右侧风速达到控烟临界风速4m/s时，随着左侧主隧道对向通风风速的增大，可以有效抑制烟气扩散，促使烟气由排烟竖井排出。当隧道左侧对向通风风速达到3m/s后，烟气跨区扩散现象不明显。

排烟道左侧主隧道风速与烟气逆流长度曲线如图4-120所示。

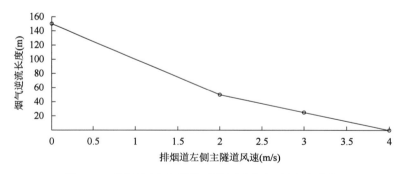

图4-120　排烟道左侧主隧道不同风速与烟气逆流长度曲线

由图 4-120 可知,排烟道右侧风速 4m/s 时,左侧风速越大,烟气逆流长度越小。当排烟道左侧不通风时,烟气逆流长度距离为 150m,主隧道内烟气不能完全通过排烟道排除;当排烟道左侧对向通风风速为 2m/s 时,烟气跨区长度约 50m;当排烟道左侧对向通风风速为 3m/s 时,烟气逆流长度约 25m;当排烟道左侧对向通风风速为 4m/s 时,烟气不逆流。此时,烟气完全通过排烟道排出。

综上所述,对于排烟效率影响较大的是主隧道风速,尤其是左侧对向通风风速,而排烟道的坡度在较大的排烟量作用下,影响不明显。

2)竖井排烟风量变化影响

主隧道不通风模式下,竖井排烟风量分别为 0m³/s、300m³/s 和 600m³/s 时,坡度分别为 12.3% 和 33.6% 的联络风道可视度随距主隧道距离的变化规律如图 4-121、图 4-122 所示。

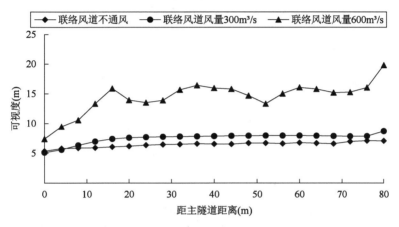

图 4-121　坡度 12.3% 联络风道内可视度($t=650$s)

由图 4-121 可知,随着联络风道风量的增大,烟气运动速率加快,联络风道内可视度逐渐增大。在不通风时,烟气蔓延速率较小,更多的烟气聚集在风道中,此时联络风道内可视度最小,可视度大约为 6.6m;当排风量达到 300m³/s 时,可视度大约为 8m;排风量达到 600m³/s 时,可视度达到约 15m。

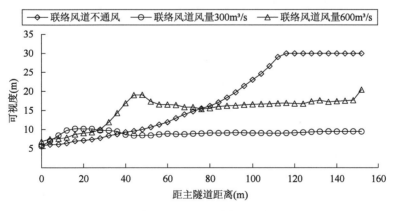

图 4-122　坡度 33.6% 联络风道内可视度($t=650$s)

由图 4-122 可知,随着风道风速的增大,烟气运动速率加大,联络风道内可视度整体呈逐渐增大趋势。但由于跨线联络风道呈人字形,存在向下 21.3% 的坡度的下降段[图 4-115b)],因此在联络风道不排风时,烟气在上升段风道内可视度较小,而下降段风道内烟气较小,使得烟气未能完全充满整个联络风道,联络风道内大概有 34m 不受烟气的影响;当排风量达到 300m³/s 时,可视度大约为 9.3m;排风量达到 600m³/s 时,可视度达到约 16.7m。

3)联络风道坡度影响

联络风道的坡度对排烟也有影响,由于坡度为 33.6% 的联络风道存在下坡段,因此,只比较上坡段不同坡度的联络风道可视度,对比曲线如图 4-123 所示。

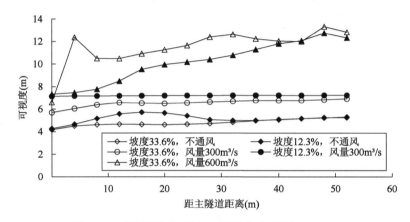

图 4-123　联络风道不同坡度、不同风速下可视度($t=700$s)

由图 4-123 可知,当排烟量为 0 时,联络风道坡度越大,距离主隧道 30m 内的联络风道内可视度越小,随后风道坡度对烟气蔓延影响不明显,距离主隧道 30m 外的联络风道内,烟气可视度基本一致。说明风道坡度越大,烟气越容易进入,但最终坡度对烟气可视度的影响很有限,仅在近主隧道 30m 范围内有作用。当排烟量为 300m³/s 时,联络风道坡度越大,风道内可视度越小,说明在排风量较小时,跨线联络风道的排烟效率小于不跨线风道,跨线风道的下坡段对排烟效率有明显阻碍作用。当排烟量为 600m³/s 时,联络风道坡度越大,风道内可视度越大,说明在排风量较大时,风道坡度对于排烟效率有促进作用,跨线联络风道的下坡段对排烟效率无明显阻碍作用。

4.4.3　横通道临界风速确定

分别建立横通道坡度 $-2\%\sim-7.5\%$ 的隧道火灾烟气模型,横通道长度 50m。主隧道通风 4m/s,横通道内不通风时,烟气均不会蔓延到横通道内,因此,横通道内可不设置通风,设置防烟室及防火门即可满足烟气控制需要。

第 5 章

天山胜利隧道火灾模式下
人员疏散控制技术

通过对高海拔环境参数对人员疏散机能的影响调研,采用理论计算和数值计算的方法,得到天山胜利隧道疏散人员的疏散速度以及人员疏散的路径,根据疏散路径设计提取火灾模式下人员疏散的特征规律,总结提出一套适合天山胜利隧道人员疏散技术,为天山胜利隧道的防灾救援设计提供技术支撑。

5.1 天山胜利隧道的人员属性特征

疏散人员的特性包括人员对隧道内疏散出口的熟悉程度、人员的身体条件及行为特征、疏散人员的心理承受能力、疏散人员的组成及数量等,这些会影响人员疏散的时间。

对于那些熟悉隧道结构的人员来讲,在火灾时能够迅速找到隧道的疏散出口;而那些不熟悉隧道的人员,在紧急情况下往往倾向于沿着某一固定的通道或者围绕固定建筑物行走逃生,这样的条件下明显使其疏散显得非常困难。所以,人员对隧道内疏散出口的熟悉程度在火灾疏散时相当重要。

由于火灾的威胁性,使得火灾时人员的运动特点与正常时有很大的区别,主要表现为非适应性行为、恐慌行为、再进入行为、灭火行为、穿过烟气行为等。这些行为受到人的知识水平、性别、习惯及当时的心理状况等因素的综合影响,难以定量化进行表述。同时,火灾发展过程中将释放大量的热能、热辐射、烟气(包括一般热烟气和有毒有害气体),当建筑物中的人看到平常适应的环境由于火灾而变得面目全非时,不可避免地会产生恐惧心理。火灾产物中的温度、烟气层及有毒气体会对火场中的人员生理和心理产生极大的影响,从而影响疏散,路线的选择和疏散准备时间最终会影响疏散效率。火灾中产生的高温,会使火场中的人员在生理上感到浑身燥热、头昏脑涨、身体虚脱,在心理上又会使火场中的人员感到十分紧张、慌乱、惊恐和不安,从而迫使人们采取措施躲避高温的侵袭。如果在火场中无路可疏散时,一般会选择退到温度较低的某个角落内暂避高温。这些都对人员的身体条件及行为特征、疏散人员的心理承受能力有极高的要求。

人员疏散计算的关键是行走速度和人员的流动,人员的行走速度受很多因素的影响。年龄超过 60 岁时,人的行走速度有一定程度的减慢,小孩的行走速度比成人的速度慢;在听觉、视力或精神等方面有残疾的人,其行走速度也受一定的影响;另外,人员的行走速度还受疏散路线内人员的密度影响,当隧道内人员密度达到一定程度时可能由于拥挤无法疏散。

5.1.1 高海拔环境对人员疏散的影响

在高海拔环境中,50% ~75% 的人会产生高原反应,高海拔环境对人体机能影响较大。初入高原的人,在高原低氧环境的影响下机体会产生一系列适应性反应,主要表现为脑功能降低、肺通气量增加、心率加快、心排血量增多、血压升高、红细胞和血红蛋白增多等。若适应良好,在高原一段时间后,机体在神经与体液调节下,就会建立完整的代偿机制,内外环境最终达到统一,从而能较好地适应高原低氧环境;如果适应不良或严重缺氧,会因过度通气引起呼吸性碱中毒,从而进一步加重脑缺氧,造成人员运动机能下降。通过调研得到,受高海拔环境影响的人体生理指标主要有血液循环系统、感官系统、神经系统、呼吸系统 4 类,具体影响规律如下。

1）血液循环系统

（1）高原低氧环境对人体血压的影响。

平原上的人进入高原之后，可以明显检测出收缩压与舒张压的数值会升高，相应的是血压升高，其原因是心率增快而增加了脉搏输出量。不仅如此，缺氧也影响肺血压。缺氧引起外周血管舒张和肺血管收缩，肺血压升高可能导致高原性肺水肿。高原性肺水肿（HAPE）病理生理的基础是低压缺氧引起的肺动脉细胞肺部并发症，可能出现的症状有厌食、呼吸困难、头痛、失眠、头晕、恶心等。这些症状通常在人到达高原后 2～3h 发作，导致逃生者奔跑速度减小，降低或者丧失长距离的奔跑能力。

（2）高原低氧环境对血液的影响。

人体进入高原低氧环境后，会使交感神经兴奋，从而引起肝脾收缩，大量的储备血液进入人体，导致血液中的血红蛋白以及红细胞的数量急剧增加。虽然这会让血液的携氧能力增加，但血管中大量的血液，会导致血流变慢且黏滞性增高，从而降低供氧能力。这会导致人员疏散速度在一定程度上减小。

（3）高原低氧环境对血液循环系统的影响。

高原环境中会有缺氧的情况，会导致心率增大，心率增大则会导致脉搏输出量增加，从而引起新增负荷过大，在剧烈运动中可能会导致缺氧，发生昏迷、休克等症状。因此，血氧条件是影响高海拔环境下人员疏散的主要因素。理论上，最大摄氧量是影响高海拔环境下人员逃生速度的主要因素。

2）感官系统

在高原低氧环境中机体发生氧的供需失调，出现一系列的代偿适应性改变。血循环改变是引起低氧性视网膜改变的主要原因之一，发生紧急情况时可能会有短暂视觉上的障碍或失明，在一定程度上会影响逃生的速度。

3）神经系统

国内外学者认为高原低氧会导致认知功能障碍、睡眠障碍和其他脑功能障碍。慢性缺氧环境下，交感神经活动增强，急性缺氧环境下会引起交感神经系统的化学反应激活。以上症状也会对人员疏散速度造成一定影响。

4）呼吸系统

人体一般进入海拔 3000m 以上的环境中，身体就会出现缺氧，为了保证呼吸顺畅，身体自发地开始进行肺泡气氧分压，虽然呼吸加强了，但排出的二氧化碳浓度也因此增加，有可能导致呼吸性碱中毒，这是高原病的基础。高原病都是因缺氧造成的，缺氧会造成肺部充血，从而进一步形成肺水肿。这对人员的疏散速度有一定的影响。

5.1.2 人员属性及车辆荷载

1）高海拔地区速度折减系数

高海拔地区低氧环境会对人员疏散造成很大的影响，根据高海拔地区人员逃生速度测试，得到不同海拔人员疏散速度。与平原地区人员逃生速度相比，高海拔环境对疏散速度的折减系数如表5-1所示。

高海拔环境对疏散速度的折减系数 表5-1

海拔（km）		1	2	3	4	5
人群	儿童	1.000	0.972	0.920	0.837	0.733
	成年男性	1.000	0.972	0.916	0.834	0.725
	成年女性	1.000	0.978	0.925	0.843	0.738
	老人	1.000	0.972	0.923	0.845	0.746

根据 PIARC 给出人员疏散的速度在 0.5～1.5m/s 之间，取儿童疏散速度为 0.8m/s，成年男性疏散速度为 1.2m/s，成年女性疏散速度为 1.0m/s，老人疏散速度为 0.72m/s。根据公式可算出各海拔的人员疏散速度：

$$V = a_{高海拔} V_{平原疏散} \tag{5-1}$$

式中：$a_{高海拔}$——高海拔环境对疏散速度的折减系数；

$V_{平原疏散}$——平原疏散速度。

通过计算，不同海拔高度人员疏散速度如表5-2所示。

不同海拔高度人员疏散速度（单位：m/s） 表5-2

海拔（km）		1	2	3	4	5
人群	儿童	0.8	0.78	0.76	0.67	0.59
	成年男性	1.2	1.17	1.1	1.0	0.87
	成年女性	1	0.98	0.93	0.8	0.74
	老人	0.72	0.7	0.67	0.61	0.54

火灾模式下的铁路隧道人员疏散速度受到环境中烟气浓度等因素影响，人员在火灾烟气中疏散时的速度可根据式(5-2)进行折减得到。当消光系数 K_s 为 0.4 时，环境中烟气浓度便达到危害人员的临界值，消光系数越大，烟气浓度越大，而人员在火灾初期疏散时，烟气浓度未达到危害人员安全的程度，则将 $K_s = 0.4$ 代入式(5-2)中，便可得到人员在有烟环境下的疏散速度。

$$v_i^0(K_s) = \max \left\{ v_{i,\min}^0, \frac{v_i^0}{\alpha}(\alpha + \beta K_s) \right\} \tag{5-2}$$

式中：$v_i^0(K_s)$——人员在烟雾影响下移动速度，m/s；

v_i^0——人员正常移动速度，m/s；

K_s——消光系数；

α、β——经验系数，分别为 0.706ms^{-1} 和 $-0.057 \text{m}^2\text{s}^{-1}$；

$v_{i,\min}^0$——人员移动最小速度，$v_{i,\min}^0 = 0.1 v_i^0$。

通过计算，不同海拔高度火灾烟气中人员疏散速度如表5-3所示。

不同海拔高度火灾烟气中人员疏散速度（单位：m/s） 表5-3

海拔（km）		1	2	3	4	5
人群	儿童	0.78	0.75	0.71	0.65	0.57
	成年男性	1.16	1.13	1.06	0.97	0.84
	成年女性	0.97	0.95	0.9	0.82	0.71
	老人	0.7	0.68	0.64	0.59	0.52

针对天山胜利隧道海拔2800m对应的人员疏散速度如表5-4所示。

天山胜利隧道火灾烟气中人员疏散速度　　　　　表5-4

人群	儿童	成年男性	成年女性	老人
疏散速度（m/s）	0.72	1.07	0.91	0.65

2）人员的特征属性

人员个体的占地面积由其各方向上的最大生理尺寸决定,通常使用肩宽 b_p 和身体厚度 d_p 来确定,如图5-1、图5-2所示。

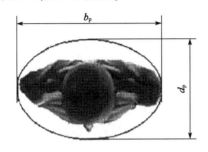

图5-1　人体的椭圆形模型

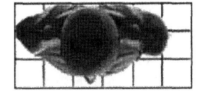

图5-2　人体的矩形模型

通过分析资料,给出了不同国家（地区）人员的肩宽、身体厚度等身体尺寸数据,具体如表5-5所示。

不同国家（地区）人群生理尺寸数据　　　　　表5-5

国家（地区）		肩宽 b_p（m）	身体厚度 d_p（m）
英国	男	0.5100	0.2850
	女	0.4350	0.2950
日本	男	0.4750	0.2300
	女	0.4250	0.2300
中国香港	男	0.4700	0.1250
	女	0.4350	0.2700
美国	男	0.5150	0.2800
	女	0.4700	0.2950
印度	男	0.4550	0.2350
	女	0.3900	0.2550

人员生理尺寸参考印度和日本等亚洲地区的人员尺寸,根据计算所分人员组群,在Pathfinder模拟中设定不同人员特征参数,如表5-6所示。

Pathfinder模拟中设定不同人员的特征参数　　　　　表5-6

人群	宽度（m）	厚度（m）	高度（m）
老人	0.4	0.25	1.7
中青年	0.45	0.3	1.75
儿童	0.3	0.2	1.4

3）汽车旅客群体构成

通过大量调研可知,汽车旅客中男性较多,其次是女性,并且从合理简化模拟计算的角度考虑,可以将列车旅客组成比例按照人员的年龄组成来分组,分别为成年男性、成年女性、儿童、老人,具体如表5-7所示。

Pathfinder 模拟中各类型人员疏散比例 表5-7

人群	比例(%)
成年男性	45
成年女性	38
儿童	10
老人	7

4）车辆类型及载客量

大型车辆、中型车辆、小型车辆的尺寸根据《公路工程技术标准》(JTG B01—2014)拟定,如表5-8所示。大型车辆载客量参考宇通汽车ZK6127H,中型车辆载客量参考宇通汽车T7D,小型车辆参考5座私家车,具体载客量如表5-9所示。

隧道内各类型车辆尺寸 表5-8

车辆类型	长(m)	宽(m)	高(m)
大型车辆	13.7	2.55	4
中型车辆	7.2	2.3	2.3
小型车辆	6	1.8	2

各类型车辆载客量 表5-9

车辆类型	大型车辆	中型车辆	小型车辆
载客量(人)	39	20	5

因为隧道内发生阻塞,车辆前后间距较正常行驶情况要小得多,根据相关学者的研究取1m。根据本项目特征年车型比例预测,隧道大、中、小型车辆数量比为0.276:0.095:0.629。

5.2 天山胜利隧道的人员疏散模式研究

车行横通道之间人行横通道设置的数量分别有0条、2条、3条、4条,火源发生位置有横通道口及相邻横通道之间两种情况。因此,考虑火源发生位置以及人、车行横通道设置位置,人员的疏散路径可分为12种模式,如表5-10所示。

人员疏散模式 表5-10

疏散模式	火灾位置	相邻横通道类型	相隔横通道类型	疏散人数
1	车行横通道口	人行横通道	人行横通道	1.5
2	车行横通道口	车行横通道	人行横通道	1.5
3	人行横通道口	人行横通道	人行横通道	1.5

疏散模式	火灾位置	相邻横通道类型	相隔横通道类型	疏散人数
4	人行横通道口	人行横通道	车行横通道	2
5	人行横通道口	车行横通道	人行横通道	1.5
6	人行横通道口	车行横通道	车行横通道	2
7	车行横通道下游区间	人行横通道	人行横通道	1
8	车行横通道下游区间	车行横通道	人行横通道	1.5
9	人行横通道下游区间	人行横通道	人行横通道	1
10	人行横通道下游区间	人行横通道	车行横通道	1
11	人行横通道下游区间	车行横通道	人行横通道	1.5
12	人行横通道下游区间	车行横通道	车行横通道	1.5

疏散模式1:当火源在车行横通道口时,相邻横通道类型为人行横通道,相隔横通道类型为人行横通道,具体疏散路径如图5-3所示。

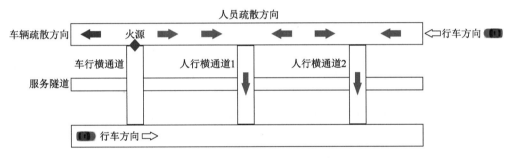

图5-3 疏散模式1疏散路径示意图(车人人)

由图5-3可知,发生火灾时,火源点左侧车辆驾驶员可直接驾车驶离火灾区域。火源点右侧车行横通道与人行横通道1之间的人员通过人行横通道1逃离火灾区域;人行横通道1与人行横通道2之间的人员各自向两个横通道逃离火源区域,疏散人数各占两个横通道之间人数的一半。人行横通道1在发生火灾时需疏散1.5倍横通道的人员。

疏散模式2:当火源在车行横通道口时,相邻横通道类型为车行横通道,相隔横通道类型为人行横通道,具体疏散路径如图5-4所示。

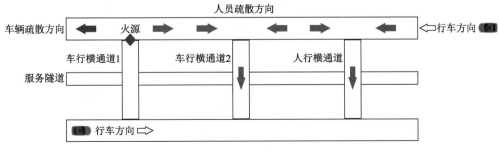

图5-4 疏散模式2疏散路径示意图(车车人)

由图 5-4 可知,发生火灾时,火源点左侧车辆驾驶员可直接驾车驶离火灾区域,如果车行横通道 2 保持对车辆的疏散,两个车行横通道之间的人员将无法疏散,因此将车行横通道 2 转为人行横通道使用。火源点右侧车行横通道 1 与车行横通道 2 之间的人员下车通过车行横通道 2 逃离火灾区域;车行横通道 2 与人行横通道之间的人员各自向两个横通道逃离火源区域,疏散人数各占两个横通道之间人数的一半。车行横通道 2 在发生火灾时需疏散 1.5 倍横通道的人员。

疏散模式 3:当火源在人行横通道口时,相邻横通道类型为人行横通道,相隔横通道类型为人行横通道,具体疏散路径如图 5-5 所示。

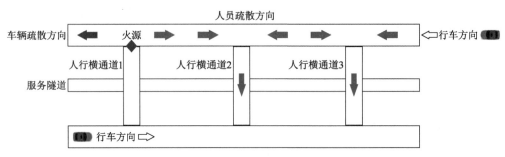

图 5-5 疏散模式 3 疏散路径示意图(人人人)

由图 5-5 可知,发生火灾时,火源点左侧车辆驾驶员可直接驾车驶离火灾区域。火源点右侧人行横通道 1 与人行横通道 2 之间的人员下车通过人行横通道 2 逃离火灾区域;人行横通道 2 与人行横通道 3 之间的人员各自向两个横通道逃离火源区域,疏散人数各占两个横通道之间人数的一半。人行横通道 2 在发生火灾时需疏散 1.5 倍横通道的人员。

疏散模式 4:当火源在人行横通道口时,相邻横通道类型为人行横通道,相隔横通道类型为车行横通道,具体疏散路径如图 5-6 所示。

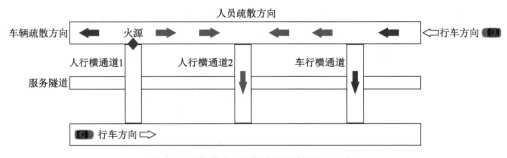

图 5-6 疏散模式 4 疏散路径示意图(人人车)

由图 5-6 可知,发生火灾时,火源点左侧车辆驾驶员可直接驾车驶离火灾区域。火源点右侧人行横通道 1 与人行横通道 2 之间的人员下车通过人行横通道 2 逃离火灾区域;人行横通道 2 与车行横通道之间的人员通过人行横通道 2 逃离火源区域,人行横通道 2 在发生火灾时需疏散 2 倍横通道的人员。

疏散模式 5:当火源在人行横通道口时,相邻横通道类型为车行横通道,相隔横通道类型为人行横通道,具体疏散路径如图 5-7 所示。

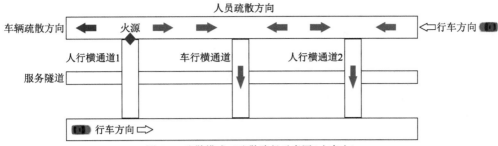

图 5-7　疏散模式 5 疏散路径示意图(人车人)

由图 5-7 可知,发生火灾时,火源点左侧车辆驾驶员可直接驾车驶离火灾区域。如果车行横通道保持对车辆的疏散,人行横通道 1 与车行横通道之间的人员将无法疏散,因此将车行横通道转为人行横通道使用。火源点右侧人行横通道 1 与车行横通道之间的人员下车通过车行横通道逃离火灾区域;车行横通道与人行横通道 2 之间的人员各自向两个横通道逃离火源区域,疏散人数各占两个横通道之间人数的一半。车行横通道在发生火灾时需疏散 1.5 倍横通道的人员。

疏散模式 6:当火源在人行横通道口时,相邻横通道类型为车行横通道,相隔横通道类型为车行横通道,具体疏散路径如图 5-8 所示。

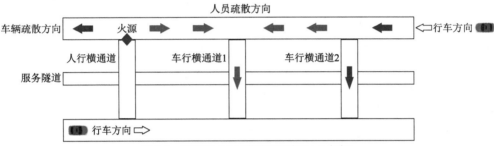

图 5-8　疏散模式 6 疏散路径示意图(人车车)

由图 5-8 可知,发生火灾时,火源点左侧车辆驾驶员可直接驾车驶离火灾区域。如果车行横通道保持对车辆的疏散,人行横通道与车行横通道 1 之间的人员将无法疏散,因此,将车行横通道 1 转为人行横通道使用。火源点右侧人行横通道与车行横通道 1 之间的人员下车通过车行横通道逃离火灾区域;车行横通道 1 与车行横通道 2 之间的人员通过车行横通道 1 逃离火源区域。车行横通道 1 在发生火灾时需疏散 2 倍横通道的人员。

疏散模式 7:当火源在车行横通道下游区间时,相邻横通道类型为人行横通道,相隔横通道类型为人行横通道,具体疏散路径如图 5-9 所示。

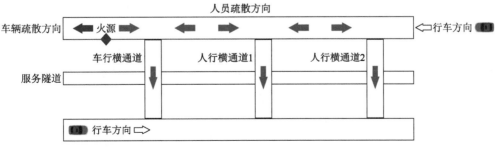

图 5-9　疏散模式 7 疏散路径示意图(车人人)

由图5-9可知,发生火灾时,火源点左侧车辆驾驶员可直接驾车驶离火灾区域。如果车行横通道保持对车辆的疏散,火源点与车行横通道之间的人员将无法疏散,因此,将车行横通道转为人行横通道使用。火源点与车行横通道之间的人员通过车行横通道进行疏散,车行横通道与人行横通道1之间的人员各自向两个横通道逃离火源区域,疏散人数各占两个横通道之间人数的一半。车行横通道在发生火灾时需疏散1倍横通道的人员。

疏散模式8:当火源在车行横通道下游区间时,相邻横通道类型为车行横通道,相隔横通道类型为人行横通道,具体疏散路径如图5-10所示。

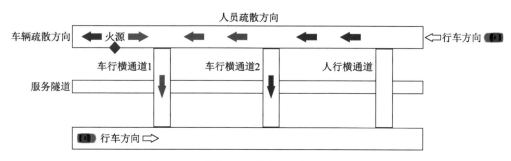

图5-10　疏散模式8疏散路径示意图(车车人)

由图5-10可知,发生火灾时,火源点左侧车辆驾驶员可直接驾车驶离火灾区域。如果车行横通道保持对车辆的疏散,火源点与车行横通道1之间的人员将无法疏散,因此将车行横通道1转为人行横通道使用。火源点与车行横通道1之间的人员通过车行横通道1进行疏散,车行横通道1与车行横通道2之间的人员通过车行横通道1逃离火源区域,车行横通道1在发生火灾时需疏散1.5倍横通道的人员。

疏散模式9:当火源在人行横通道下游区间时,相邻横通道类型为人行横通道,相隔横通道类型为人行横通道,具体疏散路径如图5-11所示。

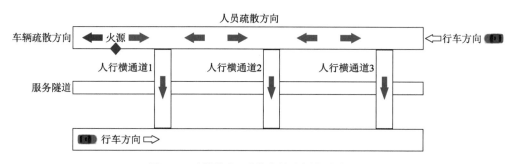

图5-11　疏散模式9疏散路径示意图(人人人)

由图5-11可知,发生火灾时,火源点左侧车辆驾驶员可直接驾车驶离火灾区域。火源点与人行横通道1之间的人员通过人行横通道1进行疏散,人行横通道1与人行横通道2之间的人员各自向两个横通道逃离火源区域,疏散人数各占两个横通道之间人数的一半。人行横通道1在发生火灾时需疏散1倍横通道的人员。

疏散模式10:当火源在人行横通道下游区间时,相邻横通道类型为人行横通道,相隔横通道类型为车行横通道,具体疏散路径如图5-12所示。

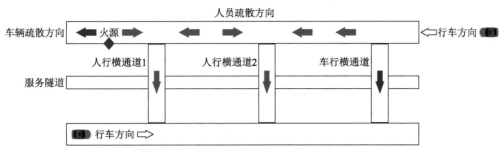

图 5-12　疏散模式 10 疏散路径示意图（人人车）

由图 5-12 可知,发生火灾时,火源点左侧车辆驾驶员可直接驾车驶离火灾区域。火源点与人行横通道 1 之间的人员通过人行横通道 1 进行疏散,人行横通道 1 与人行横通道 2 之间的人员各自向两个横通道逃离火源区域,疏散人数各占两个横通道之间人数的一半。人行横通道 2 与车行横通道之间的人员通过人行横通道 2 进行疏散。人行横通道 1 在发生火灾时需疏散 1 倍横通道的人员。

疏散模式 11:当火源在人行横通道下游区间时,相邻横通道类型为车行横通道,相隔横通道类型为人行横通道,具体疏散路径如图 5-13 所示。

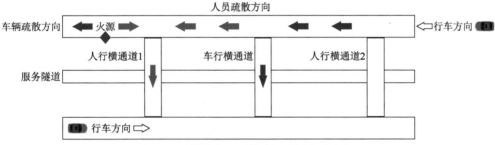

图 5-13　疏散模式 11 疏散路径示意图（人车人）

由图 5-13 可知,发生火灾时,火源点左侧车辆驾驶员可直接驾车驶离火灾区域。火源点与人行横通道 1 之间的人员通过人行横通道 1 进行疏散,人行横通道 1 与车行横通道之间的人员通过人行横通道 1 逃离火源区域,人行横通道 1 在发生火灾时需疏散 1.5 倍横通道的人员。

疏散模式 12:当火源在人行横通道下游区间时,相邻横通道类型为车行横通道,相隔横通道类型为人行横通道,具体疏散路径如图 5-14 所示。

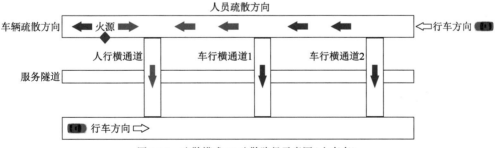

图 5-14　疏散模式 12 疏散路径示意图（人车车）

由图 5-14 可知,发生火灾时,火源点左侧车辆驾驶员可直接驾车驶离火灾区域。火源点与人行横通道之间的人员通过人行横通道进行疏散,人行横通道与车行横通道 1 之间的人员通过车行横通道1逃离火源区域,人行横通道在发生火灾时需疏散1.5倍横通道的人员。

综上所述,疏散模式4,即当火源点在人行横通道口,右侧为一个人行横通道和一个车行横通道的情况为疏散最不利工况,人员疏散的压力最大,火源点相邻人行横通道需要疏散2倍横通道间的人数。

5.3 天山胜利隧道的人员疏散规律研究

通过Pathfinder对天山胜利隧道进行人员疏散仿真建模,考虑所有疏散模式中最不利情况即一个人行横通道需疏散两倍横通道间距的人数,对横通道间距和宽度组合不同的工况进行人员疏散模拟与分析,确定不同工况下的疏散时间、聚集时间及门的通过率。

5.3.1 人员疏散计算基本参数

在Pathfinder中,可对不同的人群设定不同的人员参数,本书在人员参数设定中,将人员分为儿童、成年男性、成年女性、老人4类,输入各自的人员参数。在模拟过程中,考虑火灾发生时最不利工况,即整个隧道内车辆发生拥挤,车辆之间的间距为1m,同时,按照人员疏散模式中最不利情况下疏散,一条人行横通道需要疏散2倍横通道间距的人员,车型比例按照车流量预测报告设定。改变横通道的间距和宽度,共设置30种工况,如表5-11所示。模型平面图如图5-15所示。不同横通道间距下隧道内疏散人数如表5-12所示。

工况表(单位:m)   表5-11

横通道宽度	横通道间距				
1.2	180	200	220	250	300
1.5	180	200	220	250	300
1.8	180	200	220	250	300
2	180	200	220	250	300
2.2	180	200	220	250	300
2.5	180	200	220	250	300

图5-15 模型平面图

不同横通道间距下隧道内疏散人数   表5-12

横通道间距(m)	180	200	220	250	300
疏散人数(人)	743	868	962	1101	1288

5.3.2 人员疏散规律分析

1)人员疏散密度云图

(1)随时间变化的人员疏散密度云图。

由于模型数量较多,现选取横通道间距220m、横通道宽度1.8m为例,60s、120s、180s、240s、300s、360s的人员疏散密度云图如图5-16所示。

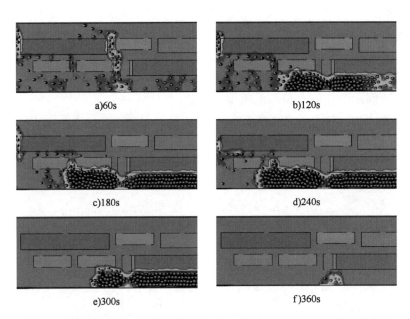

图 5-16　横通道间距 220m、横通道宽度 1.8m，不同时间下的人员疏散密度云图

由图 5-16 可知，从开始疏散到 60s，人员开始向出口处疏散，但出口处未出现拥堵，随后疏散人员越来越多地汇集到出口处，出现拥堵现象；120～240s 为出口处拥堵的高峰，拥堵距离最长；240s 后人员拥堵聚集变短，到 360s 时人员基本疏散完毕。

（2）随横通道宽度变化的人员疏散密度云图。

由于模型数量较多，现选取横通道间距 220m、疏散 360s 为例，横通道宽度 1.2m、1.5m、1.8m、2m、2.2m、2.5m 的人员疏散密度云图如图 5-17 所示。

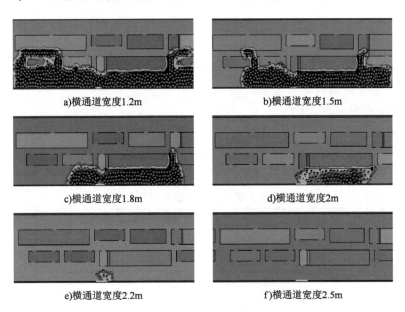

图 5-17　横通道间距 220m、疏散 360s，不同横通道宽度下的人员疏散密度云图

由图 5-17 可知,横通道宽度对人员的疏散影响显著,横通道宽度越小,人员疏散时越拥堵;在横通道宽度 1.2m 时,人员最为拥堵,拥堵的距离最长,大约为 40m;随着横通道宽度的增大,拥堵距离逐渐减小,在横通道宽度 2m,人员疏散密度减小,拥堵长度大约为 15m;当横通道宽度 2.2m 时,还有个别人员未疏散,横通道宽度 2.5m 时,人员已完全疏散。

(3)随横通道间距变化的人员疏散密度云图。

由于模型数量较多,取横通道宽度 1.8m,疏散 360s 为例,横通道间距 180m、200m、220m、250m、300m 的人员疏散密度云图如图 5-18 所示。

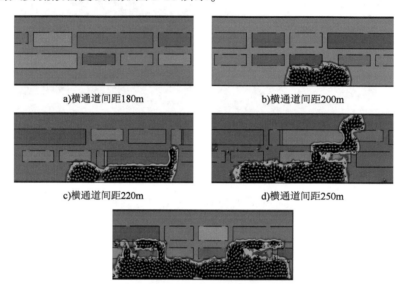

a)横通道间距180m

b)横通道间距200m

c)横通道间距220m

d)横通道间距250m

e)横通道间距300m

图 5-18 横通道宽度 1.8m,疏散 360s,不同横通道间距下的人员疏散密度云图

由图 5-18 可知,横通道间距对人员疏散影响显著,横通道间距越大,包含的人员越多,人员疏散时越拥堵,拥堵距离越大;在横通道间距 180m 时,人员早已疏散完毕;在横通道间距 200m 时,人员拥堵距离为 12.5m;在横通道间距 300m 时,人员拥堵距离为 36m。

2)人员必需安全疏散时间及聚集时间

(1)人员必需安全疏散时间

人员必需安全疏散时间是指从隧道火灾发生开始(即起火时刻)到所有被困人员疏散到安全区域的时间。通过对不同工况下人员疏散进行模拟,整理得出不同工况下人员必需安全疏散时间,如表 5-13 所示,做出图形,如图 5-19、图 5-20 所示。

不同工况下人员必需安全疏散时间(单位:s)　　　　　　　　表 5-13

横通道宽度（m）	横通道间距（m）				
	180	200	220	250	300
1.2	573	681.5	739.3	866.3	982.8
1.5	447.5	521.1	580.2	660.7	769.4
1.8	368.3	434.1	474.2	541.7	619.3
2	339.1	372.5	421.8	476	561.7

续上表

横通道宽度(m)	横通道间距(m)				
	180	200	220	250	300
2.2	330.3	350.9	387	446	501.3
2.5	289	345.7	357.2	445	492.8

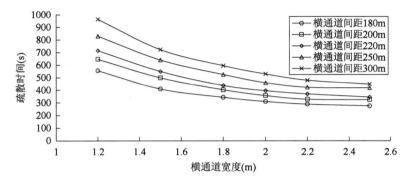

图5-19　不同横通道宽度下人员必需安全疏散时间

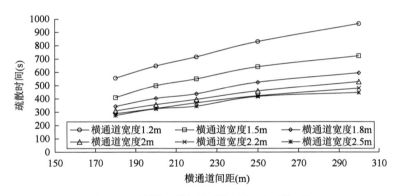

图5-20　不同横通道间距下的必需安全疏散时间

由表5-13、图5-19、图5-20可知，隧道内人员必需安全疏散时间与横通道宽度和横通道间距密切相关。当横通道间距相同宽度不相同时，人员必需安全疏散时间随着横通道宽度的增大而减小，以横通道间距180m为例，在横通道宽度1.2m时人员必需安全疏散时间最长，为573s；在横通道宽度2.5m时人员必需安全疏散时间最短，为289s；当横通道宽度大于1.8m后，人员必需安全疏散时间的减少率降低。当横通道宽度相同间距不同时，疏散时间随着横通道间距的增大而增大，以横通道宽度1.5m为例，当横通道间距为180m时，人员必需安全疏散时间为447.5s；当横通道间距为300m时，人员必需安全疏散时间为769.4s；当横通道间距小于220m后，人员必需安全疏散时间的减少率降低。

（2）聚集时间。

聚集时间为人员因疏散堵塞在横通道口，人群移动速度几乎为0的这一段时间。通过对不同工况下人员疏散进行模拟，整理得出不同工况下人员疏散时在横通道门口聚集的时间，如表5-14所示，做出图形，如图5-21、图5-22所示。

不同工况下的聚集时间（s）　　　　　　　　　　　　表5-14

横通道宽度（m）	横通道间距（m）				
	180	200	220	250	300
1.2	511.1	615.5	680	776.3	941.1
1.5	341.5	448.2	490.2	586.4	669.3
1.8	243.5	346.2	339.8	451.4	533.4
2	197.6	293.9	262.4	378.8	466
2.2	168.2	261.9	238	320.6	420.3
2.5	129.3	197.1	178.7	210.4	292.5

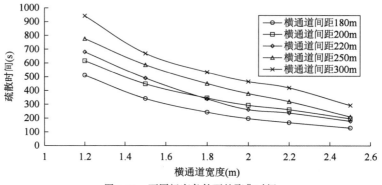

图5-21　不同门宽条件下的聚集时间

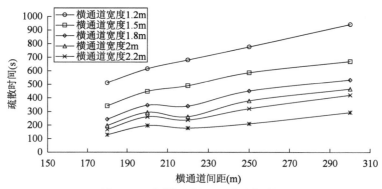

图5-22　不同横通道间距下的聚集时间

由表5-14、图5-21、图5-22可知，隧道内人员聚集时间与横通道宽度和间距密切相关。当横通道间距相同宽度不相同时，人员聚集时间随着横通道间距的增大而减小，以横通道间距180m为例，在横通道宽度1.2m时人员聚集时间最长，为511.1s；在横通道宽度2.5m时人员疏散时间最短，为129.3s。并且随着横通道间距的增大，最长聚集时间与最短聚集时间的差值越大，在横通道间距180m时，疏散时间差值为390s；在横通道间距300s时，疏散时间差值近650s。当横通道宽度相同间距不同时，聚集时间随着横通道间距的增大而增大，以横通道宽度1.5m为例，当横通道间距为180m时，人员聚集时间为341.5s；当横通道间距为300m时，人员聚集时间为669.3s。并且随着横通道宽度的增大，人员最长聚集时间与最短聚集时间的差值越小，当横通道间距为1.2m时，聚集时间差值超过400s；横通道间距为2.5m时，聚集时间差值超过 150s。

（3）人员疏散出口通过率。

人员疏散出口通过率即每秒出口（门）通过的人数。通过人员疏散仿真模拟，不同工况下人员疏散出口通过率如图 5-23 ~ 图 5-33 所示。

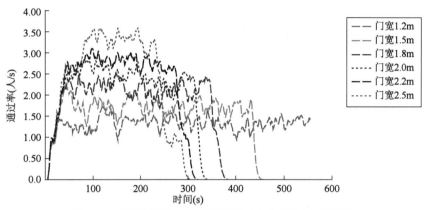

图 5-23　横通道间距 180m，不同门宽时人员疏散出口通过率

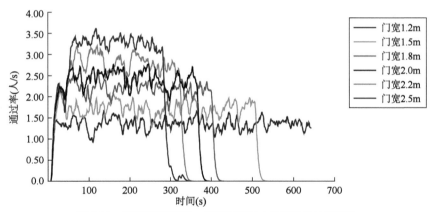

图 5-24　横通道间距 200m，不同门宽时人员疏散出口通过率

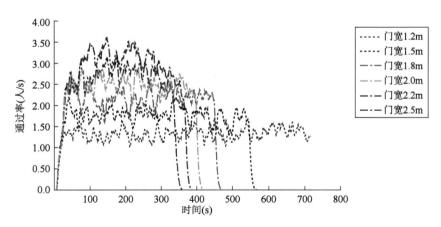

图 5-25　横通道间距 220m，不同门宽时人员疏散出口通过率

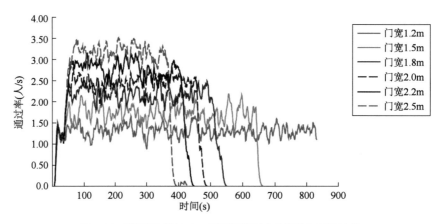

图 5-26　横通道间距 250m，不同门宽时人员疏散出口通过率

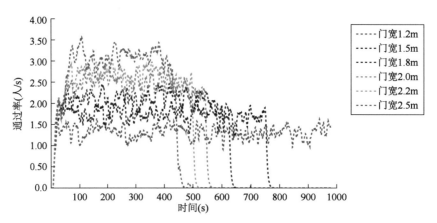

图 5-27　横通道间距 300m，不同门宽时人员疏散出口通过率

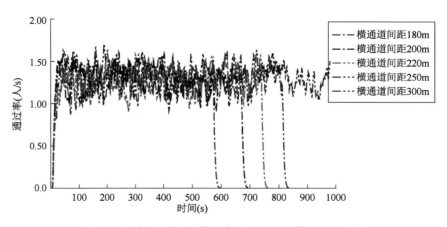

图 5-28　门宽 1.2m，不同横通道间距时人员疏散出口通过率

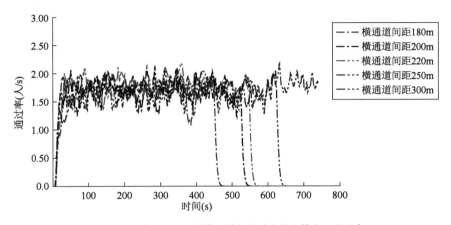

图 5-29 门宽 1.5m,不同横通道间距时人员疏散出口通过率

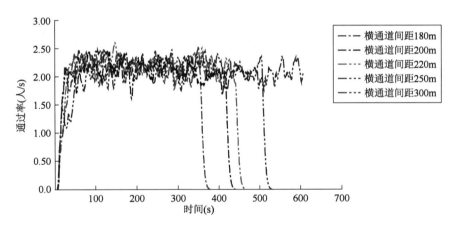

图 5-30 门宽 1.8m,不同横通道间距时人员疏散出口通过率

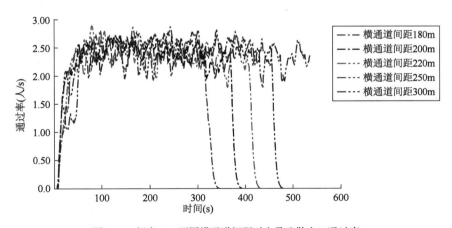

图 5-31 门宽 2m,不同横通道间距时人员疏散出口通过率

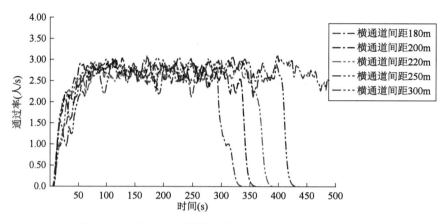

图 5-32　门宽 2.2m,不同横通道间距时人员疏散出口通过率

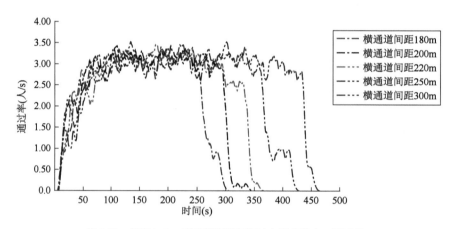

图 5-33　门宽 2.5m,不同横通道间距时人员疏散出口通过率

由图 5-23 ~ 图 5-27 可知,人员疏散出口通过率可分为上升阶段、稳定阶段、衰退阶段。以横通道间距 180m 为例,大约前 80s,人员疏散出口通过率迅速上升并达到最大值;之后在最大值附近波动为稳定阶段;在人员疏散完毕的前 50s,人员疏散出口通过率迅速下降至 0,为衰退阶段。人员疏散出口通过率随门宽影响显著,随着门宽的增加,人员疏散出口通过率越大,门宽 1.2m 时,人员疏散出口通过率为 1.4 人/s 左右;门宽 1.5m 时,人员疏散出口通过率大约为 1.7 人/s;门宽 1.8m 时,人员疏散出口通过率大约为 2 人/s;门宽 2m 时,人员疏散出口通过率大约为 2.3 人/s;门宽 2.2m 时,人员疏散出口通过率大约为 2.7 人/s;门宽 2.5m 时,人员疏散出口通过率大约为 3.3 人/s。不同门宽下人员疏散出口通过率降为 0 的时间随着门宽的增大而减小,门宽 1.2m 时为 598.5s,门宽 1.5m 时为 470s,门宽 1.8m 时为 380.5s,门宽 2m 时为 340.3s,门宽 2.2m 时为 330s,门宽 2.5m 时为 305.8s。

由图 5-28 ~ 图 5-33 可知,人员疏散出口通过率分为上升阶段、稳定阶段和衰退阶段,但受横通道宽度的影响很大,随着横通道宽度的增大,人员疏散出口通过率的上升阶段和衰退阶段持续时间也随之上升,稳定阶段持续时间减小:在横通道宽度为 1.2m 时上升阶段持续时间为 25s,下降阶段持续时间为 36s;在横通道宽度为 1.5m 时上升阶段持续时间为 30s,下降阶段持续时间为40s;在横通道宽度为1.8m时上升阶段持续时间为50s,下降阶段持续时间为44s;在横通道宽度为2m时上升阶段持续时间为60s,下降阶段持续时间为50s;在横通道宽度为2.2m时上升阶段持续时间为90s,下降阶段持续时间为100s;在横通道宽度为2.5m时上升阶段持续时间为100s,下降阶段持续时间为120s。人员疏散出口通过率受横通道间距影响不明显,以门宽1.8m为例,人员疏散出口通过率为2人/s。

第6章

天山胜利隧道防灾疏散通道结构设计方法

隧道发生火灾后,人员能否安全疏散主要取决于两个特征时间:一是火灾发展到对人员构成危险所需的时间,即可用安全疏散时间 ASET;另一个是从火灾发生开始(即起火时刻)到所有被困人员疏散到安全区域的时间,即必需安全疏散时间 RSET。ASET 也可表述为:火灾中的烟和热的影响直接作用于人,而使人开始失去正常的行为能力的时间,或人群不发生恐慌的心理忍耐时间。

如果人员能在火灾达到危险状态之前全部疏散到安全区域,便可认为该隧道结构的防火安全设计对于火灾中的人员疏散是安全的。人员安全疏散标准可通过图6-1进行描述。

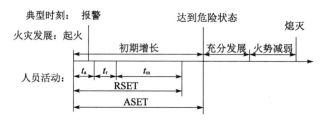

图6-1 火灾发展与人员疏散时间关系图

6.1.1 必需安全疏散时间

紧急情况下人员全部疏散完毕的时间 RSET 可分为报警探测时间、人员响应时间、人员疏散运动时间:

$$RSET = t_a + t_r + t_m \tag{6-1}$$

式中:t_a——报警探测时间;

t_r——人员响应时间;

t_m——人员疏散运动时间。

6.1.2 可用安全疏散时间

可用安全疏散时间 ASET 主要影响因素有辐射热、对流热、可视度、毒性等。

1)辐射热

在温度为常量的无限烟气层中,辐射是由温度所产生的,辐射热(E_f)可以由式(6-2)表示:

$$E_f = 5.67 \times 10^{-8} \times \varepsilon_\gamma \times T^4 \quad (\text{W/m}^2) \tag{6-2}$$

式中:ε_γ——辐射率;

T——烟气温度(开氏温度)。

辐射的程度取决于烟气的温度及其辐射率。当烟气层中的温度不是常量时,辐射的程度则需要通过积分来计算。辐射是由火焰本身和热烟气层共同产生的,图6-2给出了不同情况下高温烟气层与路面辐射热通量的关系。

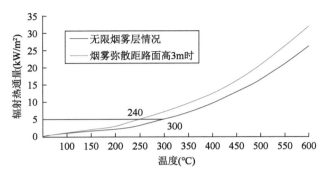

图 6-2　高温烟气层与路面辐射热通量的关系

图 6-2 中无限烟雾层情况曲线表示在温度为常量的无限烟气层中,会对逃生人员产生影响的辐射热通量计算值;烟雾弥散距路面高 3m 时曲线表示烟气层已经弥漫到距地面高 3m 位置时的辐射热通量数值。两种情况下辐射率均取 0.8。着火点附近由于火焰的影响,数值应有所增加。

根据人体对辐射热耐受能力的研究,人体对烟气层等火灾环境的辐射热通量的耐受极限是 $2.5kW/m^2$,相当于上部烟气层的温度达到 $180 \sim 200℃$。辐射热通量与人体耐受时间关系如表 6-1 所示。

辐射热通量与人体耐受时间关系

表 6-1

辐射热通量(kW/m^2)	<2.5	2.5	5	10
耐受时间(min)	>30	30	10	4

2)对流热

试验表明,在潮湿环境下容忍时间如图 6-3 所示,具体表达式为:

$$T_{in}(min) = 致残时间 = e^{5.1849 - 0.0273T} \tag{6-3}$$

式中:T_{in}——温度($℃$)。

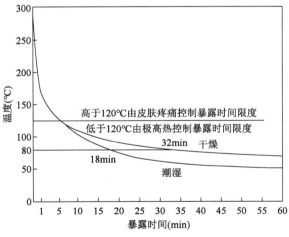

图 6-3　忍受时间和对流传热的关系

《建筑火灾安全工程导论》(霍然,胡源,李元洲,中国科学技术大学出版社,2009)中指出,若空气温度达到 100℃,一般人只能忍受几分钟,且根据人体对对流热耐受能力的研究,人体对火灾环境对流热的耐受极限是 60℃,具体如表 6-2 所示。

表 6-2

人体对对流热的耐受极限

温度和湿度条件	<60℃ 水分饱和	80℃ 空气湿度<10%	180℃ 空气湿度<10%
耐受时间(min)	>30	15	1

3)可视度

一般随着烟气体积分数的升高,可视度降低,使得逃生时确定逃生途径和做决定所需的时间都将延长。烟气的性质通常可以用可视度、光学密度或者衰减系数(也称消光系数)等来表示。

烟气的可视度 T 定义如下:

$$T = \frac{l_x}{l_0}$$ (6-4)

式中: l_x——烟气初始光强度;

l_0——烟气通过路径长度后所保持的光强度。

单位长度的光密度 δ 与可视度 T 的关系如下:

$$\delta = \frac{-\lg T}{x}$$ (6-5)

式中: x——光传播的距离(路径长度)。

单位长度的衰减系数(消失系数) K 的定义和光密度的定义方式相同,但是采用自然对数:

$$K = -\frac{\lg T}{x}$$ (6-6)

$$K = 2.303\delta$$ (6-7)

可视度 $D(\mathrm{m})$ 可用空气和烟气混合物的衰减系数(消失系数) $K(\mathrm{m^{-1}})$ 来表示:

$$D = \frac{A}{K}$$ (6-8)

式中, A 是在 $2\sim6$ 之间的常数,它根据反光或照明的可视标志情况而定。相关文献指出, $K=0.4$ 是在隧道中烟气消失系数的临界值。图 6-4 给出了刺激性烟雾和非刺激性烟雾两种情况下,反光标志的可视度与消失系数之间关系。

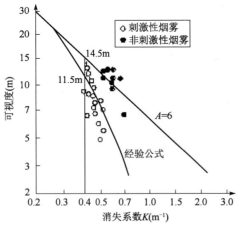

图 6-4 刺激性和非刺激性烟雾下,反光标志的可视度与消失系数之间关系

由图 6-4 可知,当消失系数处于临界值时,即 $K=0.4$,刺激性烟雾的可视度为 11.5m,实际上烟雾中黑色炭粒子对可视度有不利影响,临界可视度将会更低。

Handbook of Fire Protection Engineering 依据建筑火灾中人员处于紧张不安情绪和不熟悉建筑物环境的情况下,通过试验数据统计,获得了刚好能看清安全出口的可接受可视度参考值约为 13m。

澳大利亚《消防工程师指南》根据统计研究得出,大空间环境下人员相对小空间环境需要看得更远才能找准疏散方向,因此,大空间环境下要求可视度更大。铁路隧道结构狭长,人员需要看得更远,具体可视度界限值参表 6-3。

建议可采用的人员可视度界限值　　　　　　　　　　表6-3

参数	小空间	大空间
光密度(OD/m)	0.2	0.08
可视度(m)	5	10

4)毒性

Fire and Smoke Control in Road Tunnels 中表明,火灾中的热分解产物及其体积分数因燃烧材料、建筑空间特性和火灾规模等不同而有所区别,火灾常见有害气体产物的人体承受浓度见表6-4。

火灾常见有害气体产物的人体承受浓度　　　　　　　表6-4

气体		人所能承受的浓度		参数(物种,时间) h = 人,r = 兔子,m = 老鼠,p = 灵长类,gpg = 猪, ham = 大颊鼠类,cat = 猫
		5min(ppm)❶	30min(ppm)	
CO_2	二氧化碳	>150000	>150000	r
CH_3CHO	乙醛		>20000	$LC(m,240) = 1500$ $LC(r,240) = 4000; LC(ham,250) = 17000$ $LC(r,30) = 20000; LC(r,420) = 16000$
NH_3	氨气	20000	9000	$EC(m,5) = 20000; EC(m,30) = 4400$ $EC(r,5) = 10000; EC(r,30) = 4000$
HCl	氯化氢	16000	3700	r,p $LC(r,5) = 40989$
CO	一氧化碳		3000	$LC(r,30) = 4600; LC(h,30) = 3000$
HBr	溴化氢		3000	$LC(m,60) = 814; LC(r,60) = 2858$
NO	一氧化氮	10000	2500	毒性相当于 NO_2 的1/5 $LC(h,1) = 15000$
H_2S	硫化氢		2500	$LC(m,60) = 673; LC_0(h,30) = 600$ $LC_0(ham,5) = 800; LC(h,30) = 200$
C_3H_4N	丙烯腈		2000	$LC(gpg,240) = 56; LC(r,240) = 500$
COF_2	碳酰氟		750	$LC(r,60) = 360$
NO_2	二氧化氮	5000	500	$EC(m,5) = 2500; EC(m,30) = 700$ $EC(r,5) = 5000; EC(r,30) = 300$ $LC(m,5) = 83331; LC(r,5) = 1880$
C_3H_4O	丙烯醛	750	300	$LC(m,360) = 66; LC_0(p,10) = 153$ $LC(p,5) = 505 \sim 1025$
CH_2O	甲醛		250	$LC_0(r,240) = 250; LC(r,30) = 250$ $LC_0(r,240) = 830$ $LC(cat,480) = 700; LC(r,5) = 700$
SO_2	二氧化硫	500		没有啮齿动物,$LC(m,300) = 6000$
HCN	氰化氢	280	135	$LC(r,5) = 570; LC(r,30) = 110$ $LC(r,5) = 503; LC(m,5) = 323$ $LC(h,30) = 135; LC(h,5) = 280$

注:EC-影响浓度;LC_0-观察时的最低致命浓度;LC-LC_{50},会导致致死率为50%的浓度。

---

❶ppm 意为百万分比浓度,表示溶质质量占全部溶液质量的百分比。

各种组分的热解产物生成量及其分布比较复杂,不同组分对人体的毒性影响也有较大差异,在消防安全分析预测中很难比较准确地定量描述。因此,工程应用中通常采用一种有效的简化处理方法:如果烟气的光密度不大于0.1OD/m,则视为各种毒性燃烧产物的体积分数在30min内将不会达到人体的耐受极限,通常以CO的体积分数为主要定量判定指标。通过研究,CO的浓度达到危险值时所对应的人眼特征高度的可视度值约为11m。

综上所述,火灾工况下人员安全的环境要求是辐射热造成的环境温度不大于180～200℃,对流热造成的人眼特征高度的温度不大于60℃,隧道内的人眼特征高度的可视度不低于10m,烟气毒性危险的临界值转化成人眼特征高度的可视度值为11m,则逃生可用时间的判定标准,即:

(1)隧道内人眼特征高度$Z=2$m处,烟气温度不超过60℃;

(2)人眼特征高度$Z=2$m处,可视度不小于10m。

6.1.3 安全疏散时间的控制标准

公路隧道由于其狭长的筒状空间特点而有别于一般的建筑物,人员疏散时间的计算也与一般建筑物存在显著差异。在公路隧道内进行人员疏散时,可用安全疏散时间ASET是关于位置的函数,因此人员必需安全疏散时间RSET的确定必须结合不同位置来考虑。此时,RSET(x)不是单值,应是位置x处最后一个人离开该位置的时间,而可用安全疏散时间ASET(x)是位置x处达到危险状态的时间。因此,人员安全疏散救援时间标准为:

$$RSET(x) < ASET(x) \tag{6-9}$$

式中:x——位置参数。

6.2 天山胜利隧道疏散通道结构参数研究

基于天山胜利隧道结构特征,采用FDS建立不同隧道坡度(4种)下3000m海拔时隧道内人员疏散三维计算模型,组合横通道宽度(6种)及间距(5种),计算分析不同工况下人员疏散的可用安全疏散时间和必需安全疏散时间,给出不同坡度下疏散横通道结构参数的推荐值,疏散横通道结构尺寸计算工况如表6-5所示。

疏散横通道结构尺寸计算工况　　　　　　　　　　　　　表6-5

坡度(%)	横通道间距(m)	横通道宽度(m)
0.5	180	1.2
1	200	1.5
1.367	220	1.8
1.8	250	2
	300	2.2
		2.5

通过对不同坡度下火灾烟气的计算分析,得到不同坡度距火源不同距离处的可用安全疏散时间,如图6-5～图6-12所示。

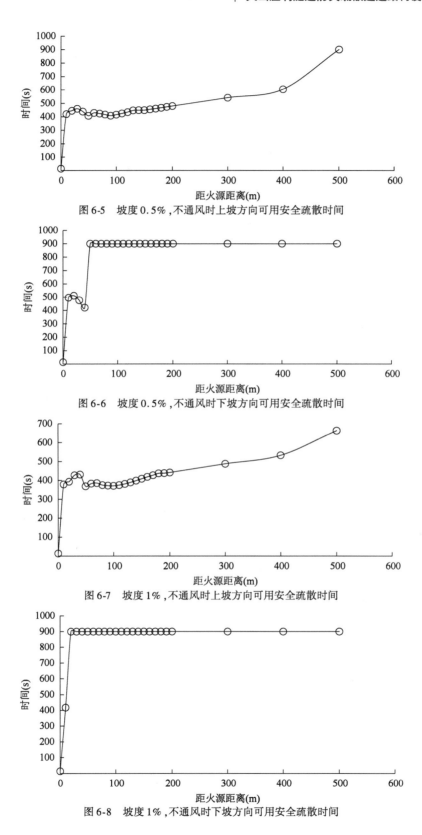

图 6-5　坡度 0.5%，不通风时上坡方向可用安全疏散时间

图 6-6　坡度 0.5%，不通风时下坡方向可用安全疏散时间

图 6-7　坡度 1%，不通风时上坡方向可用安全疏散时间

图 6-8　坡度 1%，不通风时下坡方向可用安全疏散时间

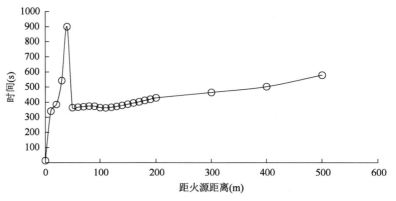

图6-9 坡度1.367%,不通风时上坡方向可用安全疏散时间

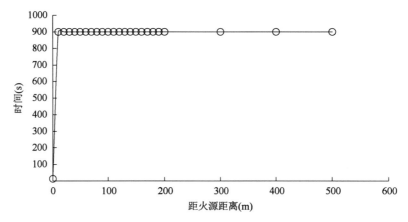

图6-10 坡度1.367%,不通风时下坡方向可用安全疏散时间

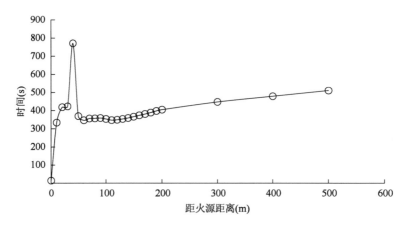

图6-11 坡度1.8%,不通风时上坡方向可用安全疏散时间

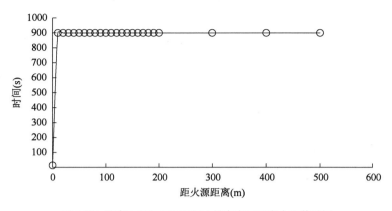

图6-12 坡度1.8%,不通风时上坡方向可用安全疏散时间

由图6-5~图6-12可知,上坡方向可用安全疏散时间分为三个阶段,在0~100m可用安全疏散时间急速上升,在100~450m可用安全疏散时间趋于平缓,在450~500m可用安全时间急速上升,随着坡度的增大,可用安全疏散时间整体下降。下坡方向可用安全疏散时间大于上坡方向用疏散时间,更加安全,坡度越大,可用安全疏散时间越长,在坡度为0.5%时,距火源50m外范围内基本不影响人员疏散;坡度为1.8%时,距火源10m外范围内基本不影响人员疏散。由于烟囱效应影响,隧道上坡方向烟气扩散速度大于下坡方向,火源上坡方向侧人员可用安全疏散时间明显小于下坡方向;随着隧道坡度的增大,隧道内火源上坡方向可用安全疏散时间减少,以距离火源上坡方向200m为例,当隧道坡度为0.5%时,可用安全疏散时间为480s;当隧道坡度为1.0%时,可用安全疏散时间为442s;当隧道坡度为1.367%时,可用安全疏散时间为430s;当隧道坡度为1.8%时,可用安全疏散时间为423s。

不同横通道宽度和间距下人员的必需安全疏散时间对比曲线如图6-13、图6-14所示。

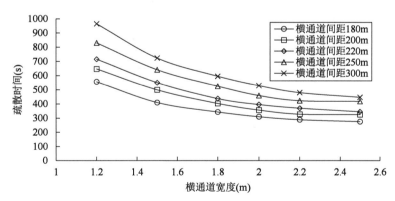

图6-13 不同工况下人员必需安全疏散时间

由图6-13、图6-14可知,人员疏散的必需安全疏散时间随着横通道宽度的增加而减少,当宽度增加至2.2m后,人员必需安全疏散时间减少不明显;而随着横通道间距的增加,人员必需安全疏散时间逐渐增大,当横通道宽度为2m时,横通道间距由200m增至300m,人员必需安全疏散时间增加近3min。

不同横通道宽度和间距下人员的必需安全疏散时间如表6-6所示。

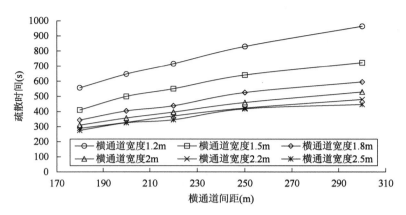

图 6-14　不同横通道间距下的人员必需安全疏散时间

不同工况下人员必需安全疏散时间（单位：s）　　　表 6-6

横通道宽度（m）	横通道间距（m）				
	180	200	220	250	300
1.2	573	681.5	739.3	866.3	982.8
1.5	447.5	521.1	580.2	660.7	769.4
1.8	368.3	434.1	474.2	541.7	619.3
2	339.1	372.5	421.8	476	561.7
2.2	330.3	350.9	387	446	501.3
2.5	289	345.7	357.2	445	492.8

　　根据人员安全疏散准则可知,须满足同等坡度下可用安全疏散时间大于必需安全疏散时间。由此可以将两个时间进行对比,给出天山胜利隧道横通道间距及宽度的结构尺寸推荐值,具体如表 6-7 所示。

天山胜利隧道不同工况下横通道尺寸推荐值（单位：m）　　　表 6-7

隧道坡度（%）	推荐值（横通道间距/横通道宽度）		
	最安全	安全	较安全
0.5	220/1.8	250/2	300/2.2
1.0	220/2	250/2.2	—
1.367	200/2	220/2	—
1.8	200/2	220/2.2	—

　　由表 6-7 可知,当隧道坡度为 0.5% 时,建议横通道间距为 250m,横通道宽度为 2m,如果有条件可以选取横通道间距为 220m,此时横通道宽度设置为 1.8m 即可,虽然横通道间距设置为 300m、宽度为 2.2m 时也基本可以满足人员疏散要求,但由于是高海拔地区,人体机能下降,长距离疏散存在人员体力不支的风险,因此建议仅在建设困难条件下采取横通道间距为 300m;当隧道坡度为 1.0% 时,建议横通道间距为 250m,横通道宽度为 2.2m,如果有条件可以

选取横通道间距为220m,此时横通道宽度设置为2m;当隧道坡度为1.367%时,建议横通道间距为220m,横通道宽度为2m,如果有条件可以选取横通道间距为200m,此时横通道宽度设置仍为2m;当隧道坡度为1.8%时,建议横通道间距为220m,横通道宽度为2.2m,如果有条件可以选取横通道间距为200m,此时横通道宽度设置仍为2.0m。采用上述横通道参数推荐值的情况下,人员疏散完毕需要6~8min。

第 7 章
天山胜利隧道防灾风机及机电设施配置设计

7.1 天山胜利隧道防灾风机配置设计

7.1.1 隧道通风阻力及压力

1)组合纵向通风方式压力平衡

通风井送排式纵向通风宜与射流风机组合,形成通风井与射流风机组合纵向通风。组合纵向通风方式压力平衡满足以下要求:

$$\Delta p_b + \Delta p_e + \Delta p_j = \Delta p_r - \Delta p_t + \Delta p_m \tag{7-1}$$

式中:Δp_b——送风口升压力(N/m²);

Δp_e——排风口升压力(N/m²);

Δp_j——射流风机升压力(N/m²);

Δp_r——隧道内通风阻力(N/m²);

Δp_t——交通通风力(N/m²);

Δp_m——自然通风力(N/m²)。

(1)隧道排风口、送风口升压力:

$$\Delta p_e = 2 \cdot \frac{Q_e}{Q_{r1}} \left[\left(2 - \frac{v_e}{v_{r1}} \cos\alpha \right) - \frac{Q_e}{Q_{r1}} \right] \cdot \frac{\rho}{2} \cdot v_{r1}^2 \tag{7-2}$$

$$\Delta p_b = 2 \cdot \frac{Q_e}{Q_{r2}} \left[\left(\frac{v_b}{v_{r2}} \cos\beta - 2 \right) + \frac{Q_e}{Q_{r2}} \right] \cdot \frac{\rho}{2} \cdot v_{r2}^2 \tag{7-3}$$

式中:Q_{r1}——第 I 区段设计风量(m³/s);

v_{r1}——第 I 区段设计风速(m/s),$v_{r1} = \dfrac{Q_{r1}}{A_r}$;

Q_{r2}——第 II 区段设计风量(m³/s),$Q_{r2} = Q_{r2} - Q_e + Q_{r1}$;

v_{r2}——第 II 区段设计风速(m/s),$v_{r2} = \dfrac{Q_{r2}}{A_r}$;

Q_e——排风量(m³/s);

v_e——与 Q_e 相应的排风口风速(m/s)。

其中,通风计算点的空气密度为:

$$\rho = \rho_0 \times \exp\left(-\frac{h}{29.28T} \right) \tag{7-4}$$

式中:ρ——通风计算点的空气密度(kg/m³);

ρ_0——标准大气压状态下的空气密度(kg/m³);

T——通风计算点夏季温度(K);

h——通风计算点海拔(m)。

(2)射流风机升压力与所需台数:

①每台射流风机升压力计算:

$$\Delta p_j = \rho \cdot v_j^2 \cdot \frac{A_j}{A_r} \left(1 - \frac{v_r}{v_j} \right) \cdot \tau \tag{7-5}$$

式中:v_r——设计风速(m/s),$v_r = \dfrac{Q_r}{A_r}$;

$\quad v_j$——射流风机的出口风速(m/s);

$\quad A_j$——射流风机的出口面积(m²);

$\quad \tau$——射流风机位置摩阻损失折减系数,当隧道同一断面布置2台及2台以上射流风机时,射流风机位置摩阻损失折减系数τ可取0.7。

②在满足隧道设计风速v_r的条件下,射流风机台数计算:

$$i = \frac{\Delta p_r + \Delta p_m - \Delta p_t}{\Delta p_j} \tag{7-6}$$

式中:i——所需射流风机的台数(台)。

(3)隧道内通风阻力:

$$\Delta p_r = \Delta p_\varepsilon + \sum \Delta p_{\delta i} \tag{7-7}$$

式中:Δp_r——隧道内通风阻力(N/m²);

$\quad \Delta p_\varepsilon$——隧道内沿程摩擦阻力(N/m²);

$\quad \Delta p_{\delta i}$——隧道内局部阻力(N/m²)。

①摩擦阻力。

通风气流以速度v_r在隧道及井筒中流动时,由于壁面摩擦而引起的阻力(简称"摩擦阻力")ΔP_ε由式(7-8)计算:

$$\Delta p_\varepsilon = \left(\varepsilon_r \cdot \frac{L}{D_r} \right) \cdot \frac{\rho}{2} \cdot v_r^2 \tag{7-8}$$

式中:ε_r——隧道沿程阻力系数;

$\quad L$——隧道长度(m);

$\quad D_r$——隧道断面当量直径(m),$D_r = \dfrac{4 \times A_r}{C_r}$;

$\quad A_r$——隧道净空断面面积(m²);

$\quad C_r$——隧道断面周长(m);

$\quad v_r$——设计风速(m/s),$v_r = \dfrac{Q_r}{A_r}$。

②局部阻力。

风流流经突然扩大或突然缩小、转弯、交叉、汇合等状况,风速的大小和方向均会改变,所引起的压力损失,称为局部阻力,按下式计算:

$$\sum \Delta p_{\delta i} = \delta_i \cdot \frac{\rho}{2} \cdot v_r^2 \tag{7-9}$$

式中:δ_i——隧道局部阻力系数。

(4)隧道内交通通风力:

$$\Delta p_t = \pm \frac{A_m}{A_r} \cdot \frac{\rho}{2} \cdot n_c \cdot (v_t - v_r)^2 \tag{7-10}$$

式中:A_r——隧道净空断面面积(m²);

A_m——汽车等效面积(m^2);

n_c——隧道内车辆数(辆),$n_c = \dfrac{N \cdot C}{3600 \cdot v_t}$;

v_t——各工况车速(m/s)。

其中,汽车等效面积为:

$$A_m = (1 - r_1) \cdot A_{cs} \cdot \delta_c + r_1 \cdot A_{cl} \cdot \delta_c \qquad (7\text{-}11)$$

式中:A_{cs}——小型车正面投影面积(m^2),可取 2.13m^2;

A_{cl}——大型车正面投影面积(m^2),可取 5.37m^2;

r_1——大型车比例;

δ_c——隧道内小型车或大型车的空气阻力系数,$\delta_c = 0.0768 x_i + 0.35$;

x_i——第 i 种小型车在隧道行车空间的占积率(%)。

(5)隧道内自然通风力:

$$\Delta p_m = \pm \left(1 + \delta_e + \varepsilon_r \cdot \dfrac{L}{D_r}\right) \cdot \dfrac{\rho}{2} \cdot v_n^2 \qquad (7\text{-}12)$$

式中:Δp_m——隧道内自然通风力(N/m^2);

v_n——自然力作用引起的洞内风速(m/s);

δ_e——隧道入口局部阻力系数;

ε_r——隧道沿程阻力系数;

D_r——隧道断面当量直径(m),$D_r = \dfrac{4 \times A_r}{C_r}$;

A_r——隧道净空断面面积(m^2);

C_r——隧道断面周长(m)。

2)纵向排烟方式火灾排烟需风量及火风压

(1)采用纵向排烟的公路隧道,火灾排烟需风量:

$$Q_{req(f)} = A_r \cdot v_c \qquad (7\text{-}13)$$

式中:$Q_{req(f)}$——隧道火灾排烟需风量(m^2/s);

A_r——隧道净空段面积(m^2);

v_c——隧道火灾临界风速(m/s)。

(2)公路隧道火灾排烟设计应考虑火风压的影响,火风压:

$$\Delta p_f = \rho \cdot g \cdot \Delta H_f \cdot \dfrac{\Delta T_x}{T} \qquad (7\text{-}14)$$

$$\Delta T_x = \Delta T_0 \cdot e^{-\frac{c}{G}x} \qquad (7\text{-}15)$$

式中:Δp_f——火风压值(N/m^2);

ρ——通风计算点的空气密度(kg/m^3);

g——重力加速度(m/s^2),取 9.8m/s^2;

ΔH_f——高温气体流经隧道的高程差(m);

T——高温气体流经隧道内火灾后空气的平均绝对温度(K);

x——沿烟流方向计算烟流温升点到火源点的距离(m);

ΔT_x——沿烟流方向距火源点距离为 $x(\mathrm{m})$ 处的气温增量（K）；

ΔT_0——发生火灾前后火源点的气温增量（K）；

G——沿烟流方向 $x(\mathrm{m})$ 处的火烟的质量流量（kg/s）；

c——系数，$c = \dfrac{k \cdot C_r}{3600 C_p}$；

C_r——隧道断面周长（m）；

k——岩石的导热系数，$k = 2 + k' \cdot \sqrt{v_1}$，$k'$ 值为 $5 \sim 10$，v_1 为烟流速度（m/s）；

C_p——空气的定压比热容，取 $1.012\mathrm{kJ/(kg \cdot K)}$。

7.1.2 隧道及射流风机参数

通过查阅图纸和调研分析，计算所用基础数据如表7-1所示。

SES 软件基础数据 表7-1

参数			备注
环境温度	干球温度	53.09 Deg F	7月平均温度
	湿球温度	43.07 Deg F	7月平均温度
	大气压力	20.3544 in Hg	
隧道数据	主隧道净空断面面积	758.862 sqft	
	主隧道周长	109.25 ft	
	服务隧道净空断面面积	378.46 sqft	
	服务隧道周长	70.89 ft	
	车行横通道净空断面面积	416.46 sqft	
	车行横通道周长	77.31 ft	
	竖井净空断面面积	343.30 sqft	
	竖井周长	71.85 ft	
隧道长度	隧道区段长度	5429 ft	平均长度
	横通道区段长度	90.22 ft	平均长度
地面摩阻力	地面摩阻力	0.08 ft	

注：Deg F(F°)-华氏温度单位，$\mathrm{^\circ\!C} = \dfrac{9}{5}(\mathrm{F^\circ} - 32)$；in Hg-英寸汞柱长度，压力单位，1in Hg = 3.38kPa；sqft-平方英尺，1sqft = 9.29dm²；ft-英尺，1ft = 0.3048m。

根据工程经验，拟选取两种类型的射流风机进行网络通风计算迭代，分别为 SDS112T-4P-37 和 SDS63T-2P-15，其中 SDS112T-4P-37 风机放置于主隧道内，SDS63T-2P-15 风机（双向可逆）放置于服务横通道内。具体射流风机性能参数如表7-2所示。

射流风机性能参数 表7-2

风机型号	转速(r/min)	流量(m³/s)	出口风速(m/s)	轴向推力(N)	电机功率(kV)
SDS112T-4P-37	1480	32.2	32.7	1160	37
SDS63T-2P-15	2940	11.9	38.3	500	15

隧道通风计算参数如表7-3所示。

隧道通风计算参数 表 7-3

参数项	参数符号	设计参数	参数单位
隧道长度	L	22130	m
隧道断面周长	C_r	33.3	m²
隧道净空断面面积	A_r	70.50	m²
隧道设计风速	Q_r	6	m/s
射流风机的出口风速	v_j	32.7	m/s
自然力作用引起的洞内风速	v_n	2	m/s
射流风机的出口面积	A_j	1.12	m²
射流风机位置摩阻损失折减系数	τ	0.7	—
隧道沿程阻力系数	ε_r	0.02	—
隧道局部阻力系数	δ_i	0.02	—
隧道入口局部阻力系数	δ_e	0.5	—

7.1.3 隧道防灾风机通风效率

射流风机的效率即升压效率,它受到大气压及风机组(2 台一组)中两风机之间轴间距的影响。射流风机的升压系数是衡量空气射流发展过程中阻力损失的重要参数,其定义如下:

$$\eta = \frac{\Delta P_{aj}}{P_j} \tag{7-16}$$

式中:ΔP_{aj}——射流风机组的实际升压力,通过数值模拟结果确定。

射流风机打开以后,计算出压力差最大的断面压力分别为 P_1、P_2,则两个断面间的压差即实际升压力 $\Delta P_{aj} = P_1 - P_2$。射流风机升压示意图如图 7-1 所示。

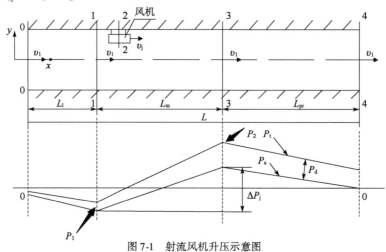

图 7-1 射流风机升压示意图

P_j 是射流风机组的理论升压力,可通过下式进行计算:

$$P_j = n \cdot \rho \cdot v_j^2 \cdot \frac{A_j}{A_r}\left(1 - \frac{v_r}{v_j}\right) \tag{7-17}$$

式中:A_j——射流风机断面面积(m²);

      v_j——射流风机出口风速(m/s);

      A_r——隧道横断面面积(m²);

v_r——隧道设计风速(m/s);

ρ——空气密度(kg/m³)。

针对不同天山胜利隧道海拔环境(3000m),分别建立表7-2中两种射流风机在不同轴间距条件下运行的计算流体动力学(CFD)计算模型,研究风机的效率。计算环境参数选取海拔为3000m环境参数,具体如表7-4所示。

计算工况下的大气参数

表7-4

海拔 H(m)	温度 T(K)	P(kPa)	ρ(kg/m³)	动力黏度 μ[10⁻⁵kg/(m·s)]
3000	268.7	70.121	0.9093	1.631

1)模型建立

分别计算两种风机在主隧道断面和服务隧道内的升压情况,主隧道及服务隧道断面尺寸如图7-2所示。

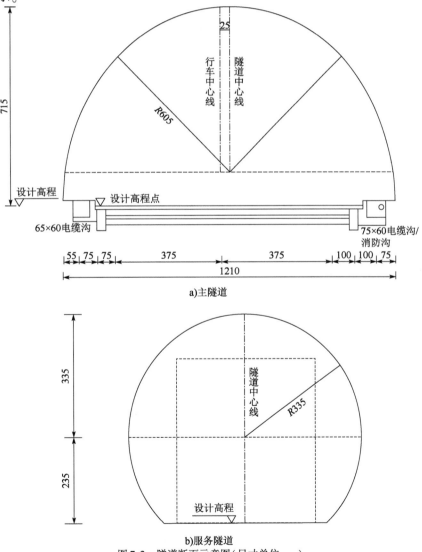

a)主隧道

b)服务隧道

图7-2 隧道断面示意图(尺寸单位:cm)

参考《公路隧道通风设计细则》(JTG/T D70/2-02—2014)中的相关规定,为了充分考虑射流风机的影响范围,取模型纵向长度为350m,射流风机位于距隧道进口50m处,风机纵向布置位置如图7-3所示。

为提高网格质量,提高计算的精度,本书采用结构化网格进行模型的网格划分,最终模型的网格数量在55万。建立的隧道射流纵向通风计算模型如图7-4所示,主隧道和服务隧道内射流风机在横断面的位置分别如图7-5、图7-6所示。

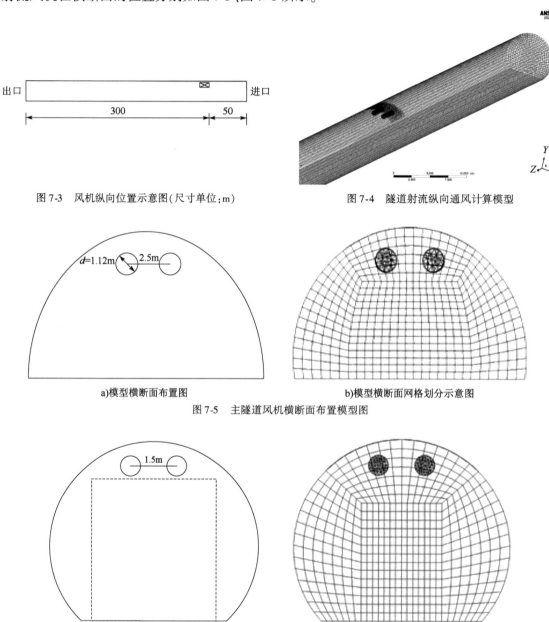

图7-3　风机纵向位置示意图(尺寸单位:m)

图7-4　隧道射流纵向通风计算模型

a)模型横断面布置图

b)模型横断面网格划分示意图

图7-5　主隧道风机横断面布置模型图

a)模型横断面布置图

b)模型横断面网格划分示意图

图7-6　服务隧道风机横断面布置模型图

隧道入口、出口设定为压力出口边界条件,相对压强为零;隧道壁面设为壁面边界条件,壁面无滑移,壁面扩散通量为零,壁面粗糙高度取8mm。射流风机入口、出口均设定为速度入口边界条件,其数值为所选用风机的出口流速参数,射流风机壁面设为壁面边界条件,具体计算边界条件如表7-5所示。

计算边界条件 表7-5

模型位置	边界条件	设置参数	
		主隧道	服务隧道
隧道入口	压力出口边界	0(与大气压强相对值)	0(与大气压强相对值)
隧道出口	压力出口边界	0(与大气压强相对值)	0(与大气压强相对值)
风机进口	速度入口边界	32.7m/s	38.3m/s
风机出口	速度入口边界	32.7m/s	38.3m/s
隧道底部和顶部	壁面边界	粗糙高度8mm	粗糙高度8mm

2)工况设置

《公路隧道通风设计细则》(JTG/T D70/2-02—2014)规定,射流风机不应侵入隧道的建筑限界,射流风机的边沿与隧道建筑限界之间的间距应该大于15cm;当同一断面布置2台及2台以上射流风机时,相邻两台风机的净距不宜小于风机叶轮直径,该断面的各风机型号应完全相同。满足以上两个条件,每个断面设置1组(2台)射流风机,以主隧道和服务隧道中不同风机轴间距为变量,分别设置6组及3组计算工况,如表7-6所示。

风机计算工况表 表7-6

工况	位置	出口风速(m/s)	叶轮直径(m)	风机长度(m)	空气密度(kg/m³)	风机轴向间距 D(m)
1		32.7	1.12	3	0.9093	1.5
2		32.7	1.12	3	0.9093	25
3		32.7	1.12	3	0.9093	2.5
4	主隧道	32.7	1.12	3	0.9093	3
5		32.7	1.12	3	0.9093	3.5
6		32.7	1.12	3	0.9093	4
7		32.7	1.12	3	0.9093	4.5
8		32.7	1.12	3	0.9093	5
9		38.3	0.63	3	0.9093	1
10	服务隧道	38.3	0.63	3	0.9093	1.5
11		38.3	0.63	3	0.9093	2
12		38.3	0.63	3	0.9093	2.5

3）风机效率确定

主隧道射流风机SDS112T-4P-37在不同安装间距下的升压力和升压折减系数如表7-7所示。服务隧道射流风机SDS63T-2P-15的不同安装间距下的升压力和升压折减系数如表7-8所示。

主隧道射流风机不同安装间距下的升压力和升压折减系数　　表7-7

海拔（m）	安装间距（m）	风机理论升压（Pa）	实际升压（Pa）	升压折减系数
3000	1.5	23.524	15.431	0.656
3000	2	23.524	15.474	0.658
3000	2.5	23.524	15.653	0.665
3000	3	23.524	15.664	0.666
3000	3.5	23.524	15.651	0.665
3000	4	23.524	15.452	0.657
3000	4.5	23.524	15.464	0.657
3000	5	23.524	15.217	0.647

服务隧道射流风机不同安装间距下的升压力和升压折减系数　　表7-8

海拔（m）	安装间距（m）	风机理论升压（Pa）	实际升压（Pa）	升压折减系数
3000	1	23.376	15.731	0.673
3000	1.5	23.376	16.467	0.704
3000	2	23.376	16.079	0.688
3000	2.5	23.376	15.893	0.680

因此，主隧道风机效率为0.67，服务隧道风机效率为0.7。在风机数量配置时，要考虑相应的风机效率。

7.1.4 隧道通风网络模型建立

通风网络是隧道中风流沿流向分开和汇合的空间组合图，可清晰地表达公路隧道各段、各竖井风流的相互关系。

按照通风网络图的绘制方法，将天山胜利隧道以竖井作为分界点，对隧道进行编号，控烟分区左-1包括人行横通道17条，车行横通道6条，变电横通道1条；控烟分区左-2包括人行横通道18条，车行横通道7条，变电横通道2条；控烟分区左-3包括人行横通道17条，车行横通道5条，变电横通道2条；控烟分区左-4包括人行横通道11条，车行横通道5条，变电横通道1条；控烟分区左-5包括人行横通道17条，车行横通道5条，变电横通道1条。

所绘制的天山胜利隧道的通风网络计算图如图7-7～图7-11所示。

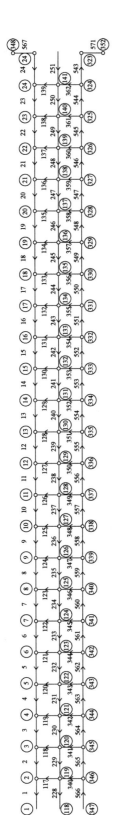

图7-7 天山胜利隧道通风网络计算总图（控烟分区左-1）

注：1、2、3、…为边号；①、②、③、…为节点号；○为节点，—为分支；>为风流运动方向，后同。

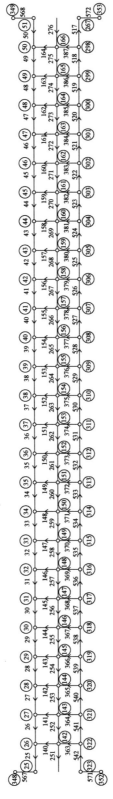

图7-8 天山胜利隧道通风网络计算总图（控烟分区左-2）

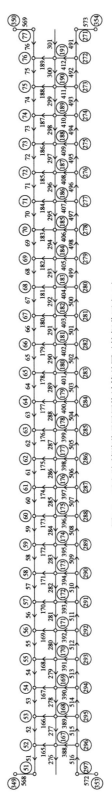

图7-9 天山胜利隧道通风网络计算总图（控烟分区左-3）

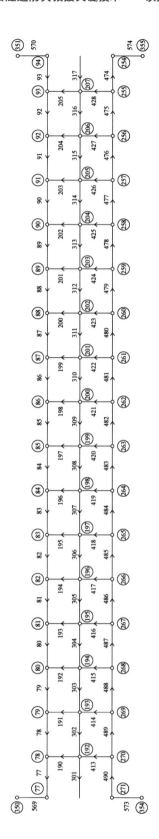

图7-10 天山胜利隧道通风网络计算总图（控烟分区左-4）

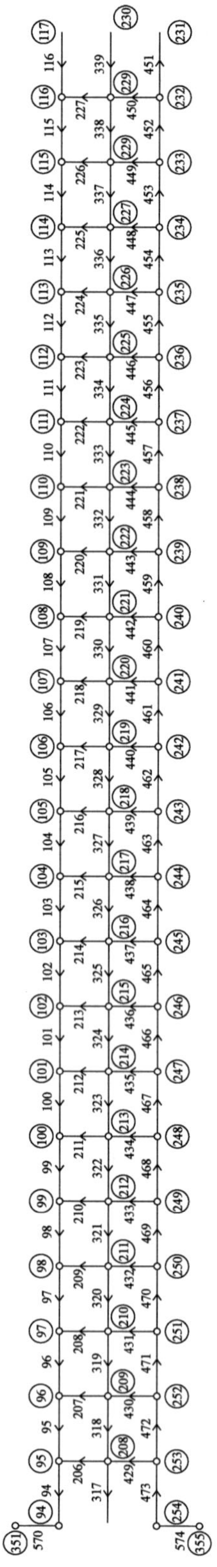

图7-11 天山胜利隧道通风网络计算总图（控烟分区左-5）

在天山胜利隧道的通风网络计算详图中,边号 1～113 为左线隧道,边号 439～551 为右线隧道,边号 222～330 为服务隧道。在控烟分区左-1 中,边号 116、119、122、126、130、134、333、336、339、343、347 和 351 为车行横通道,其余为人行横道;在控烟分区左-2 中边号 138、142、143、147、151、155、159、355、359、360、364、368、372 和 376 为车行横通道,其余为人行横道;在控烟分区左-3 中,边号 164、170、174、178、182、381、387、391、395、和 399 为车行横通道,其余为人行横道;在控烟分区左-4 中,边号 186、190、194、195、403、407、411 和 412 为车行横通道,其余为人行横道;在控烟分区左-5 中,边号 202、206、210、214、218、419、423、427、431 和 435 为车行横通道,其余为人行横道。具体通风网络图计算参数如表 7-9 所示。

全隧道通风网络图计算参数

表 7-9

分支编号	分支长度 (m)	断面面积 (m²)	断面周长 (m)	沿程阻力 系数	局部阻力系数			
					前端正向	前端负向	后端正向	后端负向
1(左-1-Ⅰ)	200	70.50	33.30	0.08	1	0.5	0	0
2(左-1-Ⅱ)	250	70.50	33.30	0.08	0	0	0	0
3(左-2-Ⅰ)	150	70.50	33.30	0.08	0.05	0.6	0	0
4(左-2-Ⅱ)	150	70.50	33.30	0.08	0	0	0.05	0.6
5(左-2-Ⅲ)	325	70.50	33.30	0.08	0	0	0	0
6(左-3-Ⅰ)	175	70.50	33.30	0.08	0.05	0.6	0	0
7(左-3-Ⅱ)	125	70.50	33.30	0.08	0	0	0.05	0.6
8(左-3-Ⅲ)	225	70.50	33.30	0.08	0	0	0	0
9(左-4-Ⅰ)	220	70.50	33.30	0.08	0.05	0.6	0	0
10(左-4-Ⅱ)	60	70.50	33.30	0.08	0	0	0.05	0.6
11(左-4-Ⅲ)	220	70.50	33.30	0.08	0	0	0	0
12(左-4-Ⅳ)	250	70.50	33.30	0.08	0	0	0	0
13(左-5-Ⅰ)	220	70.50	33.30	0.08	0.05	0.6	0	0
14(左-5-Ⅱ)	80	70.50	33.30	0.08	0	0	0.05	0.6
15(左-5-Ⅲ)	200	70.50	33.30	0.08	0	0	0	0
16(左-5-Ⅳ)	325	70.50	33.30	0.08	0	0	0	0
17(左-6-Ⅰ)	175	70.50	33.30	0.08	0.05	0.6	0	0
18(左-6-Ⅱ)	150	70.50	33.30	0.08	0	0	0.05	0.6
19(左-6-Ⅲ)	250	70.50	33.30	0.08	0	0	0	0
20(左-6-Ⅳ)	240	70.50	33.30	0.08	0	0	0	0
21(左-7-Ⅰ)	160	70.50	33.30	0.08	0.05	0.6	0	0
22(左-7-Ⅱ)	80	70.50	33.30	0.08	0	0	0.05	0.6
23(左-7-Ⅲ)	240	70.50	33.30	0.08	0	0	0	0

分支编号	分支长度（m）	断面面积（m²）	断面周长（m）	沿程阻力系数	局部阻力系数			
					前端正向	前端负向	后端正向	后端负向
24（左-7-Ⅳ）	133	70.50	33.30	0.08	0	0	0	0
25（左-8-Ⅰ）	98	70.50	33.30	0.08	0	0	0	0
26（左-8-Ⅱ）	250	70.50	33.30	0.08	0.05	0.6	0	0
27（左-8-Ⅲ）	50	70.50	33.30	0.08	0	0	0.05	0.6
28（左-8-Ⅳ）	250	70.50	33.30	0.08	0	0	0	0
29（左-8-Ⅴ）	340	70.50	33.30	0.08	0	0	0	0
30（左-9-Ⅰ）	122	70.50	33.30	0.08	0.18	0.33	0	0
31（左-9-Ⅱ）	62	70.50	33.30	0.08	0	0	0	0
32（左-9-Ⅲ）	106	70.50	33.30	0.08	0	0	0.18	0.33
33（左-9-Ⅳ）	220	70.50	33.30	0.08	0	0	0	0
34（左-9-Ⅴ）	250	70.50	33.30	0.08	0	0	0	0
35（左-10-Ⅰ）	150	70.50	33.30	0.08	0.05	0.6	0	0
36（左-10-Ⅱ）	150	70.50	33.30	0.08	0	0	0.05	0.6
37（左-10-Ⅲ）	250	70.50	33.30	0.08	0	0	0	0
38（左-10-Ⅳ）	250	70.50	33.30	0.08	0	0	0	0
39（左-11-Ⅰ）	150	70.50	33.30	0.08	0.05	0.6	0	0
40（左-11-Ⅱ）	150	70.50	33.30	0.08	0	0	0.05	0.6
41（左-11-Ⅲ）	250	70.50	33.30	0.08	0	0	0	0
42（左-11-Ⅳ）	250	70.50	33.30	0.08	0	0	0	0
43（左-12-Ⅰ）	150	70.50	33.30	0.08	0.05	0.6	0	0
44（左-12-Ⅱ）	150	70.50	33.30	0.08	0	0	0.05	0.6
45（左-12-Ⅲ）	250	70.50	33.30	0.08	0	0	0	0
46（左-12-Ⅳ）	280	70.50	33.30	0.08	0	0	0	0
47（左-13-Ⅰ）	200	70.50	33.30	0.08	0.05	0.6	0	0
48（左-13-Ⅱ）	100	70.50	33.30	0.08	0	0	0.05	0.6
49（左-13-Ⅲ）	220	70.50	33.30	0.08	0	0	0	0
50（左-13-Ⅳ）	56	70.50	33.30	0.08	0	0	0	0
51（左-14-Ⅰ）	192	70.50	33.30	0.08	0	0	0	0
52（左-14-Ⅱ）	250	70.50	33.30	0.08	0	0	0	0
53（左-15-Ⅰ）	90	70.50	33.30	0.08	0.05	0.6	0	0
54（左-15-Ⅱ）	210	70.50	33.30	0.08	0	0	0.05	0.6

续上表

分支编号	分支长度（m）	断面面积（m²）	断面周长（m）	沿程阻力系数	局部阻力系数			
					前端正向	前端负向	后端正向	后端负向
55（左-15-Ⅲ）	250	70.50	33.30	0.08	0	0	0	0
56（左-15-Ⅳ）	300	70.50	33.30	0.08	0	0	0	0
57（左-16-Ⅰ）	154	70.50	33.30	0.08	0.18	0.33	0	0
58（左-16-Ⅱ）	93	70.50	33.30	0.08	0	0	0	0
59（左-16-Ⅲ）	93	70.50	33.30	0.08	0	0	0.18	0.33
60（左-16-Ⅳ）	250	70.50	33.30	0.08	0	0	0	0
61（左-16-Ⅴ）	220	70.50	33.30	0.08	0	0	0	0
62（左-17-Ⅰ）	150	70.50	33.30	0.08	0.05	0.6	0	0
63（左-17-Ⅱ）	150	70.50	33.30	0.08	0	0	0.05	0.6
64（左-17-Ⅲ）	250	70.50	33.30	0.08	0	0	0	0
65（左-17-Ⅳ）	250	70.50	33.30	0.08	0	0	0	0
66（左-18-Ⅰ）	150	70.50	33.30	0.08	0.05	0.6	0	0
67（左-18-Ⅱ）	150	70.50	33.30	0.08	0	0	0.05	0.6
68（左-18-Ⅲ）	250	70.50	33.30	0.08	0	0	0	0
69（左-18-Ⅳ）	250	70.50	33.30	0.08	0	0	0	0
70（左-19-Ⅰ）	150	70.50	33.30	0.08	0.05	0.6	0	0
71（左-19-Ⅱ）	150	70.50	33.30	0.08	0	0	0.05	0.6
72（左-19-Ⅲ）	250	70.50	33.30	0.08	0	0	0	0
73（左-19-Ⅳ）	250	70.50	33.30	0.08	0	0	0	0
74（左-20-Ⅰ）	150	70.50	33.30	0.08	0.05	0.6	0	0
75（左-20-Ⅱ）	150	70.50	33.30	0.08	0	0	0.05	0.6
76（左-20-Ⅲ）	97	70.50	33.30	0.08	0	0	0	0
77（左-21-Ⅰ）	153	70.50	33.30	0.08	0	0	0	0
78（左-21-Ⅱ）	250	70.50	33.30	0.08	0	0	0	0
79（左-22-Ⅰ）	150	70.50	33.30	0.08	0.05	0.6	0	0
80（左-22-Ⅱ）	150	70.50	33.30	0.08	0	0	0.05	0.6
81（左-22-Ⅲ）	250	70.50	33.30	0.08	0	0	0	0
82（左-22-Ⅳ）	250	70.50	33.30	0.08	0	0	0	0
83（左-23-Ⅰ）	150	70.50	33.30	0.08	0.05	0.6	0	0
84（左-23-Ⅱ）	150	70.50	33.30	0.08	0	0	0.05	0.6

续上表

分支编号	分支长度（m）	断面面积（m²）	断面周长（m）	沿程阻力系数	局部阻力系数			
					前端正向	前端负向	后端正向	后端负向
85（左-23-Ⅲ）	250	70.50	33.30	0.08	0	0	0	0
86（左-23-Ⅳ）	300	70.50	33.30	0.08	0	0	0	0
87（左-24-Ⅰ）	109	70.50	33.30	0.08	0.18	0.33	0	0
88（左-24-Ⅱ）	62	70.50	33.30	0.08	0	0	0	0
89（左-24-Ⅲ）	129	70.50	33.30	0.08	0	0	0.18	0.33
90（左-24-Ⅳ）	240	70.50	33.30	0.08	0	0	0	0
91（左-24-Ⅴ）	300	70.50	33.30	0.08	0	0	0	0
92（左-25-Ⅰ）	80	70.50	33.30	0.08	0.05	0.6	0	0
93（左-25-Ⅱ）	101	70.50	33.30	0.08	0	0	0.05	0.6
94（左-26-Ⅰ）	119	70.50	33.30	0.08	0	0	0	0
95（左-26-Ⅱ）	300	70.50	33.30	0.08	0	0	0	0
96（左-27-Ⅰ）	170	70.50	33.30	0.08	0.05	0.6	0	0
97（左-27-Ⅱ）	130	70.50	33.30	0.08	0	0	0.05	0.6
98（左-27-Ⅲ）	280	70.50	33.30	0.08	0	0	0	0
99（左-27-Ⅳ）	250	70.50	33.30	0.08	0	0	0	0
100（左-28-Ⅰ）	150	70.50	33.30	0.08	0.05	0.6	0	0
101（左-28-Ⅱ）	150	70.50	33.30	0.08	0	0	0.05	0.6
102（左-28-Ⅲ）	250	70.50	33.30	0.08	0	0	0	0
103（左-28-Ⅳ）	250	70.50	33.30	0.08	0	0	0	0
104（左-29-Ⅰ）	150	70.50	33.30	0.08	0.05	0.6	0	0
105（左-29-Ⅱ）	150	70.50	33.30	0.08	0	0	0.05	0.6
106（左-29-Ⅲ）	250	70.50	33.30	0.08	0	0	0	0
107（左-29-Ⅳ）	250	70.50	33.30	0.08	0	0	0	0
108（左-30-Ⅰ）	150	70.50	33.30	0.08	0.05	0.6	0	0
109（左-30-Ⅱ）	150	70.50	33.30	0.08	0	0	0.05	0.6
110（左-30-Ⅲ）	250	70.50	33.30	0.08	0	0	0	0
111（左-30-Ⅳ）	250	70.50	33.30	0.08	0	0	0	0
112（左-31-Ⅰ）	150	70.50	33.30	0.08	0.05	0.6	0	0
113（左-31-Ⅱ）	150	70.50	33.30	0.08	0	0	0.05	0.6
114（左-31-Ⅲ）	250	70.50	33.30	0.08	0	0	0	0

续上表

分支编号	分支长度（m）	断面面积（m²）	断面周长（m）	沿程阻力系数	局部阻力系数			
					前端正向	前端负向	后端正向	后端负向
115（左-31-Ⅳ）	250	70.50	33.30	0.08	0	0	0	0
116（左-31-Ⅴ）	280	70.50	33.30	0.08	0	0	0.18	0.33
119、122、125、129、133、137、141、145、146、150、154、158、162、167、171、172、176、180、184、188、192、196、200、201、205、208、212、216、220、224（车行横通道）	25	38.69	21.69	0.08	7.38	7.38	7.38	7.38
117、118、120、121、123、124、126、127、128、130、131、132、134、135、136、138、139、140、142、143、144、147、148、149、151、152、153、155、156、157、159、160、161、163～166、168、169、170、173、174、175、177、178、179、181、182、183、185、186、187、189、190、191、193、194、195、197、198、199、202、203、204、206、207、209、210、211、213、214、215、217、218、219、221、222、223、225、226、227（人行横通道）	25	7.1	10.425	0.08	0.86	0.86	0.86	086
228～339（服务隧道）		35.16	21.61	0.08	0	0	0	0

注:表中左-1-Ⅰ指防灾疏散分区左-1中的Ⅰ分支段,依次类推。

7.1.5 隧道防灾风机配置数量确定

隧道整体防灾疏散分区图 7-12 所示,隧道左线分为 31 个防灾疏散分区,其中,控烟分区左-1 包含 7 个防灾疏散分区,控烟分区左-2 包含 6 个防灾疏散分区,控烟分区左-3 包含 7 个防灾疏散分区,控烟分区左-4 包含 5 个防灾疏散分区,控烟分区左-5 包含 6 个防灾疏散分区。隧道右线分为 30 个防灾疏散分区,其中,控烟分区右-1 包含 6 个防灾疏散分区,控烟分区右-2 包含 4 个防灾疏散分区,控烟右-3 包含 6 个防灾疏散分区,控烟分区右-4 包含 7 个防灾疏散分区,控烟分区右-5 包含 7 个防灾疏散分区。

当主隧道发生火灾时,火源点所在防灾疏散分区内的所有横通道门开启,火源点下游的防灾疏散分区关闭所有横通道门,火源点上游防灾疏散分区仅开启车行横通道。

针对不同防灾疏散区间的不同段发生火灾的情况,分别建立全隧道网络通风图,通过 SES 软件,分别对左线隧道 5 个控烟分区下的 31 个防灾疏散分区及右线隧道 5 个控烟分区下的 30 个防灾疏散分区的火灾工况(共 232 种)进行模拟,得出满足防灾疏散分区内不同分支发生火灾情况的风机开启位置及开启数目。

左线隧道的车行和风流方向为从右往左,右线隧道的车行和风流方向为从左往右。左、右线隧道以竖井作为分界点各分为 5 个控烟分区。控烟分区不同,发生火灾时竖井内轴流风机送排风开启方式也不同。下面对不同控烟分区下的防灾疏散分区进行分析。风机配置遵循的通风效果及原则为:发生火灾时,首先要保证火灾上游附近主隧道风速达到 4m/s,火灾区段临近的人行及车行横通道内风不逆流,服务隧道风速达到 2m/s,满足人员待避需求。风机开启数目与各区段风速表内统计相应控烟分区内主隧道风速、风流方向及车行、人行横通道的风速、风流方向、火源位置等数据有关,需针对每个分区进行详细计算,配置满足防灾通风需求的风机数量。

1)控烟分区左-1

当控烟分区左-1 发生火灾时,左、右线隧道 8 个竖井内轴流风机往隧道内送风,控烟分区左-1 包含防灾疏散分区左-1~左-7,共 24 种火灾工况。

(1)防灾疏散分区左-1 发生火灾时。

防灾疏散分区左-1 内共包含 2 个分支段,分支段从左往右分别命名为 Ⅰ 和 Ⅱ,下面分别建立不同分支段火灾下的通风网络图。

①防灾疏散分区左-1-Ⅰ 发生火灾时。

当防灾疏散分区左-1-Ⅰ 发生火灾时,防灾疏散分区左-1 内火源点上游的 1 条车行横通道及 3 条人行横通道的门开启,火源点下游的防灾疏散分区关闭所有横通道门,火源点上游防灾疏散分区仅开启车行横通道。防灾疏散分区左-1-Ⅰ 的网络通风图如图 7-13 所示。

②防灾疏散分区左-1-Ⅱ 发生火灾时。

当防灾疏散分区左-1-Ⅱ 发生火灾时,防灾疏散分区左-4 内火源点上游的 3 条人行横通道门开启,防灾疏散分区左-1 内火源点下游的 1 条车行横通道门关闭,火源点下游的防灾疏散分区关闭所有横通道门,火源点上游防灾疏散分区仅开启车行横通道。防灾疏散分区左-1-Ⅰ 的网络通风图如图 7-14 所示。

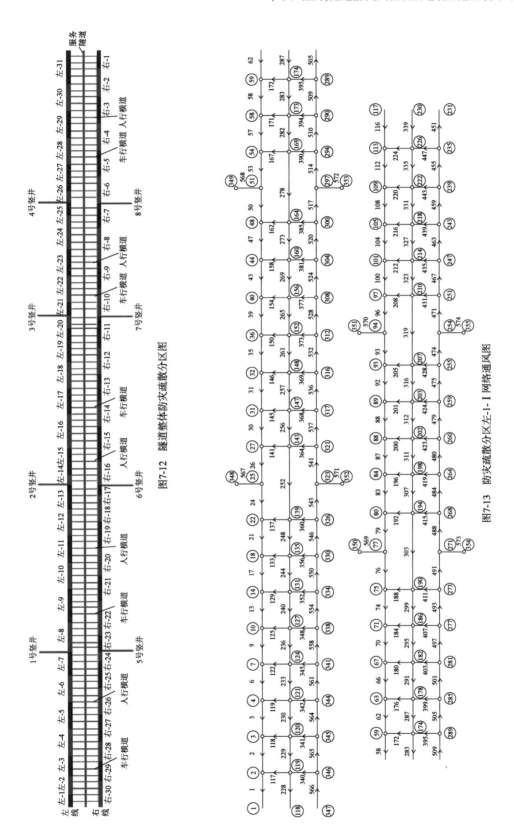

图7-12 隧道整体防灾疏散分区图

图7-13 防灾疏散分区左-1-Ⅰ网络通风图

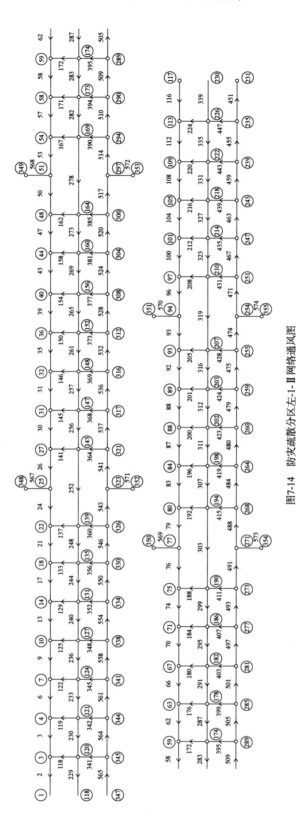

图7-14 防灾疏散分区左-1-Ⅱ网络通风图

对于防灾疏散分区左-1-Ⅰ、左-1-Ⅱ,通风网络分支编号、分支编号及隧道结构计算参数见表7-10,防灾疏散分区左-1 风机开启数目与各区段风速见表7-11。

防灾疏散分区左-1 通风网络计算参数 表7-10

火灾发生段	分支编号(防灾疏散分区)	分支长度(m)	断面面积(m²)	断面周长(m)	沿程阻力
左-1-Ⅰ	1(左-1-Ⅰ)	200	70.50	33.30	0.08
	2(左-1-Ⅱ)	250	70.50	33.30	0.08
左-1-Ⅱ	2(左-1-Ⅰ、左-1-Ⅱ)	250	70.50	33.30	0.08
左-1	33(左-2-1)	150	70.50	33.30	0.08
	6(左-2-Ⅱ、左-2-Ⅲ、左-3-Ⅰ)	650	70.50	33.30	0.08
	9(左-3-Ⅱ、左-3-Ⅲ、左-4-Ⅰ)	570	70.50	33.30	0.08
	13(左-4-Ⅱ~左-4-Ⅳ、左-5-Ⅰ)	750	70.50	33.30	0.08
	17(左-5-Ⅱ~左-5-Ⅳ、左-6-Ⅰ)	780	70.50	33.30	0.08
	21(左-6-Ⅱ~左-6-Ⅳ、左-7-Ⅰ)	800	70.50	33.30	0.08
	24(左-7-Ⅱ~左-7-Ⅳ)	453	70.50	33.30	0.08
	228~252(服务隧道)		35.16	21.61	0.08

防灾疏散分区左-1 风机开启数目与各区段风速 表7-11

火灾发生段	分支编号(防灾疏散分区)	风机开启数目	风速(m/s)
左-1-Ⅰ	1(左-1-Ⅰ)	2(SDS112T-4P-37)	4.3
	2(左-1-Ⅱ)	0	4.3
	228(服务隧道)	0(SDS63T-2P-15)	3.3
左-1-Ⅱ	2(左-1)	2(SDS112T-4P-37)	4.4
	228、229(服务隧道)	1(SDS63T-2P-15)	3.3
左-1	3(左-2-1)	2(SDS112T-4P-37)	4.3
	6(左-2-Ⅱ、左-2-Ⅲ、左-3-Ⅰ)	2(SDS112T-4P-37)	4.1
	9(左-3-Ⅱ、左-3-Ⅲ、左-4-Ⅰ)	1(SDS112T-4P-37)	4.5
	13(左-4-Ⅱ~左-4-Ⅳ、左-5-Ⅰ)	1(SDS112T-4P-37)	4.7
	17(左-5-Ⅱ~左-5-Ⅳ、左-6-Ⅰ)	1(SDS112T-4P-37)	4.7
	21(左-6-Ⅱ~左-6-Ⅳ、左-7-Ⅰ)	2(SDS112T-4P-37)	4.6
	24(左-7-Ⅱ~左-7-Ⅳ)	1(SDS112T-4P-37)	4.5
	230(服务隧道)	1(SDS63T-2P-15)	3.2
	231~233(服务隧道)	2(SDS63T-2P-15)	3.9
	234~236(服务隧道)	2(SDS63T-2P-15)	3.5
	237~240(服务隧道)	2(SDS63T-2P-15)	2.9
	241~244(服务隧道)	2(SDS63T-2P-15)	3.1
	245~248(服务隧道)	2(SDS63T-2P-15)	3.2
	249~252(服务隧道)	2(SDS63T-2P-15)	2.8

(2)防灾疏散分区左-2发生火灾时。

防灾疏散分区左-2内共包含3个分支段,分支段从左往右分别命名为Ⅰ、Ⅱ和Ⅲ,下面分别建立不同分支段火灾下的通风网络图。

①防灾疏散分区左-2-Ⅰ发生火灾时。

当防灾疏散分区左-2-Ⅰ发生火灾时,防灾疏散分区左-2内火源点上游的1条车行横通道及2条人行横通道的门开启,火源点下游的防灾疏散分区关闭所有横通道门,火源点上游防灾疏散分区仅开启车行横通道。

②防灾疏散分区左-2-Ⅱ发生火灾时。

当防灾疏散分区左-2-Ⅱ发生火灾时,防灾疏散分区左-2内火源点上游的2条人行横通道门开启,防灾疏散分区左-2内火源点下游的1条车行横通道门关闭,火源点下游的防灾疏散分区关闭所有横通道门,火源点上游防灾疏散分区仅开启车行横通道。

③防灾疏散分区左-2-Ⅲ发生火灾时。

当防灾疏散分区左-2-Ⅲ发生火灾时,防灾疏散分区左-2内火源点上游的1条人行横通道门开启,防灾疏散分区左-2内火源点下游的1条车行横通道及1条人行横通道的门关闭,火源点下游的防灾疏散分区关闭所有横通道门,火源点上游防灾疏散分区仅开启车行横通道。

对于防灾疏散分区左-2-Ⅰ～左-2-Ⅲ,通风网络计算参数见表7-12,防灾疏散分区左-2风机开启数目与各区段风速见表7-13。

防灾疏散左-2分区通风网络计算参数 表7-12

火灾发生段	分支编号(防灾疏散分区)	分支长度(m)	断面面积(m²)	断面周长(m)	沿程阻力系数
左-2-Ⅰ	3(左-1、左-2-Ⅰ)	500	70.50	33.30	0.08
	4(左-2-Ⅱ)	150	70.50	33.30	0.08
	5(左-2-Ⅲ)	325	70.50	33.30	0.08
左-2-Ⅱ	4(左-1、左-2-Ⅰ、左-2-Ⅱ)	650	70.50	33.30	0.08
	5(左-2-Ⅲ)	325	70.50	33.30	0.08
左-2-Ⅲ	5(左-1、左-2-Ⅰ～左-1-Ⅲ)	975	70.50	33.30	0.08
左-2-Ⅰ、左-2-Ⅱ、左-2-Ⅲ	6(左-3-Ⅰ)	175	70.50	33.30	0.08
	9(左-3-Ⅱ、左-3-Ⅲ、左-4-Ⅰ)	570	70.50	33.30	0.08
	13(左-4-Ⅱ～左-4-Ⅳ、左-5-Ⅰ)	750	70.50	33.30	0.08
	17(左-5-Ⅱ～左-5-Ⅳ、左-6-Ⅰ)	780	70.50	33.30	0.08
	21(左-6-Ⅱ～左-6-Ⅳ、左-7-Ⅰ)	800	70.50	33.305	0.08
	24(左-7-Ⅱ～左-7-Ⅳ)	453	70.50	33.30	0.08
	228～252(服务隧道)		35.16	21.61	0.08

防灾疏散分区左-2风机开启数目与各区段风速　　表7-13

火灾发生段	分支编号(防灾疏散分区)	风机开启数目	风速(m/s)
左-2-Ⅰ	3(左-1、左-2-Ⅰ)	4(SDS112T-4P-37)	4.2
	4(左-2-Ⅱ)	0	4.4
	5(左-2-Ⅲ)	2(SDS112T-4P-37)	4.4
	228~230(服务隧道)	0	3.4
左-2-Ⅱ	4(左-1、左-2-Ⅰ~左-2-Ⅲ)	4(SDS112T-4P-37)	4.3
	5(左-2-Ⅲ)	2(SDS112T-4P-37)	4.2
	228~231(服务隧道)	2(SDS63T-2P-15)	3.6
左-2-Ⅲ	5(左-1、左-2-Ⅰ、左-2-Ⅱ)	6(SDS112T-4P-37)	4.4
	228~232(服务隧道)	3(SDS63T-2P-15)	3.6
左-2	6(左-3-Ⅰ)	0(SDS63T-2P-15)	4.1
	9(左-3-Ⅱ、左-3-Ⅲ、左-4-Ⅰ)	2(SDS112T-4P-37)	4.4
	13(左-4-Ⅱ~左-4-Ⅳ、左-5-Ⅰ)	4(SDS112T-4P-37)	4.6
	17(左-5-Ⅱ~左-5-Ⅳ、左-6-Ⅰ)	2(SDS112T-4P-37)	4.5
	21(左-6-Ⅱ~左-6-Ⅳ、左-7-Ⅰ)	2(SDS112T-4P-37)	4.4
	24(左-7-Ⅱ~左-7-Ⅳ)	1(SDS112T-4P-37)	4.2
	233(服务隧道)	2(SDS63T-2P-15)	3.7
	234~236(服务隧道)	2(SDS63T-2P-15)	3.6
	237~240(服务隧道)	2(SDS63T-2P-15)	3.2
	241~244(服务隧道)	2(SDS63T-2P-15)	3.5
	245~248(服务隧道)	2(SDS63T-2P-15)	3.6
	249~252(服务隧道)	2(SDS63T-2P-15)	3.0

（3）防灾疏散分区左-3发生火灾时。

防灾疏散分区左-3内共包含3个分支段,分支段从左往右分别命名为Ⅰ、Ⅱ和Ⅲ,下面分别建立不同分支段火灾下的通风网络图。

①防灾疏散分区左-3-Ⅰ发生火灾时。

当防灾疏散分区左-3-Ⅰ发生火灾时,防灾疏散分区左-3内火源点上游的1条车行横通道及2条人行横通道的门开启,火源点下游的防灾疏散分区关闭所有横通道门,火源点上游防灾疏散分区仅开启车行横通道。

②防灾疏散分区左-3-Ⅱ发生火灾时。

当防灾疏散分区左-3-Ⅱ发生火灾时,防灾疏散分区左-3内火源点上游的2条人行横通道门开启,防灾疏散分区左-3内火源点下游的1条车行横通道门关闭,火源点下游的防灾疏散分区关闭所有横通道门,火源点上游防灾疏散分区仅开启车行横通道。

③防灾疏散分区左-3-Ⅲ发生火灾时。

当防灾疏散分区左-3-Ⅲ发生火灾时,防灾疏散分区左-3内火源点上游的1条人行横通道门开启,防灾疏散分区左-3内火源点下游的1条车行横通道及1条人行横通道的门关闭,火源点下游的防灾疏散分区关闭所有横通道门,火源点上游防灾疏散分区仅开启车行横通道。

对于防灾疏散分区左-3-Ⅰ~左-3-Ⅲ,通风网络计算参数见表7-14,防灾疏散分区左-3风机开启数目与各区段风速见表7-15。

防灾疏散左-3分区通风网络计算参数 表7-14

火灾发生段	分支编号(防灾疏散分区)	分支长度(m)	断面面积(m²)	断面周长(m)	沿程阻力系数
左-3-Ⅰ	6(左-1、左-2、左-3-Ⅰ)	1150	70.50	33.30	0.08
	7(左-3-Ⅱ)	125	70.50	33.30	0.08
	8(左-3-Ⅲ)	225	70.50	33.30	0.08
左-3-Ⅱ	7(左-1、左-2、左-3-Ⅰ、左-3-Ⅱ)	1275	70.50	33.30	0.08
	8(左-3-Ⅲ)	225	70.50	33.30	0.08
左-3-Ⅲ	8(左-1、左-2、左-3-Ⅰ~左-3-Ⅲ)	1500	70.50	33.30	0.08
左-3	9(左-1~3、左-4-Ⅰ)	220	70.50	33.30	0.08
	13(左-4-Ⅱ~左-4-Ⅳ、左-5-Ⅰ)	750	70.50	33.30	0.08
	17(左-5-Ⅱ~左-5-Ⅳ、左-6-Ⅰ)	780	70.50	33.30	0.08
	21(左-6-Ⅱ~左-6-Ⅳ、左-7-Ⅰ)	800	70.50	33.30	0.08
	24(左-7-Ⅱ~左-7-Ⅳ)	453	70.50	33.30	0.08
	228~252(服务隧道)		35.16	21.61	0.08

防灾疏散分区左-3风机开启数目与各区段风速 表7-15

火灾发生段	分支编号(防灾疏散分区)	风机开启数目	风速(m/s)
左-3-Ⅰ	6(左-1、左-2、左-3-Ⅰ)	6(SDS112T-4P-37)	4.3
	7(左-3-Ⅱ)	0	4.3
	8(左-3-Ⅲ)	2(SDS112T-4P-37)	4.4
	228~233(服务隧道)	0(SDS63T-2P-15)	3.5
左-3-Ⅱ	7(左-1、左-2、左-3-Ⅰ、左-3-Ⅱ)	6(SDS112T-4P-37)	4.3
	8(左-3-Ⅲ)	2(SDS112T-4P-37)	4.4
	228~234(服务隧道)	2(SDS63T-2P-15)	3.5
左-3-Ⅲ	8(左-3-Ⅲ)	8(SDS112T-4P-37)	4.3
	228~235(服务隧道)	3(SDS63T-2P-15)	3.5
左-3	9(左-4-Ⅰ)	0(SDS112T-4P-37)	4.3
	13(左-4-Ⅱ~左-4-Ⅳ、左-5-Ⅰ)	4(SDS112T-4P-37)	4.6
	17(左-5-Ⅱ~左-5-Ⅳ、左-6-Ⅰ)	2(SDS112T-4P-37)	4.5
	21(左-6-Ⅱ~左-6-Ⅳ、左-7-Ⅰ)	2(SDS112T-4P-37)	4.3
	24(左-7-Ⅱ~左-7-Ⅳ)	2(SDS112T-4P-37)	4.2
	236(服务隧道)	1(SDS63T-2P-15)	3.6
	237~240(服务隧道)	2(SDS63T-2P-15)	3.0
	241~244(服务隧道)	2(SDS63T-2P-15)	3.4
	245~248(服务隧道)	2(SDS63T-2P-15)	3.5
	249~252(服务隧道)	2(SDS63T-2P-15)	3.0

(4)防灾疏散分区左-4 发生火灾时。

防灾疏散分区左-4 内共包含 4 个分支段,分支段从左往右分别命名为Ⅰ、Ⅱ、Ⅲ和Ⅳ,下面分别建立不同分支段火灾下的通风网络图。

①防灾疏散分区左-4-Ⅰ发生火灾时。

当防灾疏散分区左-4-Ⅰ发生火灾时,防灾疏散分区左-4 内火源点上游的 1 条车行横通道及 3 条人行横通道的门开启,火源点下游的防灾疏散分区关闭所有横通道门,火源点上游防灾疏散分区仅开启车行横通道。

②防灾疏散分区左-4-Ⅱ发生火灾时。

当防灾疏散分区左-4-Ⅱ发生火灾时,防灾疏散分区左-4 内火源点上游的 3 条人行横通道门开启,防灾疏散分区左-4 内火源点下游的 1 条车行横通道门关闭,火源点下游的防灾疏散分区关闭所有横通道门,火源点上游防灾疏散分区仅开启车行横通道。

③防灾疏散分区左-4-Ⅲ发生火灾时。

当防灾疏散分区左-4-Ⅲ发生火灾时,防灾疏散分区左-4 内火源点上游的 2 条人行横通道门开启,防灾疏散分区左-4 内火源点下游的 1 条车行横通道及 1 条人行横通道的门关闭,火源点下游的防灾疏散分区关闭所有横通道门,火源点上游防灾疏散分区仅开启车行横通道。

④防灾疏散分区左-4-Ⅳ发生火灾时。

当防灾疏散分区左-4-Ⅳ发生火灾时,防灾疏散分区左-4 内火源点上游的 1 条人行横通道门开启,火源点下游的防灾疏散分区关闭所有横通道门,火源点上游防灾疏散分区仅开启车行横通道。

对于防灾疏散分区左-4-Ⅰ~左-4-Ⅲ,通风网络计算参数见表 7-16,防灾疏散分区左-4 风机开启数目与各区段风速见表 7-17。

防灾疏散左-4 分区通风网络计算参数　　　　　　　　　　表 7-16

火灾发生段	分支编号(防灾疏散分区)	分支长度(m)	断面面积(m²)	断面周长(m)	沿程阻力系数
左-4-Ⅰ	9(左-1~左-3、左-4-Ⅰ)	1720	70.50	33.30	0.08
	10(左-4-Ⅱ)	60	70.50	33.30	0.08
	11(左-4-Ⅲ)	220	70.50	33.30	0.08
	12(左-4-Ⅳ)	250	70.50	33.30	0.08
左-4-Ⅱ	10(左-1~左-3、左-4-Ⅰ、左-4-Ⅱ)	1780	70.50	33.30	0.08
	11(左-4-Ⅲ)	220	70.50	33.30	0.08
	12(左-4-Ⅳ)	250	70.50	33.30	0.08
左-4-Ⅲ	11(左-1~左-3、左-4-Ⅰ~左-4-Ⅲ)	2000	70.50	33.30	0.08
	12(左-4-Ⅲ)	250	70.50	33.30	0.08
左-4-Ⅳ	12(左-4-Ⅳ)	2250	70.50	33.30	0.08
左-4	13(左-5-Ⅰ)	220	70.50	33.30	0.08
	17(左-5-Ⅱ~左-5-Ⅳ、左-6-Ⅰ)	780	70.50	33.30	0.08
	21(左-6-Ⅱ~左-6-Ⅳ、左-7-Ⅰ)	800	70.50	33.30	0.08
	24(左-7-Ⅱ~左-7-Ⅳ)	453	70.50	33.30	0.08
	228~252(服务隧道)		35.16	21.61	0.08

防灾疏散分区左-4 风机开启数目与各区段风速

表 7-17

火灾发生段	分支编号（防灾疏散分区）	风机开启数目	风速（m/s）
左-4-Ⅰ	9（左-1~3、左-4-Ⅰ）	8（SDS112T-4P-37）	4.5
	10（左-4-Ⅱ）	0	4.4
	11（左-4-Ⅲ）	2（SDS112T-4P-37）	4.4
	12（左-4-Ⅳ）	0	4.5
	228~236（服务隧道）	6（SDS63T-2P-15）	3.5
左-4-Ⅱ	10（左-1~3、左-4-Ⅰ、左-4-Ⅱ）	8（SDS112T-4P-37）	4.5
	11（左-4-Ⅲ）	2（SDS112T-4P-37）	4.4
	12（左-4-Ⅳ）	0	4.3
	228~237（服务隧道）	8（SDS63T-2P-15）	3.5
左-4-Ⅲ	11（左-1~左-3、左-4-Ⅰ~左-4-Ⅲ）	10（SDS112T-4P-37）	4.4
	12（左-4-Ⅳ）	0	4.4
	228~238（服务隧道）	8（SDS63T-2P-15）	3.6
左-4-Ⅳ	12（左-1~左-4）	10（SDS112T-4P-37）	4.4
	228~239（服务隧道）	8（SDS63T-2P-15）	3.5
左-4	13（左-5-Ⅰ）	2（SDS112T-4P-37）	4.5
	17（左-5-Ⅱ~左-5-Ⅳ、左-6-Ⅰ）	2（SDS112T-4P-37）	4.5
	21（左-6-Ⅱ~左-6-Ⅳ、左-7-Ⅰ）	2（SDS112T-4P-37）	4.4
	24（左-7-Ⅱ~左-7-Ⅳ）	1（SDS112T-4P-37）	4.2
	240（服务隧道）	1（SDS63T-2P-15）	3.3
	241~244（服务隧道）	2（SDS63T-2P-15）	3.5
	245~248（服务隧道）	2（SDS63T-2P-15）	3.6
	247~252（服务隧道）	2（SDS63T-2P-15）	3.0

（5）防灾疏散分区左-5 发生火灾时。

防灾疏散分区左-5 内共包含 4 个分支段，分支段从左往右分别命名为Ⅰ、Ⅱ、Ⅲ和Ⅳ，下面分别建立不同分支段火灾下的通风网络图。

①防灾疏散分区左-5-Ⅰ发生火灾时。

当防灾疏散分区左-5-Ⅰ发生火灾时，防灾疏散分区左-5 内火源点上游的 1 条车行横通道及 3 条人行横通道的门开启，火源点下游的防灾疏散分区关闭所有横通道门，火源点上游防灾疏散分区仅开启车行横通道。

②防灾疏散分区左-5-Ⅱ发生火灾时。

当防灾疏散分区左-5-Ⅱ发生火灾时，防灾疏散分区左-5 内火源点上游的 3 条人行横通道门开启，防灾疏散分区左-5 内火源点下游的 1 条车行横通道门关闭，火源点下游的防灾疏散分区关闭所有横通道门，火源点上游防灾疏散分区仅开启车行横通道。

③防灾疏散分区左-5-Ⅲ发生火灾时。

当防灾疏散分区左-5-Ⅲ发生火灾时，防灾疏散分区左-5 内火源点上游的 2 条人行横通道门开启,防灾疏散分区左-5内火源点下游的1条车行横通道及1条人行横通道的门关闭,火源点下游的防灾疏散分区关闭所有横通道门,火源点上游防灾疏散分区仅开启车行横通道。

④防灾疏散分区左-5-Ⅳ发生火灾时。

当防灾疏散分区左-5-Ⅳ发生火灾时,防灾疏散分区左-5内火源点上游的1条人行横通道门开启,火源点下游的防灾疏散分区关闭所有横通道门,火源点上游防灾疏散分区仅开启车行横通道。

对于防灾疏散分区左-5-Ⅰ~左-5-Ⅲ,通风网络计算参数见表7-18,防灾疏散分区左-5风机开启数目与各区段风速见表7-19。

防灾疏散左-5分区通风网络计算参数　　　　　　　　　　　　表7-18

火灾发生段	分支编号(防灾疏散分区)	分支长度(m)	断面面积(m²)	断面周长(m)	沿程阻力系数
左-5-Ⅰ	13(左-1~左-4、左-5-Ⅰ)	2470	70.50	33.30	0.08
	14(左-5-Ⅱ)	80	70.50	33.30	0.08
	15(左-5-Ⅲ)	200	70.50	33.30	0.08
	16(左-5-Ⅳ)	325	70.50	33.30	0.08
左-5-Ⅱ	14(左-1~左-4、左-5-Ⅰ、左-5-Ⅱ)	2550	70.50	33.30	0.08
	15(左-5-Ⅲ)	200	70.50	33.30	0.08
	16(左-5-Ⅳ)	325	70.50	33.30	0.08
左-5-Ⅲ	15(左-1~左-4、左-5-Ⅰ~左-5-Ⅲ)	2750	70.50	33.30	0.08
	16(左-5-Ⅳ)	325	70.50	33.30	0.08
左-5-Ⅳ	16(左-1~左-5)	3075	70.50	33.30	0.08
左-5	17(左-6-Ⅰ)	175	70.50	33.30	0.08
	21(左-6-Ⅱ~左-6-Ⅳ、左-7-Ⅰ)	800	70.50	33.30	0.08
	24(左-7-Ⅱ~左-7-Ⅳ)	453	70.50	33.30	0.08
	228~252(服务隧道)		35.16	21.61	0.08

防灾疏散分区左-5风机开启数目与各区段风速　　　　　　　　　　　　表7-19

火灾发生段	分支编号(防灾疏散分区)	风机开启数目	风速(m/s)
左-5-Ⅰ	13(左-1~左-4、左-5-Ⅰ)	12(SDS112T-4P-37)	4.4
	14(左-5-Ⅱ)	0	4.5
	15(左-5-Ⅲ)	0	4.3
	16(左-5-Ⅳ)	2(SDS112T-4P-37)	4.1
	228~240(服务隧道)	2(SDS63T-2P-15)	3.6
左-5-Ⅱ	14(左-1~左-4、左-5-Ⅰ、左-5-Ⅱ)	12(SDS112T-4P-37)	4.4
	15(左-5-Ⅲ)	0	4.3

火灾发生段	分支编号（防灾疏散分区）	风机开启数目	风速（m/s）
左-5-Ⅱ	16（左-5-Ⅳ）	2（SDS112T-4P-37）	4.0
	228～241（服务隧道）	1（SDS63T-2P-15）	3.5
左-5-Ⅲ	15（左-1～左-4、左-5-Ⅰ～左-5-Ⅲ）	12（SDS112T-4P-37）	4.4
	16（左-5-Ⅳ）	2（SDS112T-4P-37）	4.5
	228～242（服务隧道）	1（SDS63T-2P-15）	3.5
左-5-Ⅳ	16（左-1～左-5）	14（SDS112T-4P-37）	4.5
	228～243（服务隧道）	1（SDS63T-2P-15）	3.5
左-5	17（左-6-Ⅰ）	2（SDS112T-4P-37）	4.5
	21（左-6-Ⅱ～左-6-Ⅳ、左-7-Ⅰ）	2（SDS112T-4P-37）	4.4
	24（左-7-Ⅱ～左-7-Ⅳ）	1（SDS112T-4P-37）	4.2
	244（服务隧道）	0（SDS63T-2P-15）	3.6
	245～248（服务隧道）	2（SDS63T-2P-15）	3.6
	249～252（服务隧道）	2（SDS63T-2P-15）	3.0

（6）防灾疏散分区左-6发生火灾时。

防灾疏散分区左-6内共包含4个分支段，分支段从左往右分别命名为Ⅰ、Ⅱ、Ⅲ和Ⅳ，下面分别建立不同分支段火灾下的通风网络图。

①防灾疏散分区左-6-Ⅰ发生火灾时。

当防灾疏散分区左-6-Ⅰ发生火灾时，防灾疏散分区左-6内火源点上游的1条车行横通道及3条人行横通道的门开启，火源点下游的防灾疏散分区关闭所有横通道门，火源点上游防灾疏散分区仅开启车行横通道。

②防灾疏散分区左-6-Ⅱ发生火灾时。

当防灾疏散分区左-6-Ⅱ发生火灾时，防灾疏散分区左-6内火源点上游的3条人行横通道门开启，防灾疏散分区左-6内火源点下游的1条车行横通道门关闭，火源点下游的防灾疏散分区关闭所有横通道门，火源点上游防灾疏散分区仅开启车行横通道。

③防灾疏散分区左-6-Ⅲ发生火灾时。

当防灾疏散分区左-6-Ⅲ发生火灾时，防灾疏散分区左-6内火源点上游的2条人行横通道门开启，防灾疏散分区左-6内火源点下游的1条车行横通道及1条人行横通道的门关闭，火源点下游的防灾疏散分区关闭所有横通道门，火源点上游防灾疏散分区仅开启车行横通道。

④防灾疏散分区左-6-Ⅳ发生火灾时。

当防灾疏散分区左-6-Ⅳ发生火灾时，防灾疏散分区左-6内火源点上游的1条人行横通道门开启，火源点下游的防灾疏散分区关闭所有横通道门，火源点上游防灾疏散分区仅开启车行横通道。

对于防灾疏散分区左-6-Ⅰ～左-6-Ⅲ，通风网络计算参数见表7-20，防灾疏散分区左-6风机开启数目与各区段风速见表7-21。

防灾疏散左-6分区通风网络计算参数　　　　表7-20

火灾发生段	分支编号（防灾疏散分区）	分支长度（m）	断面面积（m²）	断面周长（m）	沿程阻力系数
左-6-Ⅰ	17（左-1～左-5、左-6-Ⅰ）	3250	70.50	33.30	0.08
	18（左-6-Ⅱ）	150	70.50	33.30	0.08
	19（左-6-Ⅲ）	250	70.50	33.30	0.08
	20（左-6-Ⅳ）	240	70.50	33.30	0.08
左-6-Ⅱ	18（左-1～左-5、左-6-Ⅰ、左-6-Ⅱ）	3400	70.50	33.30	0.08
	19（左-6-Ⅲ）	250	70.50	33.30	0.08
	20（左-6-Ⅳ）	240	70.50	33.30	0.08
左-6-Ⅲ	19（左-1～左-5、左-6-Ⅰ～左-6-Ⅲ）	3650	70.50	33.30	0.08
	20（左-6-Ⅳ）	240	70.50	33.30	0.08
左-6-Ⅳ	20（左-1～左-6）	3850	70.50	33.30	0.08
左-6	21（左-7-Ⅰ）	160	70.50	33.30	0.08
	24（左-7-Ⅱ～左-7-Ⅳ）	453	70.50	33.30	0.08
	228～252（服务隧道）		35.16	21.61	0.08

防灾疏散分区左-6风机开启数目与各区段风速表　　　　表7-21

火灾发生段	分支编号（防灾疏散分区）	风机开启数目	风速（m/s）
左-6-Ⅰ	17（左-1～左-5、左-6-Ⅰ）	14（SDS112T-4P-37）	4.5
	18（左-6-Ⅱ）	0	4.5
	19（左-6-Ⅲ）	2（SDS112T-4P-37）	4.4
	20（左-6-Ⅳ）	0	4.4
	228～244（服务隧道）	8（SDS63T-2P-15）	3.6
左-6-Ⅱ	18（左-1～左-5、左-6-Ⅰ、左-6-Ⅱ）	14（SDS112T-4P-37）	4.4
	19（左-6-Ⅲ）	2（SDS112T-4P-37）	4.3
	20（左-6-Ⅳ）	0	4.3
	228～245（服务隧道）	10（SDS63T-2P-15）	3.6
左-6-Ⅲ	19（左-1～左-5、左-6-Ⅰ～左-6-Ⅲ）	16（SDS112T-4P-37）	4.4
	20（左-6-Ⅳ）	0	4.4
	228～246（服务隧道）	10（SDS63T-2P-15）	3.5
左-6-Ⅳ	20（左-1～左-6）20	16（SDS112T-4P-37）	4.4
	228～247（服务隧道）	10（SDS63T-2P-15）	3.7
左-6	21（左-7-Ⅰ）	0（SDS112T-4P-37）	4.4
	24（左-7-Ⅱ～左-7-Ⅳ）	2（SDS112T-4P-37）	4.2
	248（服务隧道）	1（SDS63T-2P-15）	3.7
	249～252（服务隧道）	2（SDS63T-2P-15）	3.0

（7）防灾疏散分区左-7发生火灾时。

防灾疏散分区左-7内共包含4个分支段,分支段从左往右分别命名为Ⅰ、Ⅱ、Ⅲ和Ⅳ,下面分别建立不同分支段火灾下的通风网络图。

①防灾疏散分区左-7-Ⅰ发生火灾时。

当防灾疏散分区左-7-Ⅰ发生火灾时,防灾疏散分区左-7 内火源点上游的 1 条车行横通道及 3 条人行横通道的门开启,火源点下游的防灾疏散分区关闭所有横通道门,火源点上游防灾疏散分区仅开启车行横通道。

②防灾疏散分区左-7-Ⅱ发生火灾时。

当防灾疏散分区左-7-Ⅱ发生火灾时,防灾疏散分区左-7 内火源点上游的 3 条人行横通道门开启,防灾疏散分区左-7 内火源点下游的 1 条车行横通道门关闭,火源点下游的防灾疏散分区关闭所有横通道门,火源点上游防灾疏散分区仅开启车行横通道。

③防灾疏散分区左-7-Ⅲ发生火灾时。

当防灾疏散分区左-7-Ⅲ发生火灾时,防灾疏散分区左-7 内火源点上游的 2 条人行横通道门开启,防灾疏散分区左-7 内火源点下游的 1 条车行横通道及 1 条人行横通道的门关闭,火源点下游的防灾疏散分区关闭所有横通道门,火源点上游防灾疏散分区仅开启车行横通道。

④防灾疏散分区左-7-Ⅳ发生火灾时。

当防灾疏散分区左-7-Ⅳ发生火灾时,防灾疏散分区左-7 内火源点上游的 1 条人行横通道门开启,火源点下游的防灾疏散分区关闭所有横通道门,火源点上游防灾疏散分区仅开启车行横通道。

对于防灾疏散分区左-7-Ⅰ~左-7-Ⅲ,通风网络计算参数如表 7-22 所示,防灾疏散分区左-7 火灾风机开启数目与各区段风速如表 7-23 所示。

防灾疏散左-7 分区通风网络计算参数　　　　表 7-22

火灾发生段	分支编号(防灾疏散分区)	分支长度(m)	断面面积(m²)	断面周长(m)	沿程阻力系数
左-7-Ⅰ	21(左-1 ~ 左-6、左-7-Ⅰ)	4010	70.50	33.30	0.08
	22(左-7-Ⅱ)	80	70.50	33.30	0.08
	23(左-7-Ⅲ)	240	70.50	33.30	0.08
	24(左-7-Ⅳ)	133	70.50	33.30	0.08
左-7-Ⅱ	22(左-1 ~ 左-6、左-7-Ⅰ、左-7-Ⅱ)	4090	70.50	33.30	0.08
	23(左-7-Ⅲ)	240	70.50	33.30	0.08
	24(左-7-Ⅳ)	133	70.50	33.30	0.08
左-7-Ⅲ	23(左-1 ~ 左-6、左-7-Ⅰ ~ 左-7-Ⅲ)	4330	70.50	33.30	0.08
	24(左-7-Ⅳ)	133	70.50	33.30	0.08
左-7-Ⅳ	24(左-1 ~ 左-6、左-7-Ⅰ ~ 左-7-Ⅳ)	4463	70.50	33.30	0.08
左-7	228 ~ 252(服务隧道)		35.16	21.61	0.08

防灾疏散分区左-7 风机开启数目与各区段风速　　　　表 7-23

火灾发生段	分支编号(防灾疏散分区)	风机开启数目	风速(m/s)
左-7-Ⅰ	21(左-1 ~ 左-6、左-7-Ⅰ)	16(SDS112T-4P-37)	4.4
	22(左-7-Ⅱ)	2(SDS112T-4P-37)	4.5

续上表

火灾发生段	分支编号（防灾疏散分区）	风机开启数目	风速(m/s)
左-7-Ⅰ	23（左-7-Ⅲ）	0	4.4
	24（左-7-Ⅳ）	0	4.3
	228～248（服务隧道）	10（SDS63T-2P-15）	3.5
左-7-Ⅱ	22（左-1～左-6、左-7-Ⅰ、左-7-Ⅱ）	18（SDS112T-4P-37）	4.4
	23（左-7-Ⅲ）	0	4.3
	24（左-7-Ⅳ）	0	4.3
	228～249（服务隧道）	12（SDS63T-2P-15）	3.5
左-7-Ⅲ	23（左-1～左-6、左-7-Ⅰ～左-7-Ⅲ）	18（SDS112T-4P-37）	4.4
	24（左-7-Ⅳ）	0	4.3
	228～250（服务隧道）	12（SDS63T-2P-15）	3.5
左-7-Ⅳ	24（左-7-Ⅰ～左-7-Ⅳ）	18（SDS112T-4P-37）	4.4
左-7	251（服务隧道）	1（SDS63T-2P-15）	3.4

综上所述，以发生火灾的防灾疏散分区（火灾案例为控烟分区左-1 的防灾疏散分区左-1 ～左-7，共 24 种工况）为依据，通过上述 SES 软件模拟，得出 24 种火灾工况、满足风速要求的风机开启位置及开启数，见表7-24。

控烟分区左-1 风机开启位置、开启数目　　　　　　表7-24

主隧道风机开启位置（分支编号）	风机（型号：SDS112T-4P-37）开启数目	服务隧道及横通道风机开启位置	风机（型号：SDS63T-2P-15）开启数目
1（左-1-Ⅰ）	2	228、230、233、236、239、241、244、247、251（服务隧道）	2
3（左-2-Ⅰ）	2		
5（左-2-Ⅲ）	2		
8（左-2-Ⅲ）	2		
11（左-4-Ⅲ）	2		
13（左-5-Ⅰ）	2		
16（左-5-Ⅳ）	2		
19（左-6-Ⅲ）	2		
22（左-7-Ⅱ）	2		

2）控烟分区左-2

当控烟分区左-2 发生火灾时，左线隧道的 1 号竖井排风，其他 7 个竖井内轴流风机往隧道内送风，控烟分区左-2 ～左-5 内射流风机与行车方向相同，控烟分区左-1 内射流风机与行车方向相反，保证烟气顺利通过 1 号竖井排出且防止烟气流入控烟分区左-1，其中控烟分区左-2 包含防灾疏散分区左-8 ～左-13。

以发生火灾的防灾疏散分区(火灾案例为控烟分区左-2 的防灾疏散分区左-8 ~ 左-13,共26 种工况)为依据,通过上述 SES 软件模拟,得出 26 种火灾工况、满足风速要求的风机开启位置及开启数目表。控烟分区左-2 包括 18 台 SDS112T- 4P-37 风机,服务隧道包含 18 台 SDS63T-2P-15 风机,如表 7-25 所示。

控烟分区左-2 风机开启位置、开启数目 表 7-25

主隧道风机开启位置 (分支编号)	风机 (型号:SDS112T-4P-37) 开启数目	服务隧道及横通道风机开启位置	风机 (型号:SDS63T-2P-15) 开启数目
26(左-8-Ⅱ)	2	254、257、260、263、265、268、271、273、276 (服务隧道)	2
29(左-8-Ⅴ)	2		
33(左-9-Ⅳ)	2		
35(左-10-Ⅰ)	2		
38(左-10-Ⅳ)	2		
41(左-11-Ⅲ)	2		
43(左-12-Ⅰ)	2		
46(左-12-Ⅳ)	2		
49(左-13-Ⅲ)	2		

3)控烟分区左-3

当控烟分区左-3 发生火灾时,左线隧道的 2 号竖井排风,其他 7 个竖井内轴流风机往隧道内送风,控烟分区左-1、控烟分区左-3 ~ 左-5 射流风机与行车方向相同,控烟分区左-2 射流风机与行车方向相反,保证烟气顺利通过 2 号竖井排出且防止烟气流入控烟分区左-2,其中控烟分区左-3 包含防灾疏散分区左-14 ~ 左-20。

以发生火灾的防灾疏散分区(火灾案例为控烟分区左-3 的防灾疏散分区左-14 ~ 左-20,共26 种工况)为依据,通过上述 SES 软件模拟,得出 26 种火灾工况、满足风速要求的风机开启位置及开启数目表。控烟分区左-3 包括 18 台 SDS112T- 4P-37 风机,服务隧道包含 18 台 SDS63T-2P-15 风机,如表 7-26 所示。

控烟分区左-3 风机开启位置、开启数目 表 7-26

主隧道风机开启位置 (分支编号)	风机 (型号:SDS112T-4P-37) 开启数目	服务隧道及横通道风机开启位置	风机 (型号:SDS63T-2P-15) 开启数目
52(左-14-Ⅱ)	2	278、281、285、287、290、293、295、298、301 (服务隧道)	2
55(左-15-Ⅲ)	2		
57(左-16-Ⅰ)	2		
61(左-16-Ⅴ)	2		

续上表

主隧道风机开启位置 （分支编号）	风机 （型号：SDS112T-4P-37） 开启数目	服务隧道及横通道风机开启位置	风机 （型号：SDS63T-2P-15） 开启数目
64（左-17-Ⅲ）	2		
66（左-18-Ⅰ）	2		
69（左-18-Ⅳ）	2		
72（左-19-Ⅲ）	2		
74（左-20-Ⅰ）	2		

4）控烟分区左-4

当控烟分区左-4 发生火灾时，左线隧道的 3 号竖井排风，其他 7 个竖井内轴流风机往隧道内送风，控烟分区左-1、左-2，控烟分区左-4、左-5 射流风机与行车方向相同，控烟分区左-3 射流风机与行车方向相反，保证烟气顺利通过 3 号竖井排出且防止烟气流入控烟分区左-3，其中控烟分区左-4 包含防灾疏散分区左-21 ~ 左-25。

以发生火灾的防灾疏散分区（火灾案例为控烟分区左-4 下的防灾疏散分区左-21 ~ 左-25，共 17 种工况）为依据，通过上述 SES 软件模拟，得出 17 种火灾工况、满足风速要求的风机开启位置及开启数目表。控烟分区左-4 包括 12 台 SDS112T-4P-37 风机，服务隧道包含 10 台 SDS63T-2P-15 风机，如表 7-27 所示。

控烟分区左-4 风机开启位置、开启数目 表 7-27

主隧道风机开启位置 （分支编号）	风机 （型号：SDS112T-4P-37） 开启数目	服务隧道及横通道风机开启位置	风机 （型号：SDS63T-2P-15） 开启数目
78（左-21-Ⅱ）	2	303、306、309、312、315（服务隧道）	2
81（左-22-Ⅲ）	2		
83（左-23-Ⅰ）	2		
86（左-23-Ⅳ）	2		
90（左-24-Ⅳ）	2		
92（左-25-Ⅰ）	2		

5）控烟分区左-5

当控烟分区左-5 发生火灾时，左线隧道的 4 号竖井排风，其他 7 个竖井内轴流风机往隧道内送风，控烟分区左-1 ~ 左-3、控烟分区左-5 射流风机与行车方向相同，控烟分区左-4 射流风机与行车方向相反，保证烟气顺利通过 4 号竖井排出且防止烟气流入控烟分区左-4，其中控烟分区左-5 包含防灾疏散分区左-26 ~ 左-31。

以发生火灾的防灾疏散分区（火灾案例为控烟分区左-5 的防灾疏散分区左-26 ~ 左-31，共 23 种工况）为依据，通过上述 SES 软件模拟，得出 23 种火灾工况、满足风速要求的风机开启位置及开启数目表。控烟分区左-5 包括 30 台 SDS112T-4P-37 风机，服务隧道包含 18 台 SDS63T-2P-15 风机，如表 7-28 所示。

控烟分区左-5 风机开启位置、开启数目　　　　　　　　　表 7-28

主隧道风机开启位置 （分支编号）	风机 （型号：SDS112T-4P-37） 开启数目	服务隧道及横通道风机开启位置	风机 （型号：SDS63T-2P-15） 开启数目
95（左-26-Ⅱ）	2	318、321、323、326、329、331、334、337、339 （服务隧道）	2
97（左-27-Ⅱ）	2		
98（左-27-Ⅲ）	2		
99（左-27-Ⅳ）	2		
101（左-28-Ⅱ）	2		
102（左-28-Ⅲ）	2		
103（左-28-Ⅳ）	2		
106（左-29-Ⅲ）	2		
109（左-30-Ⅱ）	2		
110（左-30-Ⅲ）	2		
111（左-30-Ⅳ）	2		
114（左-31-Ⅲ）	2		
115（左-31-Ⅳ）	2		
116（左-31-Ⅴ）	2		

综上所述，由 1）~ 5）可知，左线隧道共包括 96 台 SDS112T-4P-37 风机，服务隧道共包含 82 台 SDS63T-2P-15 风机。

6）控烟分区右-1

当控烟分区右-1 发生火灾时，右线隧道的 8 号竖井排风，其他 7 个竖井内轴流风机往隧道内送风，控烟分区右-1 包含防灾疏散分区右-1 ~ 右-6。

以发生火灾的防灾疏散分区（火灾案例为控烟分区右-1 的防灾疏散分区右-1 ~ 右-6，共 23 种工况）为依据，通过上述 SES 软件模拟，得出 23 种火灾工况、满足风速要求的风机开启位置及开启数目表。控烟分区右-1 包括 18 台 SDS112T-4P-37 风机，服务隧道包含 18 台 SDS63T-2P-15 风机，如表 7-29 所示。

控烟分区右-1 风机开启位置、开启数目　　　　　　　　　表 7-29

主隧道风机开启位置 （分支编号）	风机 （型号：SDS112T-4P-37） 开启数目	服务隧道及横通道风机开启位置	风机 （型号：SDS63T-2P-15） 开启数目
451（右-1-Ⅰ）	2	318、321、323、326、329、331、334、337、339 （服务隧道）	2
453（右-1-Ⅲ）	2		
456（右-2-Ⅲ）	2		
459（右-3-Ⅱ）	2		

续上表

主隧道风机开启位置 （分支编号）	风机 （型号：SDS112T-4P-37） 开启数目	服务隧道及横通道风机开启位置	风机 （型号：SDS63T-2P-15） 开启数目
461（右-3-Ⅳ）	2		
464（右-4-Ⅲ）	2		
467（右-5-Ⅱ）	2		
469（右-5-Ⅳ）	2		
472（右-6-Ⅱ）	2		

7）控烟分区右-2

当控烟分区右-2 发生火灾时，右线隧道的 8 号竖井排风，其他 7 个竖井轴流风机往隧道内送风，控烟分区右-2 ~ 右-5 射流风机与行车方向相同，控烟分区右-1 射流风机与行车方向相反，保证烟气顺利通过 8 号竖井排出且防止烟气流入控烟分区右-1，其中控烟分区右-2 包含防灾疏散分区右-7 ~ 右-10。

以发生火灾的防灾疏散分区（火灾案例为控烟分区右-2 的防灾疏散分区右-7 ~ 右-10，共 17 种工况）为依据，通过上述 SES 软件模拟，得出 17 种火灾工况、满足风速要求的风机开启位置及开启数目表。控烟分区右-2 包括 12 台 SDS112T- 4P-37 风机，服务隧道包含 10 台 SDS63T-2P-15 风机，如表 7-30 所示。

控烟分区右-2 风机开启位置、开启数目 表 7-30

主隧道风机开启位置 （分支编号）	风机 （型号：SDS112T-4P-37） 开启数目	服务隧道及横通道风机开启位置	风机 （型号：SDS63T-2P-15） 开启数目
475（右-7-Ⅱ）	2	303、306、309、312、315（服务隧道）	2
477（右-7-Ⅳ）	2	303、307、311、312、316（服务隧道）	2
481（右-8-Ⅳ）	2		
484（右-9-Ⅱ）	2		
486（右-9-Ⅳ）	2		
489（右-10-Ⅲ）	2		

8）控烟分区右-3

当控烟分区右-3 发生火灾时，右线隧道的 7 号竖井排风，其他 7 个竖井内轴流风机往隧道内送风，控烟分区右-1、控烟分区右-3 ~ 右-5 射流风机与行车方向相同，控烟分区右-2 射流风机与行车方向相反，保证烟气顺利通过 7 号竖井排出且防止烟气流入控烟分区右-2，其中控烟分区右-3 包含防灾疏散分区右-11 ~ 右-16。

以发生火灾的防灾疏散分区（火灾案例为控烟分区右-3 的防灾疏散分区右-11 ~ 右-16，共 26 种工况）为依据，通过上述 SES 软件模拟，得出 26 种火灾工况、满足风速要求的风机开启位置及开启数目表，其中，控烟分区右-3 包括 18 台 SDS112T-4P-37 风机，服务隧道包含 18 台 SDS63T-2P-15 风机，如表 7-31 所示。

控烟分区右-3 风机开启位置、开启数目　表 7-31

主隧道风机开启位置 （分支编号）	风机 （型号：SDS112T-4P-37） 开启数目	服务隧道及横通道风机开启位置	风机 （型号：SDS63T-2P-15） 开启数目
493（右-11-Ⅲ）	2	278、281、285、287、290、293、295、298、301 （服务隧道）	2
495（右-11-Ⅴ）	2	278、282、283、287、291、295、299 （服务隧道）	2
498（右-12-Ⅲ）	2		
501（右-13-Ⅱ）	2		
503（右-13-Ⅳ）	2		
506（右-14-Ⅲ）	2		
510（右-15-Ⅲ）	2		
512（右-15-Ⅴ）	2		
515（右-16-Ⅲ）	2		

9）控烟分区右-4

当控烟分区右-4 发生火灾时，右线隧道的 6 号竖井排风，其他 7 个竖井内轴流风机往隧道内送风，控烟分区右-1、右-2、右-4、右-5 射流风机与行车方向相同，控烟分区右-3 射流风机与行车方向相反，保证烟气顺利通过 6 号竖井排出且防止烟气流入控烟分区右-3，其中控烟分区右-4 包含防灾疏散分区右-17 ~ 右-23。

以发生火灾的防灾疏散分区（火灾案例为控烟分区右-4 的防灾疏散分区右-17 ~ 右-23，共 26 种工况）为依据，通过上述 SES 软件模拟，得出 26 种火灾工况、满足风速要求的风机开启位置及开启数目表。控烟分区右-4 包括 18 台 SDS112T-4P-37 风机，服务隧道包含 18 台 SDS63T-2P-15 风机，如表 7-32 所示。

控烟分区右-4 风机开启位置、开启数目　表 7-32

主隧道风机开启位置 （分支编号）	风机 （型号：SDS112T-4P-37） 开启数目	服务隧道及横通道风机开启位置	风机 （型号：SDS63T-2P-15） 开启数目
518（右-17-Ⅱ）	2	254、257、260、263、265、268、271、273、276 （服务隧道）	2
521（右-18-Ⅲ）	2		
524（右-19-Ⅱ）	2		
526（右-19-Ⅳ）	2		
529（右-20-Ⅲ）	2		
532（右-21-Ⅱ）	2		
534（右-21-Ⅳ）	2		
538（右-22-Ⅳ）	2		
541（右-23-Ⅱ）	2		

10)控烟分区右-5

当控烟分区右-5发生火灾时,右线隧道内5号竖井排风,其他7个竖井内轴流风机往隧道内送风,控烟分区右-1~右-3、控烟分区右-5射流风机与行车方向相同,控烟分区右-4射流风机与行车方向相反,保证烟气顺利通过5号竖井排出且防止烟气流入控烟分区右-4,其中控烟分区右-5下包含防灾疏散分区右-24~右-30。

以发生火灾的防灾疏散分区(火灾案例为控烟分区右-5的防灾疏散分区右-24~右-30,共24种工况)为依据,通过上述SES软件模拟,得出24种火灾工况、满足风速要求的风机开启位置及开启数目表,其中,控烟分区右-5包括30台SDS112T-4P-37风机,服务隧道包含18台SDS63T-2P-15风机,如表7-33所示。

控烟分区右-5风机开启位置、开启数目 表7-33

主隧道风机开启位置 (分支编号)	风机 (型号:SDS112T-4P-37) 开启数目	服务隧道及横通道风机开启位置	风机 (型号:SDS63T-2P-15) 开启数目
544(右-24-Ⅰ)	2	228、230、233、236、239、241、244、247、251 (服务隧道)	2
545(右-25-Ⅰ)	2		
546(右-25-Ⅱ)	2		
547(右-25-Ⅲ)	2		
548(右-25-Ⅳ)	2		
550(右-26-Ⅰ)	2		
551(右-26-Ⅱ)	2		
554(右-27-Ⅱ)	2		
556(右-27-Ⅳ)	2		
559(右-28-Ⅲ)	2		
560(右-29-Ⅰ)	2		
562(右-29-Ⅲ)	2		
564(右-30-Ⅱ)	2		
565(右-30-Ⅲ)	2		
566(右-30-Ⅳ)	2		

综上所述,由6)~10)可知,右线隧道共包括96台SDS112T-4P-37风机,服务隧道包含82台SDS63T-2P-15风机。

由1)~10)可知,左线隧道共设置96台SDS112T-4P-37风机,右线隧道共设置96台SDS112T-4P-37风机,服务隧道设置82台SDS63T-2P-15风机,左、右线风机具体配置如图7-15~图7-19所示。

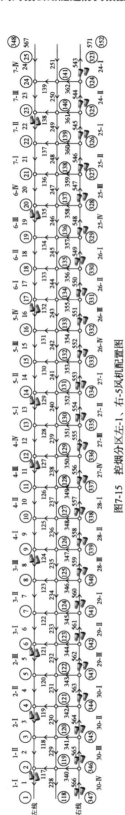

图7-15 控烟分区左-1、右-5风机配置图

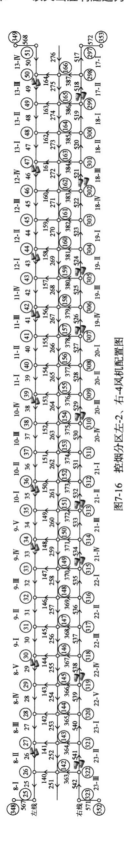

图7-16 控烟分区左-2、右-4风机配置图

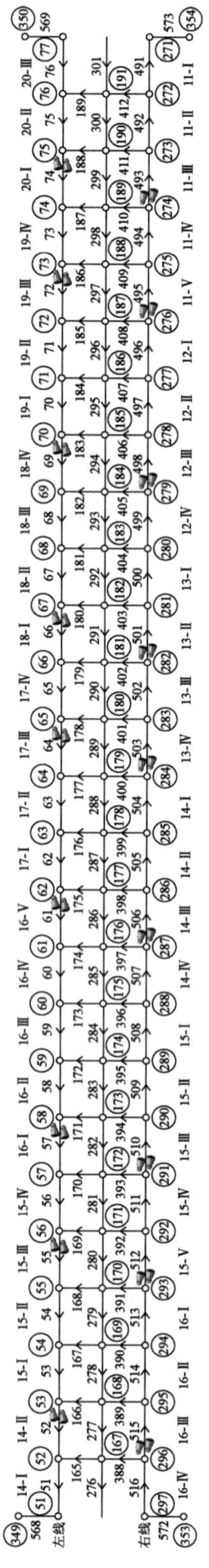

图7-17 控烟分区左-3、右-3风机配置图

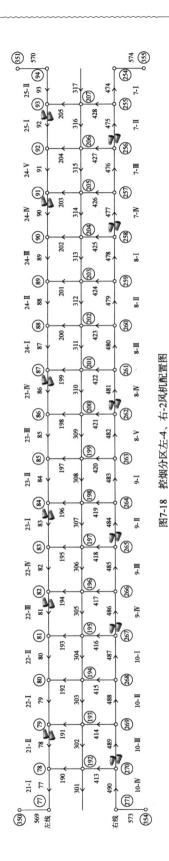

图7-18 控烟分区左-4、右-2风机配置图

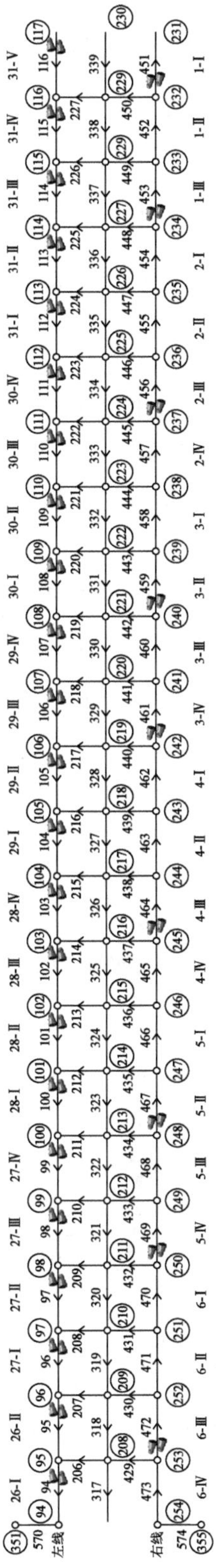

图7-19 控烟分区左-5、右-1风机配置图

7.1.6　隧道防灾风机配置布置方案

隧道中风机组为两个一组,主隧道与服务隧道中风机的布置涉及风机横向布置间距及纵向布置间距的确定。为了得到射流风机的最佳安装位置,拟通过 CFD 数值模拟计算主隧道以及服务隧道风机组不同横向安装间距条件下射流风机的影响范围,最终确定风机的最优横向布置间距和纵向布置间距。

对表 7-6 进行模拟计算,将网格导入 CFD 计算软件 FLUENT 进行迭代计算,模型采用基于压力的求解器,求解 k-ε 双方程湍流模型,速度-压力耦合采用 SIMPLE(Semi-Implicit Method for Pressure-Linked Equation)算法,动量的离散格式采用二阶迎风,其余量采用一阶迎风,计算收敛残差取 1×10^{-4}。对每组风机在不同间距下进行模拟,保持风机高度不变。

1)主隧道风机布置方案

主隧道内不同风机横向安装间距下的风机轴线高度处水平断面的风速云图如图 7-20 所示。

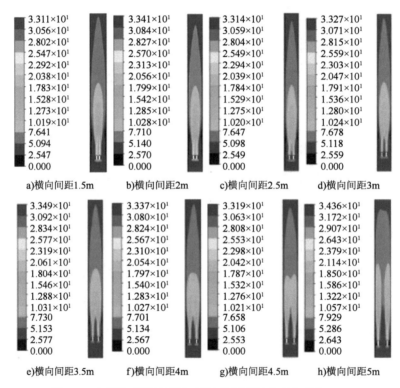

图 7-20　主隧道不同风机横向安装间距下的风速云图(单位:m/s)

由图 7-20 可知,当两台风机横向安装间距为 1.5~3.5m 时,风机前的隧道内风速融合较好,风速分层均匀,射流面光滑;当风机横向安装间距为 4.5~5m 时,风机前隧道内风速可以明显看出未融合在一起,说明两台风机各自运行,工作未达到统一。

(1)射流风机横向布置间距确定。

射流风机通常按两台一组布置,这样两台风机喷射出的气流会相互影响,其基本特征为:

两股射流相互卷吸和干扰,并逐渐因相互吸引而合二为一,最终与隧道内的气流完全混合达到稳定状态。为了减少两股射流之间的相互影响,通常要求两台风机之间具有一定距离。同时,受到隧道内空间的限制,若两台风机之间距离过大,则必然靠近隧道壁,同样会对射流升压效果产生影响。通过计算,得到了主隧道不同横向安装间距下的射流风机升压力折减系数曲线,如图7-21所示。

由图7-21可知,随轴间距的增大,风机效率先增大后减小。两台射流风机之间的横向安装间距在2.5~3.5m时对风机的升压影响较小,当风机轴线之间的横向安装间距小于2m或大于4m时,风机与隧道壁面的间距减小,风机升压力的损失增大。因此,风机横向布置间距可以取2.5~3.5m。

(2)射流风机纵向布置间距确定。

根据射流风机前方的隧道风速及湍流长度的均匀程度来判断射流的长度,其可作为射流风机纵向布置的依据。为了探明隧道内气流速度和湍流强度沿隧道纵向上的分布情况,在主隧道中线上不同高度处设置了3个监测位置,即$h=5.6\text{m}$、$h=3.6\text{m}$和$h=1.6\text{m}$,如图7-22所示。

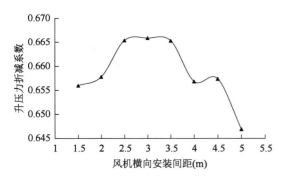

图7-21 射流风机升压力折减系数随轴向
安装间距的变化(主隧道)

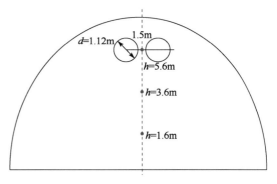

图7-22 主隧道监测点位置示意图

当3个特征点的风速和湍流强度趋于一致时,说明隧道内风速均匀,风流稳定。刚达到稳定时对应的位置与射流风机安装位置之间的距离,即可认为是射流风机的有效射流长度。工程中可参考有效射流长度布置风机。射流风机横向布置间距为2.5m时,主隧道内的风速及湍流强度分布情况如图7-23所示。

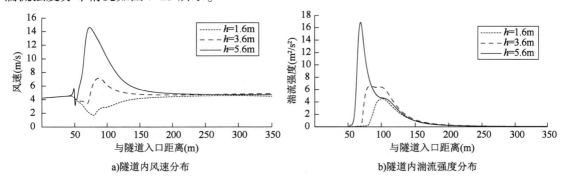

a)隧道内风速分布   b)隧道内湍流强度分布

图7-23 主隧道射流风机横向布置间距2.5m时风速及湍流强度分布

由图7-23可知,当两台风机横向布置间距为2.5m时,两股高速气流在风机出口不远处汇聚,从隧道内气流速度来看,使得射流风机前方225m内的气流速度受到严重影响;从隧道内气流的湍流强度分布来看,射流风机处至前方150m的范围内,具有较大的湍流强度。故此时射流风机的影响范围为150~225m。

射流风机横向布置间距为3m时,主隧道内的风速及湍流强度分布情况如图7-24所示。

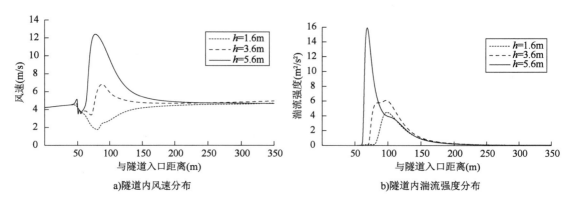

a)隧道内风速分布   b)隧道内湍流强度分布

图7-24　主隧道射流风机横向布置间距3m时风速及湍流强度分布

由图7-24可知,当两台风机横向布置间距为3m时,两股高速气流在风机出口前方较远处汇聚,射流风机对隧道风速的纵向影响范围较大,从隧道内气流速度来看,使得射流风机前方250m内的气流速度受到严重影响;从隧道内气流的湍流强度分布来看,从射流风机处至前方150m的范围内,具有较大的湍流强度。故此时射流风机的影响范围为150~250m。

射流风机横向布置间距为3.5m时,主隧道内的风速及湍流强度分布情况如图7-25所示。

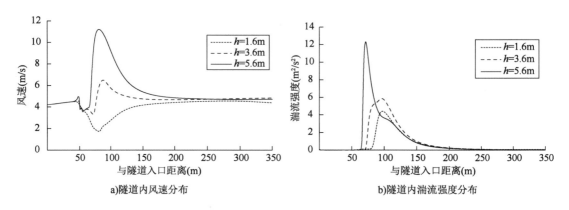

a)隧道内风速分布   b)隧道内湍流强度分布

图7-25　主隧道射流风机横向布置间距3.5m时风速及湍流强度分布

由图7-25可知,当两台风机横向布置间距为3.5m时,两股高速气流在风机出口前方远处汇聚,射流风机对隧道风速的纵向影响范围较大,从隧道内气流速度来看,使得射流风机前方225m内的气流速度受到严重影响;从隧道内气流的湍流强度分布来看,从射流风机处至前方150m的范围内,具有较大的湍流强度。故此时射流风机的影响范围为150~225m。

射流风机横向布置间距为4m时,主隧道内的风速及湍流强度分布情况如图7-26所示。

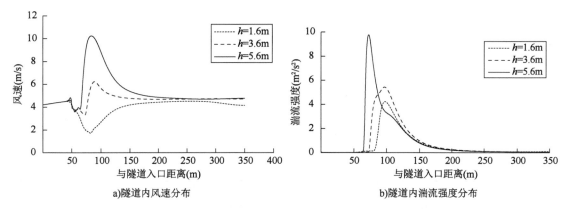

a)隧道内风速分布

b)隧道内湍流强度分布

图7-26 主隧道射流风机横向布置间距4m时风速及湍流强度分布

由图7-26可知,当两台风机横向布置间距为4m时,两股高速气流在风机出口前方远处汇聚,射流风机对隧道风速的纵向影响范围较大,从隧道内气流速度来看,使得射流风机前方200m内的气流速度受到严重影响;从隧道内气流的湍流强度分布来看,从射流风机处至前方150m的范围内,具有较大的湍流强度。故此时射流风机的影响范围约为150m。

综上所述,为了减少风机射流之间的相互影响以及风机射流在隧道壁面的摩阻损失,每组中两台风机的最佳横向布置间距在2.5~3.5m之间。参考隧道内气流速度和湍流强度稳定长度,当风机横向布置间距为3m时,射流风机影响范围最大,为风机前方150~250m。因此,推荐风机的横向布置间距为3m。

2)服务隧道风机布置方案

服务隧道内不同风机横向布置间距下风机轴线高度处水平断面的风速云图如图7-27所示。

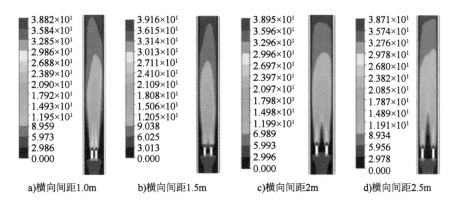

a)横向间距1.0m　　b)横向间距1.5m　　c)横向间距2m　　d)横向间距2.5m

图7-27 服务隧道内不同风机横线布置间距下的风速云图(单位:m/s)

由图7-27可知,当两台风机横向布置间距为1.0~2m时,风机前的隧道内风速融合较好,风速分层均匀,射流面光滑;当风机横向布置间距为2.5m时,风机前隧道内风速可以明显看出未融合在一起,说明两台风机各自运行,工作未达到统一。

(1)射流风机横向布置间距确定。

通过计算,得到不同射流风机横向布置间距下的射流风机升压力折减曲线,如图7-28所示。

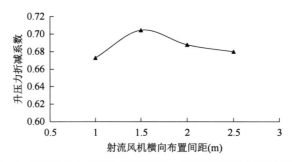

图 7-28　射流风机升压力折减系数随横向布置间距的变化(服务隧道)

由图 7-28 可知,随着横向布置间距的增大,升压力折减系数先增大后减小。风机横向布置间距过小,造成气流相互影响,升压作用不能充分发挥;横向布置间距太大,风机靠近隧道壁,风机的升压力开始降低。因此,服务隧道风机横向布置间距可取 1.5 ~ 2m。

(2)射流风机纵向布置间距确定。

为了探明隧道内气流的速度和湍流强度沿隧道纵向上的分布情况,在服务隧道中线上不同高度处设置了 3 个监测位置,即 $h = 5.02m$、$h = 3.02m$ 和 $h = 1.02m$,如图 7-29 所示。

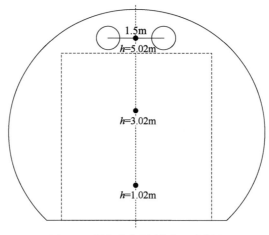

图 7-29　服务隧道监测点位置示意图

射流风机横向布置间距为 1.5m 时,服务隧道内的风速及湍流强度分布情况如图 7-30 所示。

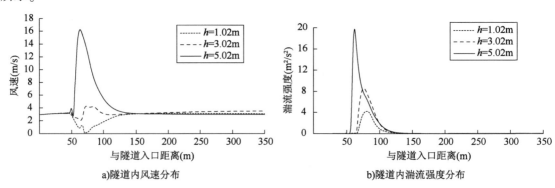

a)隧道内风速分布　　　　　　　　b)隧道内湍流强度分布

图 7-30　服务隧道射流风机横向布置间距 1.5m 时风速及湍流强度分布

由图 7-30 可知,当两台风机横向布置间距为 1.5m 时,两股高速气流在风机出口不远处汇聚,从隧道内气流速度来看,使得射流风机前方 100m 内的气流速度受到严重影响;从隧道内气流的湍流强度分布来看,射流风机处至前方 120m 的范围内,具有较大的湍流强度。故此时射流风机的影响范围为 100 ~ 120m。

射流风机横向布置间距为 2m 时,服务隧道内的风速及湍流强度分布情况如图 7-31 所示。

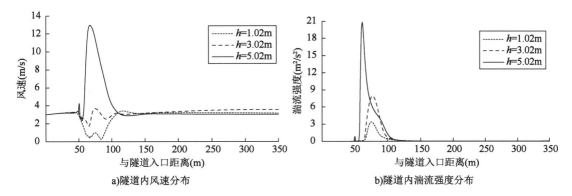

a)隧道内风速分布　　　　　　　　　b)隧道内湍流强度分布

图 7-31　服务隧道射流风机横向布置间距 2m 时风速及湍流强度分布

由图 7-31 可知,当两台风机横向布置间距为 2m 时,两股高速气流在风机出口前方较远处汇聚,射流风机对隧道风速的纵向影响范围较大,从隧道内气流速度来看,使得射流风机前方 100m 内的气流速度受到严重影响;从隧道内气流的湍流强度分布来看,从射流风机处至前方 100m 的范围内,具有较大的湍流强度。故此时射流风机的影响范围约为 100m。

射流风机横向布置间距为 2.5m 时,服务隧道内的风速及湍流强度分布情况如图 7-32 所示。

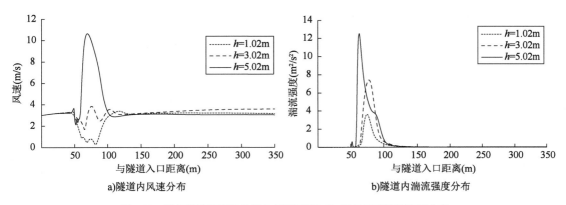

a)隧道内风速分布　　　　　　　　　b)隧道内湍流强度分布

图 7-32　服务隧道射流风机横向布置间距 2.5m 时风速及湍流强度分布

由图 7-32 可知,当两台风机横向布置间距为 2.5m 时,两股高速气流在风机出口前方远处汇聚,射流风机对隧道风速的纵向影响范围较大,从隧道内气流速度来看,使得射流风机前方 80m 内的气流速度受到严重影响;从隧道内气流的湍流强度分布来看,从射流风机处至前方 100m 的范围内,具有较大的湍流强度。故此时射流风机的影响范围为 80 ~ 100m。

综上所述,为了减少风机射流之间的相互影响以及风机射流在隧道壁面的摩阻损失,每组中两台风机的最佳横向布置间距在 1.5 ~ 2m 之间。参考隧道内气流速度和湍流强度稳定长度,当风机横向布置间距为1.5m时,射流风机影响范围最大,为风机前方100~120m。因此,推荐风机的横向布置间距为1.5m。

7.2 天山胜利隧道防灾救援机电设施配置设计

7.2.1 隧道机电设施配置原则

高海拔超长公路隧道防灾救援机电控制设施配置的总原则是,要遵循前期配置、后期完善的方法,所配置设施均根据救援设施的主要功能和结构,以在隧道内发生火灾后人员的疏散安全为出发点,确保事故现场全面控制和人员在疏散过程中有序疏散并且有自救能力。

高海拔公路隧道内部,环境封闭,光线昏暗,疏散人员密集且人车通行复杂,火灾情况下人员疏散时间较短,高海拔环境又严重影响人员运动能力。因此,为有效保障隧道内人员在火灾模式下的安全性,隧道内防灾救援机电控制设施主要考虑人员疏散诱导、消防设施和通风照明设施等方面。

7.2.2 隧道机电设施配置规模

高海拔超长公路隧道火灾烟气毒性大、人员疏散困难,发生火灾后,对人员危害相对较大。为确定天山胜利隧道机电设施配置状况,首先给出天山胜利隧道通车后5年、10年、20年交通量和隧道分级表,由此来确定隧道等级。天山胜利隧道通车后5年、10年、20年的交通量和隧道分级表如表7-34所示。

天山胜利隧道通车后5年、10年、20年的交通量和隧道分级表　　　　表7-34

隧道	隧道长度 (m)	交通量 (5年)	隧道分级 (5年)	交通量 (10年)	隧道分级 (10年)	交通量 (20年)	隧道分级 (20年)
左线隧道	22130	9858	A	22283	A	34624	A
右线隧道	22031.7						
服务隧道	22079.5	—	—	—	—	—	—

为确定天山胜利隧道机电设施配置状况,根据《公路隧道交通工程设计规范》(JTG/T D71—2004)要求,结合天山胜利隧道交通量与其对应的隧道分级情况,确定隧道相应的控制设施配置表,如表7-35所示。

天山胜利隧道的控制设施配置表　　　　表7-35

设施名称		主隧道	服务隧道	设置位置	设置间距	设置高度
中央控制 管理设施	计算机设备		●			
	显示设备		●			
	控制台		●			
监视控制 设施	隧道外摄像机	●	▲	距隧道入、出口外150m		
	隧道内摄像机	●	▲		150m	

续上表

设施名称		主隧道	服务隧道	设置位置	设置间距	设置高度
疏散诱导设施	交通信号灯	●	—	隧道入口汽车联络道前30m		
	车道指示器	●	—	隧道内各车道中心线上方，隧道入、出口及行车横通道处	500m	
	疏散指示标志	●	●	隧道侧墙	50m	1.2m
	疏散指示标线	●	●	隧道沿程及横通道口		
紧急报警设施	火灾探测器	●	—	侧墙单侧	50m	1.3~1.5m
	紧急电话	●	■	侧墙上安全盒	200m	1.5m
	手动报警按钮	●	—	侧墙单侧	50m	1.3~1.5m
紧急警报设备	入口处警报显示板	●		隧道入口前100~200m	150m	1.2~2m
	隧道内警报显示板	●	—	隧道顶部	500m左右	1.2~1.7m
	有线广播	●		侧墙单侧	50m	
	闪光灯、警报灯	●	—	隧道洞外100m,洞内间隔设置	洞内间隔设750m左右	1.5m左右
	音响信号	●	—	侧墙	750m	2.5m左右
火灾消防设施	灭火器	●	●	装在侧墙上设置的安全盒	50m	1.2~1.5m
	给水栓	●		侧墙	50m	1.2m左右
	消火栓	●		隧道洞口,隧道内紧急停车带	500~750m	
	喷水雾装置	●		洞顶和洞侧	5m	洞侧3.7m
通风照明设施	紧急照明设备	●	●	侧墙上方或者吊顶部位		
	紧急电源设备	●	—	隧道侧墙	1000m	

注："●"为必选设施；"■"为应选设施；"▲"为可选设施；"—"为不作要求。

根据《公路隧道设计规范　第二册　交通工程与附属设施》(JTG D70/2—2014),交通监控、紧急呼叫设施、火灾探测报警设施、中央控制管理系统的设计年限不应低于隧道计划通车年后5年,消防灭火设施的设计年限取值不应低于隧道计划通车年后10年。高海拔超长公路隧道的机电设施配置具体内容如下。

1)中央控制管理设施

中央控制管理设施主要包括计算机设备、显示设备和控制台,其具有交通监控、设备监控、电力监控、火灾报警、闭路电视(CCTV)多媒体监视等功能,并支持中控室内多媒体大屏幕综合显示。

(1)计算机设备。计算机设备包括交通控制及监视计算机、通风及照明控制计算机、紧急呼叫计算机、火灾报警及消防控制计算机、服务器及管理计算机,这些计算机之间可以合并、相互备份和切换。

(2)显示设备。显示设备应能够接收隧道内信息,显示隧道内各系统总体布局、报警信息和设备状态。

2)监视控制设施

公路隧道摄像机主要用于监控隧道交通情况,对交通事故及火灾报警等信息给予确认后及时进行救援。隧道外摄像机应能清楚监视洞口全貌和交通状况。隧道内摄像机应能对隧道情况全程监控,在紧急停车带、车行横通道、人行横通道处应增设摄像机,隧道内摄像机采用高清工业摄像机,可以在灾害状态下监视隧道内喷雾灭火和人员、车辆疏散的状况,在平时监视隧道内的交通状况。

3)疏散诱导设施

疏散诱导设施主要包括交通信号灯、车道指示器、疏散指示标志等外场设备。

(1)交通信号灯用于表示隧道的交通运营状况,由红、黄、绿三色灯和左转向箭头灯组成。

(2)车道指示器用于表示隧道内各车道交通的运行状况,由红、绿两色灯组成。

(3)疏散指示标志用于指示该点与洞口、行人横通道、行车横通道的距离与方向,在隧道发生紧急情况时,指示行人、车辆快速离开。疏散指示标志采用电光标志,照明方式为内部照明,单面显示。

4)紧急报警设备

紧急报警设备是按一定间隔安设在隧道内,为隧道中心控制室提供火警或事故信号的一种信号装置,是火灾现场与外界联络的最快通道。隧道紧急报警设施包括火灾探测器、紧急电话和手动报警器。

(1)火灾探测器是为自动地捕捉隧道内发生的火灾,将发生的火灾及其位置向隧道管理所报知的设备。火灾探测器可对火灾发生时热、光、烟任何一项进行检测。火灾探测器有很多种,公路隧道内环境恶劣、湿度大、污染严重,因此建议采用感温探测器,而地下风房和中心控制室建议采用感烟或火焰探测器。隧道内的火灾检测器可以采用分点式和线式布置,其设置在隧道范围内,间距不大于50m,且应单侧布置。感温检测器控制在50℃以上报警。为了能及时发现火灾,火灾探测器应覆盖整条隧道,一旦探测到火灾,则及时采取相应控制措施。火灾探测器为可选设备,其设置在隧道范围内,间距不大于50m,且应单侧布置。

(2)紧急电话是为将隧道内的事态与隧道管理人员等提供联系的专用电话。当隧道内发生交通异常或行车事故时,驾乘人员可通过紧急电话迅速通知隧道管理人员,快速救援;当人员疏散情况危急,出于安全考虑,设置紧急电话可以及时通知控制中心,防止中央控制中心不能及时发现火灾情况。紧急电话在隧道内每200m以内设置,考虑到隧道内的噪声,多为电话亭形式。

(3)手动报警器是事故发生者或发现者手动操作按钮向隧道管理人员等报知事故的装置。考虑到隧道内的环境,手动报警器的选择以构造简单、实用性高为标准。其设置在隧道范围内,间距不大于50m,且应单侧布置。

5)紧急警报设施

紧急警报设施是安设在隧道内和距离隧道洞口一定距离的洞外,指示隧道内车辆和人员疏散信息和通知隧道外车辆隧道内发生事故不能进入的设施。它可直接由火灾现场控制,也可由中心控制室控制。紧急警报设施包括入口处警报显示板、隧道内警报显示板、有线广播、闪光灯、警报灯和音响信号发生器。

(1)入口处警报显示板。入口处警报显示板一般安装在隧道入口前100~200m处,平时可显示各种信号,事故发生时可通知后续车辆停止进洞,有光电式、屏幕式等。

(2)隧道内警报显示板。隧道内警报显示板一般安装在隧道顶部,间距500m左右,平时可显示各种信号,事故发生时可通知隧道内车辆火灾发生位置及火灾后疏散路线。

(3)有线广播。当隧道内发生异常时,需要中央控制室管理人员通过有线广播设施,向隧道内人员发布指令,对车辆及人员进行疏散。因此,有线广播应为超长高海拔公路隧道火灾救援必选设备,在隧道内每隔50m设置一台扬声器,在隧道出、入口及行人横通道、车行横通道处各设一台扬声器。

(4)闪光灯、警报灯。闪光灯、警报灯安装在警报显示板附近,异常情况时,闪烁红色光芒,向驾驶员报警,提醒驾驶员注意看警报显示板。

(5)音响信号发生器。隧道内发生异常时,音响信号发生器便发出警笛等音响信号,引起驾驶员的注意。

6)火灾消防设施

隧道内的火灾消防设施是指隧道内发生火灾时,用于灭火或控制火势的消防设施。火灾消防设施主要包括灭火器、消火栓、给水栓、喷水雾设施。

(1)灭火器。灭火器是小型的消防器具,用于小规模的初期火灾的灭火。灭火器的种类很多,按充装灭火剂的不同可分为卤代烷灭火器、泡沫灭火器、干粉灭火器和二氧化碳灭火器,按使用方式的不同可分为固定式和移动式两类。灭火器在隧道内的设置纵向间距为不大于50m。

(2)消火栓。消火栓是主要的灭火设备,一般配有供消防使用的橡胶软管。消火栓可按每50m设置一个。

(3)给水栓。给水栓是隧道管理人员和消防队员所用的专用设施,其放水量比隧道内消火栓大,设置在装有消火栓隧道的紧急停车带及洞口附近。

(4)喷水雾设施。喷水雾设施是由雨淋阀、喷嘴、管网等组成的自动喷水灭火设施,它可在火灾区域内及两端喷出高压水雾,降低火灾温度和阻隔燃烧供氧,用于控制火势,防止火灾的蔓延。

7)通风照明设施

通风照明设施主要包括紧急照明设施和紧急电源设施。

(1)紧急照明设施是防止隧道内停电时发生危险而设置的能够保证最低照度的照明灯具和电源。高海拔超长公路隧道横通道内光线较昏暗,加之火灾情况下人员内心恐慌,容易造成二次事故,不利于人员疏散。因此,其应设置紧急照明设施。

(2)紧急电源设施是防火灾等紧急情况时,断电或出现电源故障备用电源,通常包括自备发电机和不间断电源,它能确保隧道内的安全设施在任何状态下正常工作。

8)防护门

超长公路隧道在横通道处需设置防护门。防护门要满足火灾模式下,一定时间内的火灾耐高温要求。为探究火灾初期时防护门的温度,建立了隧道防护门火灾燃烧模型,设置火源规模为22MW,考虑最不利工况,即火源正对防护门处,防护门高度2.2m,防护门所用材料为钢,测点设置在门内外两侧的中心处,初始环境温度为20℃。防护门中心点处两侧温升曲线如图7-33所示。

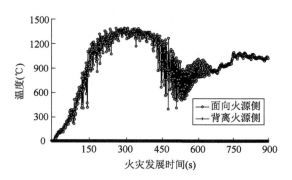

图7-33 防护门中心点处两侧温升曲线

由图7-33可知,在火灾发展初期(15min 内),防护门面向火源一侧温度最高可达到1414℃,火灾热辐射量暂未传递至门背离火源侧(基本保持在22℃)。因此,本项目应采用防火温度高于1414℃的甲级防火门。

第8章

天山胜利隧道防灾救援原则及预案制定

8.1 天山胜利隧道防灾救援原则

天山胜利隧道为超长高海拔公路隧道,防灾的基本原则是考虑高海拔环境对人体的影响以及救援力量能否及时到达,遵循"疏散为主,防救结合"的指导思想,建立相应的疏散救援指挥、机电系统启动等防灾原则。

1) 疏散救援指挥原则

天山胜利隧道的疏散救援指挥应遵循"疏散与救援并重,人车分区分离疏散,人员服务隧道等待救援,车辆疏散及救援力量同步开展"的原则,保证人员与车辆疏散互不干扰,避免二次碰撞伤害。考虑高海拔环境及隧道超长的特点,人员步行驶离隧道难度较大,因此,人员应在服务隧道内等待救援车辆到达。另外,火灾发生后,对火灾隧道内的车辆应迅速组织撤离,防止火灾进一步扩大;同时,场外救援应立即展开,疏散与救援应同步进行。

2) 机电系统启动原则

天山胜利隧道的机电系统启动应遵循"报警系统迅速,供电系统稳定,通信系统通畅,消防系统高效"的分区联动启动原则,及时合理启动防灾系统的各机电系统,达到保护人员安全、减少火灾损失的目的。

此外,防火对策中除了合理设置防火设备、消防设施等硬性措施以外,还要布设合理的照明设备等其他隧道机电设备。此外,应对隧道及其他设施的使用者进行防火安全的社会教育等,如宣传有关隧道火灾危险性的相关知识,使隧道使用者遵守交通法规及隧道的交通管制等相关规定。

8.2 天山胜利隧道救援管理机构及流程

8.2.1 隧道防灾救援体系组成

天山胜利隧道防灾救援体系主要包括预防系统、疏散救援系统、通风排烟系统、信号系统、通信系统、供电系统、通风照明系统、消防系统、指挥控制系统和其他系统,具体如图8-1所示。

8.2.2 突发事件应急处置组织体系

天山胜利隧道突发事件应急处置组织体系,由突发事件应急管理工作领导小组、各应急专业工作组组成。

突发事件应急管理工作领导小组的组长和副组长由公路管理部门领导担任,应急领导小组下设应急救援办公室,由应急救援办公室指挥各应急专业工作组展开救援工作。

应急专业工作组包括疏散指挥工作组、事故救援工作组、治安保卫工作组、医疗救护工作组、事故调查工作组、后勤保障工作组、善后处理工作组、宣传报道工作组等。

必要时,成立现场应急救援指挥部,负责人由突发事件应急管理工作领导小组组长指定,现场基层单位相关人员为成员,指派相关负责人到达现场后,任现场应急救援指挥部负责人,各部门机构配合完成应急救援任务。

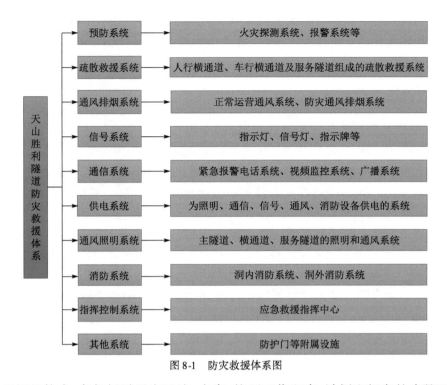

图 8-1　防灾救援体系图

应急组织机构中,各部门需反应迅速、有序,按照工作职责、计划和规定的步骤开展应急救援工作。要按照"集中统一、政令畅通、指挥有力、条块结合、资源共享"的原则,认真负责地开展应急处置工作;各部门成员应服从领导,按照既定预案和现场机动处理的原则积极响应,确保在应对突发公共事件时形成紧密对接、上下贯通、高效有序的应急运行机制。

天山胜利隧道的各工作机构及职责如下:

(1)疏散指挥工作组。在隧道突发事件发生后,根据事故性质和影响范围立即执行交通管制预案并组织实施,划定警戒区域;当发生隧道火灾等严重事故时,应阻止洞外车辆进入洞内,组织疏散洞内的车辆驶离洞外,组织隧道内滞留人员有序疏散和撤离;指挥相关收费站适时关闭或开启车道,以实施交通管制措施,为各类应急救援抢险队伍顺利到达现场提供交通保障。

(2)事故救援工作组。天山胜利隧道事故发生后,全面负责与外界救援力量迅速取得联系,排除交通、通信等困难,协调各方工作,确保消防等外界救援车辆及人员及时到达现场开展救援行动。

(3)治安保卫工作组。防止有火灾隐患车辆进入天山胜利隧道,控制日常运营或应急过程中人员的各种不法行为。

(4)医疗救护工作组。负责事故发生后,受伤人员的抢救及治疗。

(5)事故调查工作组。负责救援结束后,分析事故的原因,总结疏散救援过程中的工作成效,明确事故责任等。

(6)后勤保障工作组。负责水、食物、衣物等后勤保障工作,确保事故后人员的安全并对相关人员进行心理安抚。

（7）善后处理工作。负责事故发生后天山胜利隧道的交通恢复、机电系统检修等工作。

（8）宣传报道工作组。事故发生后，负责新闻稿撰写、事故报道，以及事故发生后相关安全教育宣传等工作。

8.2.3 隧道救援流程研究

天山胜利隧道是我国首条长度超过20km的高海拔特长高速公路隧道，随着隧道长度的增加、海拔的升高，人员疏散强度及救援困难程度也随之增加。为保证火灾情况下人员安全疏散，天山胜利隧道采用两条主隧道之间加设服务隧道的设计理念，疏散与救援同步开展，消防力量尽量在火灾初期（15min内）控制火势发展。隧道发生火灾后，对救援车辆进入方式的具体分析如下：

（1）由于隧道内火灾模式下车辆不允许掉头行驶，火灾隧道上游方向车辆均需要通过横通道进入服务隧道或在非火灾隧道内按原方向行驶。因此，服务隧道内车辆拥挤，救援车辆从服务隧道下游进入火场展开救援。

（2）由于火源至火源上游方向最近的车行横通道道之间有大量弃置车辆。因此，救援车辆如果从火灾隧道上游进入救援，则无法接近火源。

（3）火源下游方向由于火灾造成大量烟气充满整个控烟分区段，因此，救援车辆如果从火灾隧道下游进入，则由于大量火灾烟气，使得救援车辆在火灾烟气中行驶，存在救援风险。

综上分析可知，救援车辆在隧道火灾发生后，可以由非火灾隧道上游或者服务隧道下游进入进行救援。因此，根据救援车辆不同救援路径，提出2个救援方案。

方案一：救援车辆由非火灾隧道上游进入，火灾隧道内的社会车辆由服务隧道疏散驶出。

火源上游火灾疏散区间人员通过最近人行横通道进入中间服务隧道等待救援；火源下游车辆快速驶离隧道，上游车辆由车行横道驶入服务隧道；疏散过程中保证人车分离疏散，即人车不共用一条横通道；消防车和救援车由非火灾隧道上游快速驶达火源位置进行灭火和救援工作。天山胜利隧道救援工作可按图8-2的流程组织实施。

火灾情况下的详细救援顺序如下：

（1）火灾警报响起后，开启全隧道火灾录像；确认火灾发生后，及时向消防部门报警，联系相应单位的专业工作人员赶往现场进行疏散、救援和灭火工作；隧道内通过无线广播发布火灾信息，通知隧道内驾乘人员做好逃离准备。

（2）执行防灾救援预案。隧道外交通信号灯显示红色，表示禁止入内。可变信息标志提示信息变为"隧道火灾，禁止入内"，洞外可变信息标志显示"隧道禁止通行"等警告标语，隧道外联络车道打开，拥堵车辆应掉头择路绕行。隧道外广播发布火灾信息，禁止隧道外车辆进入隧道。

（3）关闭两条隧道入口。火灾下游车辆快速驶出，车道指示器应显示为绿色通行，洞内可变信息标志显示"隧道火灾，尽快疏散"等警告标语，下游区段隧道内通过广播播放"尽快撤离"的通知，下游区域的车行横通道门保持关闭状态，防止下游区域烟雾通过横通道扩散至导洞或另一侧隧道。

（4）开启防灾模式照明系统。火灾隧道全部照明灯开启，火灾上游所有车行横通道及事故防灾分区的人行横通道内照明灯开启，服务隧道待避区段内照明灯开启。

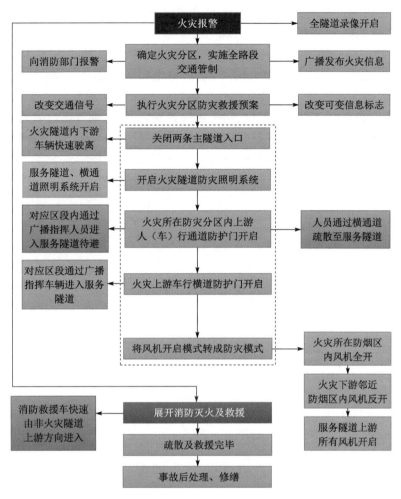

图 8-2　天山胜利隧道防灾救援流程图(方案一)

(5)横通道防护门开启,火灾上游人、车疏散。开启火灾所在防灾分区上游人行横通道防护门,对应区段广播"车辆由最近人行横通道疏散,后进入服务隧道等待救援"。

开启火灾上游所有车行横通道防护门,相应区段广播"车辆由最近车行横通道疏散至服务隧道",救援车辆由非火灾隧道上游方向跟车进入进行救援。车辆疏散及救援路线(以火源发生在左线为例)具体如图 8-3 所示。

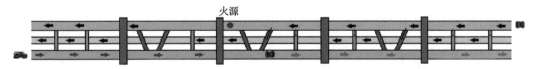

图 8-3　车辆疏散及救援路线示意图

火灾发生后,火灾隧道内下游车辆快速驶离隧道,上游车辆就近由车行横通道驶入服务隧道后快速驶离隧道。救援车辆由非火灾隧道上游方向跟车驶入隧道,到达火源附近后由下游最近的车行横道进入火灾隧道进行灭火救援。由于救援车辆从接警至到达隧道进口还需要准备时间,其间非火灾隧道内车辆已大部分驶离隧道,因此,当救援车辆由非火灾隧道进入后,前方几乎无社会车辆阻挡,不会降低救援效率。

(6)人员疏散(6min)后,风机由运营模式改为防灾模式。按照火灾发生位置确定风机的开启数量和方向,通风的方向与行车方向一致,火源上游风速不小于4m/s,防止火灾烟气逆流;火源下游方向对向送风,使火灾产生的烟气通过距离火灾区域最近的下游竖井排除,防止烟气跨控烟分区。非火灾隧道开启风机,向火灾隧道送风,防止烟气通过横通道蔓延至非火灾隧道。服务隧道开启风机,风向与疏散车辆行驶方向相反。开启隧道内所有的照明系统,以便于救火及人员的逃生。天山胜利隧道防灾通风示意图如图8-4所示。

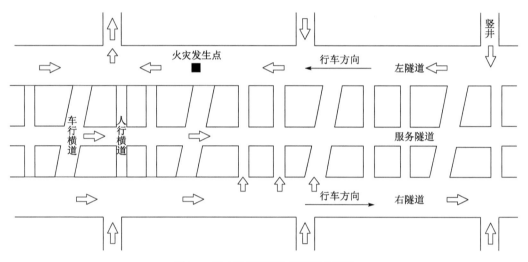

图8-4 天山胜利隧道防灾通风示意图

方案二:救援车辆由服务隧道下游进入,火灾隧道上游社会车辆由非火灾隧道疏散驶出。

火源上游火灾疏散区间人员通过最近的人行横通道进入中间服务隧道等待救援;火源下游车辆快速驶离隧道,上游车辆由车行横通道驶入非火灾隧道;疏散过程中保证人车分离疏散,即人车不共用一条横通道;消防车和救援车由服务隧道快速驶达火源位置进行灭火和救援工作。其中,火灾隧道与非火灾隧道之间设置3处转向通道,可供火灾隧道内车辆高效疏散。

火源下游车辆快速驶离隧道,火源上游无法由车行横道疏散的车辆靠右侧停车,车内人员下车,从就近横通道进入服务隧道内等待救援,其余上游车辆通过前方就近车行横道驶入非火灾隧道,此时非火灾隧道变为双向行驶,根据防烟分区与火源相对位置情况,选择是否由转换通道返回火灾隧道内行驶。选择的原则为:在保障非火灾隧道内行驶最短的前提下,跨越至少一个防烟分区,且保障返回火灾隧道后不受火灾烟气影响。

天山胜利隧道设置了3处转向通道,转向通道连接的主隧道交叉处均进行了行车道加宽,由双车道变为四车道,加宽段长度约为1700m。每条转向通道为了使车辆转弯顺畅,其与主隧道之间夹角为60°。天山胜利隧道转向通道平面设计示意图如图8-5所示,横断面设计示意图如图8-6所示。

天山胜利隧道救援工作可按图8-7的流程组织实施。

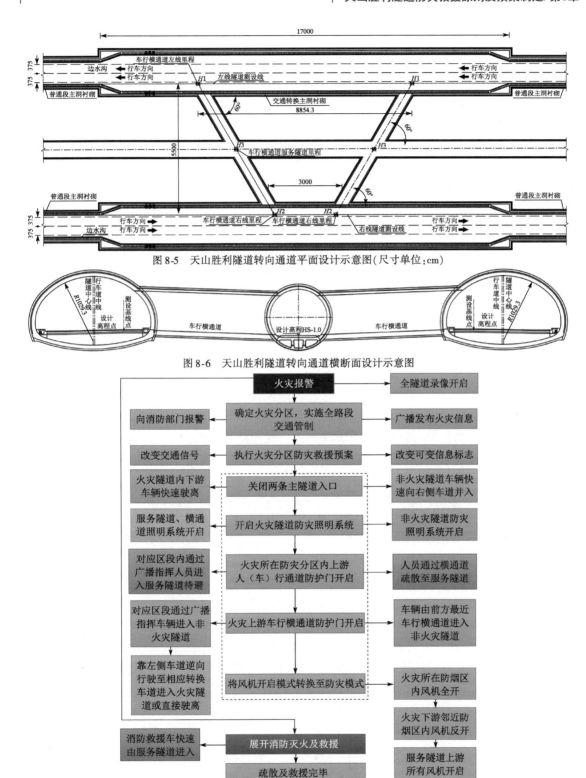

图 8-5 天山胜利隧道转向通道平面设计示意图(尺寸单位:cm)

图 8-6 天山胜利隧道转向通道横断面设计示意图

图 8-7 天山胜利隧道防灾救援流程图(方案二)

开启火灾上游所有车行横通道防护门,相应区段广播"车辆由最近车行横通道疏散至非火灾隧道,后右转逆向行驶",非火灾隧道车辆向右侧并入,火灾隧道车辆进入非火灾隧道后沿着左侧车道逆向行驶,同时行车速度限制在 30km/h 以内,并严禁超车;再依据防烟分区和火源相对位置情况,由转向通道返回火灾隧道疏散或者直接驶离隧道。依据的原则为:在保证返回火灾隧道后不受火灾烟气影响(即在非火灾隧道中行驶距离至少跨越一个防烟分区)的前提下,非火灾隧道中的行驶距离最短,以尽量提高非火灾隧道中车辆疏散效率,降低非火灾隧道中二次事故发生的概率。天山胜利隧道转向通道共 3 处,与风机房的相对位置及间距示意图如图 8-8 所示。依据上述原则,以火源发生在左线为例,车辆疏散模式可分为8 种,具体如图 8-9 ~ 图 8-16 所示。

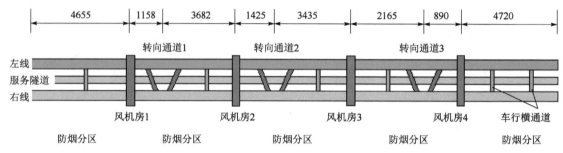

图 8-8 转向通道布置示意(尺寸单位:m)

车辆疏散模式一:当火源在出口和 1 号竖井之间时,下游车辆迅速驶离隧道,上游车辆通过车行横通道和转向车道进入非火灾隧道,非火灾隧道内原车辆向右侧并线行驶,火灾隧道车辆进入后由左线逆向行驶;最后由非火灾隧道入口驶出隧道。救援车辆由服务隧道内进入,在火源下游最近车行横通道进入火灾隧道进行灭火。车辆疏散模式一具体如图 8-9 所示。

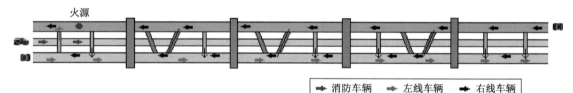

图 8-9 车辆疏散图(模式一)

车辆疏散模式二:当火源在 1 号竖井和 1 号转向通道之间时,烟气由 1 号排烟竖井排出,下游车辆迅速驶离隧道,上游车辆通过车行横通道和转向车道进入非火灾隧道,非火灾隧道内原车辆向右侧并线行驶,火灾隧道车辆进入后由左线逆向行驶;最后由非火灾隧道入口驶出隧道。救援车辆由服务隧道内进入,在火源下游最近车行横通道进入火灾隧道进行灭火。车辆疏散模式二具体如图 8-10 所示。

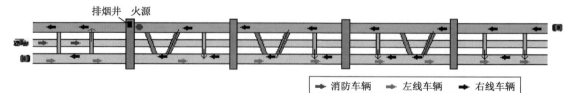

图 8-10 车辆疏散图(模式二)

车辆疏散模式三：当火源在 1 号转向通道和 2 号竖井之间时，烟气由 1 号排烟竖井排出，下游车辆迅速驶离隧道，上游车辆通过车行横通道和转向车道进入非火灾隧道，非火灾隧道内原车辆向右侧并线行驶，火灾隧道车辆进入后由左线逆向行驶；最后由非火灾隧道入口驶出隧道。救援车辆由服务隧道内进入，在火源下游最近车行横通道或转向通道进入火灾隧道进行灭火。车辆疏散模式三具体如图 8-11 所示。

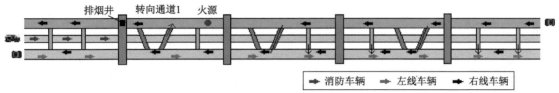

图 8-11　车辆疏散图（模式三）

车辆疏散模式四：当火源在 2 号竖井和 2 号转向通道之间时，烟气由 2 号排烟竖井排出，下游车辆迅速驶离隧道，上游车辆通过车行横通道和转向车道进入非火灾隧道，非火灾隧道内原车辆向右侧并线行驶，火灾隧道车辆进入后由左线逆向行驶，行驶至 1 号转向通道时，再通过 1 号转向通道返回火灾隧道，再由火灾隧道出口驶离隧道，此时火灾烟气由于已通过 2 号排烟竖井排出，再次返回火灾隧道后时，火灾隧道内已无烟气。救援车辆由服务隧道内进入，在火源下游最近车行横通道或转向通道进入火灾隧道进行灭火。车辆疏散模式四具体如图 8-12 所示。

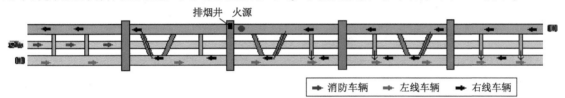

图 8-12　车辆疏散图（模式四）

车辆疏散模式五：当火源在 2 号转向通道和 3 号竖井之间时，烟气由 2 号排烟竖井排出，下游车辆迅速驶离隧道，上游车辆通过车行横通道和转向车道进入非火灾隧道，非火灾隧道内原车辆向右侧并线行驶，火灾隧道车辆进入后由左线逆向行驶，行驶至 1 号转向通道时，再通过 1 号转向通道返回火灾隧道，由火灾隧道出口驶离隧道，此时火灾烟气由于已通过 2 号排烟竖井排出，再次返回火灾隧道后时，火灾隧道内已无烟气。救援车辆由服务隧道内进入，在火源下游最近车行横通道或转向通道进入火灾隧道进行灭火。车辆疏散模式五具体如图 8-13 所示。

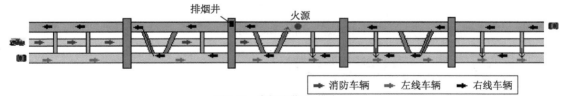

图 8-13　车辆疏散图（模式五）

车辆疏散模式六：当火源在 3 号竖井和 3 号转向通道之间时，烟气由 3 号排烟竖井排出，下游车辆迅速驶离隧道，上游车辆通过车行横通道和转向车道进入非火灾隧道，非火灾隧道内原车辆向右侧并线行驶，火灾隧道车辆进入后由左线逆向行驶，行驶至 2 号转向通道时，再通过 2 号转向通道返回火灾隧道，由火灾隧道出口驶离隧道，此时火灾烟气由于已通过 3 号排烟竖井排出,再次返回火灾隧道后时,火灾隧道内已无烟气。救援车辆由服务隧道内进入,在火源下游最近车行横通道或转向通道进入火灾隧道进行灭火。车辆疏散模式六具体如图 8-14 所示。

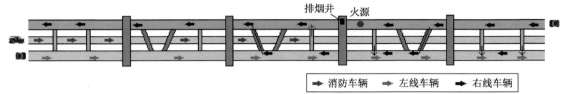

图 8-14　车辆疏散图(模式六)

车辆疏散模式七:当火源在 3 号转向通道和 4 号竖井之间时,烟气由 3 号排烟竖井排出,下游车辆迅速驶离隧道,上游车辆通过车行横通道和转向车道进入非火灾隧道,非火灾隧道内原车辆向右侧并线行驶,火灾隧道车辆进入后由左线逆向行驶,行驶至 2 号转向通道时,再通过 2 号转向通道返回火灾隧道,由火灾隧道出口驶离隧道,此时火灾烟气由于已通过 3 号排烟竖井排出,再次返回火灾隧道后时,火灾隧道内已无烟气。救援车辆由服务隧道内进入,在火源下游最近车行横通道或转向通道进入火灾隧道进行灭火。车辆疏散模式七具体如图 8-15 所示。

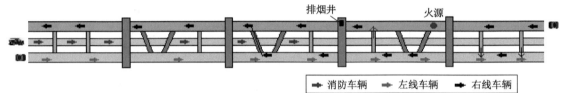

图 8-15　车辆疏散图(模式七)

车辆疏散模式八:当火源在 4 号竖井和隧道入口之间时,烟气由 4 号排烟竖井排出,下游车辆迅速驶离隧道,上游车辆通过车行横通道和转向车道进入非火灾隧道,非火灾隧道内原车辆向右侧并线行驶,火灾隧道车辆进入后由左线逆向行驶,行驶至 3 号转向通道时,再通过 3 号转向通道返回火灾隧道,再由火灾隧道出口驶离隧道,此时火灾烟气由于已通过 4 号排烟竖井排出,再次返回火灾隧道后时,火灾隧道内已无烟气。救援车辆由服务隧道内进入,在火源下游最近车行横通道或转向通道进入火灾隧道进行灭火。车辆疏散模式八具体如图 8-16 所示。

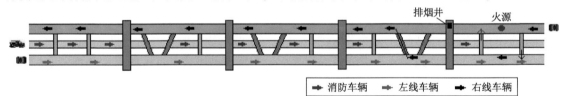

图 8-16　车辆疏散图(模式八)

8.3　天山胜利隧道防灾救援预案研究

8.3.1　隧道防灾预案制定原则

应结合具体隧道的安全等级、通风控制方案和隧道防火区段的划分,并对各区段发生火灾的工况进行研究,给出合理有效的通风、消防、逃生、救援、交通管制方案。因此,隧道防灾预案的制定要符合安全、可行、经济的原则。

　　天山胜利隧道共划分61个防灾分区,因此须制定61个区段的防灾预案,其中左线31个防灾区段,右线30个防灾区段。隧道分区、主隧道、车行横通道及人行横通道标记如图8-17～图8-21所示。其中,"Z_1、…、Z_{31}"表示为左线31个防灾分区,"Y_1、…、Y_{30}"表示为右线30个防灾分区;"S_{Z1-1}、S_{Z1-2}"表示以横通道为划分的左线1号防灾分区中的1号和2号细部分区,用以说明火灾具体位置;"R_{Z1-1}、R_{Z1-2}"表示左线1号防灾分区中的1号和2号人行横通道;"C_{Z2-1}"表示左线2号防灾分区中的1号车行横通道。服务隧道防灾分区按照左线隧道划分,"F_1、…、F_{31}"为服务隧道31个防灾分区。竖井编号示意图如图8-22所示。

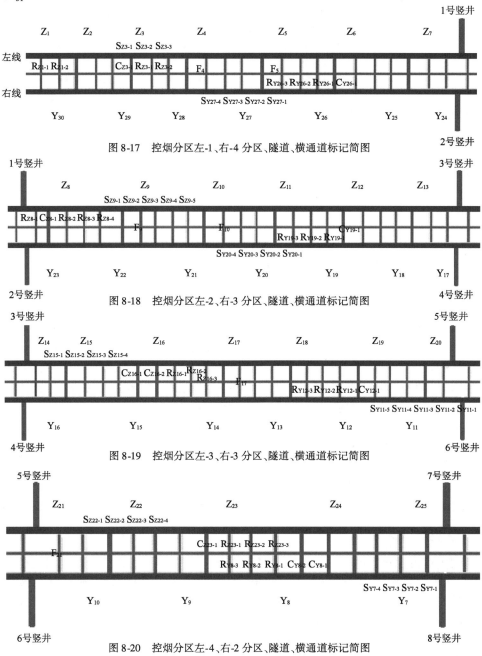

图8-17　控烟分区左-1、右-4分区、隧道、横通道标记简图

图8-18　控烟分区左-2、右-3分区、隧道、横通道标记简图

图8-19　控烟分区左-3、右-3分区、隧道、横通道标记简图

图8-20　控烟分区左-4、右-2分区、隧道、横通道标记简图

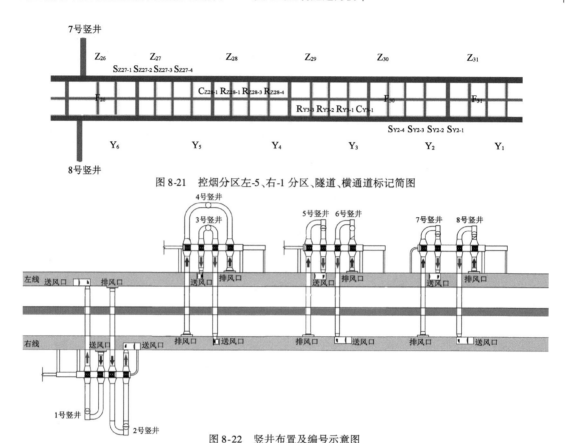

图 8-21　控烟分区左-5、右-1 分区、隧道、横通道标记简图

图 8-22　竖井布置及编号示意图

8.3.2　左线隧道防灾预案

当左线隧道发生火灾时,对左线 30 个防灾分区制订预案,对车行横通道和人行横通道门开启情况、洞外信息标志、洞内信号灯、车辆指示器、隧道内外广播系统、轴流风机及射流风机开启情况进行说明,并对左线 5 个控烟分区发生非火灾事故情况下的车行横通道和人行横通道门开启情况、洞外信息标志、洞内信号灯、车辆指示器、隧道内外广播系统、轴流风机及射流风机开启情况进行说明,左线各分区防灾应急预案如表 8-1 所示。

风机和防护门开启的方案分别以防烟区间和防灾区间作为联动控制区间,具体实施原则为:

(1)火灾所在防烟分区风机全部开启;

(2)火灾下游邻近防烟分区风机反开,其余区段风机按运营模式开启;

(3)火灾上游服务隧道内风机全开,其余区段风机关闭;

(4)火灾所在防灾分区上游横通道全开,火灾上游车行横通道全开,其余横通道关闭。

8.3.3　右线隧道火灾预案

当右线隧道发生火灾时,对右线 30 个防灾分区制订预案,对车行横通道和人行横通道门开启情况、洞外信息标志、洞内信号灯、车辆指示器、隧道内外广播系统、轴流风机及射流风机开启情况进行说明,并对右线 5 个控烟分区下的正常运营情况下的车行横通道和人行横通道门开启情况、洞外信息标志、洞内信号灯、车辆指示器、隧道内外广播系统、轴流风机及射流风机开启情况进行说明。右线各分区防灾应急预案如表 8-2 所示。

表8-1

左线各分区防灾应急预案

防灾分区	事故位置	人行横通道防护门开启	车行横通道防护门开启	洞外信息标志	洞外信号灯	车道指示器	隧道内广播系统	隧道外广播系统	开启风机位置	备注
Z_1	S_{Z1-1}	R_{Z1-1}、R_{Z1-2}	C_{Z2-1}~C_{Z31-1}、C_{Y2-1}~C_{Y30-1}	隧道禁止通行	红色	Z_1~Z_{31}区显示为红色，Y_1~Y_{30}区显示为绿色	Z_1、S_{Z2-1}：人员由最近人行横通道撤离；S_{Z2-2}~Z_{31}：发生火灾，从前方最近车行横通道驶入服务隧道（右线隧道）；Y_1~Y_{30}：发生火灾，迅速驶离隧道	隧道禁止通行	1号送风竖井轴流风机开启2台，其余按照运营工况开启；Z_1~Z_7（入→出）射流风机开启，其余区段按照运营工况开启；F_1~F_{31}射流风机全开	
	S_{Z1-2}	R_{Z1-2}	C_{Z2-1}~C_{Z31-1}、C_{Y2-1}~C_{Y30-1}				S_{Z1-2}、S_{Z2-1}：人员由最近人行横通道撤离；S_{Z2-2}~Z_{31}：发生火灾，从前方最近车行横通道驶入服务隧道（右线隧道）；S_{Z1-1}、Y_1~Y_{30}：发生火灾，迅速驶离隧道			
Z_2	S_{Z2-1}	R_{Z2-1}、R_{Z2-2}	C_{Z3-1}~C_{Z31-1}、C_{Y2-1}~C_{Y30-1}	隧道禁止通行	红色	Z_2~Z_{31}区显示为红色，Z_1、Y_1~Y_{30}区显示为绿色	Z_2、S_{Z3-1}：人员由最近人行横通道撤离；S_{Z3-2}~Z_{31}：发生火灾，从前方最近车行横通道驶入服务隧道（右线隧道）；Z_1、Y_1~Y_{30}：发生火灾，迅速驶离隧道	隧道禁止通行	1号送风竖井轴流风机开启2台，其余按照运营工况开启；Z_1~Z_7（入→出）射流风机开启，其余区段按照运营工况开启；F_2~F_{31}射流风机全开	C_{Z2-1}变为人行横通道
	S_{Z2-2}		C_{Z3-1}~C_{Z31-1}、C_{Y2-1}~C_{Y30-1}				S_{Z2-2}、S_{Z3-1}：人员由最近人行横通道撤离；S_{Z3-2}~Z_{31}：发生火灾，从前方最近车行横通道驶入服务隧道（右线隧道）；Z_1、S_{Z2-1}、Y_1~Y_{30}：发生火灾，迅速驶离隧道			
	S_{Z2-3}	R_{Z2-2}					S_{Z2-3}、S_{Z3-1}：人员由最近人行横通道撤离；S_{Z3-2}~Z_{31}：发生火灾，从前方最近车行横通道驶入服务隧道（右线隧道）；Z_1~S_{Z2-3}、Y_1~Y_{30}：发生火灾，迅速驶离隧道			

续上表

防灾分区	事故位置	人行横通道防护门开启	车行横通道防护门开启	洞外信息标志	洞外信号灯	车道指示器	隧道内广播系统	隧道外广播系统	开启风机位置	备注
Z_3	S_{Z3-1}	R_{Z3-1}、R_{Z3-2}	C_{Z3-1}~C_{Z31-1}、C_{Y2-1}~C_{Y29-1}	隧道禁止通行	红色	Z_3~Z_{31}区显示为红色，Z_1、Z_2、Y_1~Y_{30}区显示为绿色	Z_3、S_{Z4-1}：人员由最近人行横通道撤离；S_{Z4-2}~Z_{31}：人员驶入服务隧道；Z_1、Z_2、Y_1~Y_{30}：发生火灾，迅速驶离隧道	隧道禁止通行	1号送风竖井轴流风机开启2台，其余按照运营工况开启；Z_1~Z_7射流风机（入→出），其余区段按照运营工况开启；F_3~F_{31}射流风机全开	C_{Z4-1}变为人行横通道
	S_{Z3-2}	R_{Z3-2}	C_{Z4-1}~C_{Z31-1}、C_{Y2-1}~C_{Y28-1}				S_{Z3-2}、S_{Z4-1}：人员由最近人行横通道撤离；S_{Z4-2}~Z_{31}：人员驶入服务隧道；Z_1~S_{Z3-1}、Y_1~Y_{30}：发生火灾，迅速驶离隧道			
	S_{Z3-3}		C_{Z4-1}~C_{Z31-1}、C_{Y2-1}~C_{Y28-1}				S_{Z3-3}、S_{Z4-1}：人员由最近人行横通道撤离；S_{Z4-2}~Z_{31}：人员驶入服务隧道；Z_1~S_{Z3-2}、Y_1~Y_{30}：发生火灾，迅速驶离隧道			
Z_4	S_{Z4-1}	R_{Z4-1}~R_{Z4-3}	C_{Z5-1}~C_{Z31-1}、C_{Y2-1}~C_{Y27-1}	隧道禁止通行	红色	Z_4~Z_{31}区显示为红色，Z_1~Z_3、Y_1~Y_{30}区显示为绿色	Z_4、S_{Z5-1}：人员由最近人行横通道撤离；S_{Z5-2}~Z_{31}：人员驶入服务隧道；Z_1~Z_3、Y_1~Y_{30}：发生火灾，迅速驶离隧道	隧道禁止通行	1号送风竖井轴流风机开启2台，其余按照运营工况开启；Z_1~Z_7射流风机（入→出），其余区段按照运营工况开启；F_4~F_{31}射流风机全开	C_{Z4-1}变为人行横通道
	S_{Z4-2}	R_{Z4-2}~R_{Z4-3}					S_{Z4-2}~S_{Z5-1}：人员由最近人行横通道撤离；S_{Z5-2}~Z_{31}：人员驶入服务隧道；Z_1~S_{Z4-1}、Y_1~Y_{30}：发生火灾，迅速驶离隧道			
	S_{Z4-3}						S_{Z4-3}~S_{Z5-1}：人员由最近人行横通道撤离；S_{Z5-2}~Z_{31}：人员驶入服务隧道；Z_1~S_{Z4-2}、Y_1~Y_{30}：发生火灾，迅速驶离隧道			
	S_{Z4-4}	R_{Z4-3}					S_{Z4-4}~S_{Z5-1}：人员由最近人行横通道撤离；S_{Z5-2}~Z_{31}：人员驶入服务隧道；Z_1~S_{Z4-3}、Y_1~Y_{30}：发生火灾，迅速驶离隧道			

续上表

防灾分区	事故位置	人行横通道防护门开启	车行横通道防护门开启	洞外信息标志	洞外信号灯	车道指示器	隧道内广播系统	隧道外广播系统	开启风机位置	备注
Z_5	S_{Z5-1}	$R_{Z5-1}\sim R_{Z5-3}$	$C_{Z5-1}\sim C_{Z31-1}$ $C_{Y2-1}\sim C_{Y27-1}$	隧道禁止通行	红色	$Z_5\sim Z_{31}$区显示为红色，$Z_1\sim Z_4$、$Y_1\sim Y_{30}$区显示为绿色	Z_5、S_{Z6-1}：人员由最近人行横通道撤离；$S_{Z6-2}\sim Z_{31}$：发生火灾，从前方最近车行横通道撤离隧道；$Z_1\sim Z_4$、$Y_1\sim Y_{30}$：发生火灾，迅速驶离隧道	隧道禁止通行	1号送风竖井轴流风机开启2台，其余按照运营工况开启；$Z_1\sim Z_7$射流风机按照段开照（入→出），其余区段运营工况开启；$F_5\sim F_{31}$射流风机全开	C_{Z5-1}变为人行横通道
	S_{Z5-2}						$S_{Z5-2}\sim S_{Z6-1}$：人员由最近人行横通道撤离；$S_{Z6-2}\sim Z_{31}$：发生火灾，从前方最近车行横通道驶入人服务隧道，$Y_1\sim Y_{30}$：火灾，迅速驶离隧道			
	S_{Z5-3}	$R_{Z5-2}\sim R_{Z5-3}$	$C_{Z6-1}\sim C_{Z31-1}$ $C_{Y2-1}\sim C_{Y26-1}$				$S_{Z5-3}\sim S_{Z6-1}$：人员由最近人行横通道撤离；$S_{Z6-2}\sim Z_{31}$：发生火灾，从前方最近车行横通道驶入人服务隧道（右线），$Z_1\sim S_{Z5-2}$、$Y_1\sim Y_{30}$：发生火灾，迅速驶离隧道			
	S_{Z5-4}	R_{Z5-3}					$S_{Z5-4}\sim S_{Z6-1}$：人员由最近人行横通道撤离；$S_{Z6-2}\sim Z_{31}$：发生火灾，从前方最近车行横通道驶入人服务隧道（右线），$Z_1\sim S_{Z5-3}$、$Y_1\sim Y_{30}$：发生火灾，迅速驶离隧道			
Z_6	S_{Z6-1}	$R_{Z6-1}\sim R_{Z6-3}$	$C_{Z6-1}\sim C_{Z31-1}$ $C_{Y2-1}\sim C_{Y26-1}$	隧道禁止通行	红色	$Z_6\sim Z_{31}$区显示为红色，$Z_1\sim Z_5$、$Y_1\sim Y_{30}$区显示为绿色	Z_6、S_{Z7-1}：人员由最近人行横通道撤离；$S_{Z7-2}\sim Z_{31}$：发生火灾，从前方最近车行横通道驶入人服务隧道（右线），$Z_1\sim Z_5$、$Y_1\sim Y_{30}$：发生火灾，迅速驶离隧道	隧道禁止通行	1号送风竖井轴流风机开启2台，其余按照运营工况开启；$Z_1\sim Z_7$射流风机按照段开照（入→出），其余区段运营工况开启；$F_6\sim F_{31}$射流风机全开	C_{Z6-1}变为人行横通道
	S_{Z6-2}		$C_{Z7-1}\sim C_{Z31-1}$ $C_{Y2-1}\sim C_{Y25-1}$				$S_{Z6-2}\sim S_{Z7-1}$：人员由最近人行横通道撤离；$S_{Z7-2}\sim Z_{31}$：发生火灾，从前方最近车行横通道驶入人服务隧道（右线），$Z_1\sim S_{Z6-1}$、$Y_1\sim Y_{30}$：发生火灾，迅速驶离隧道			

续上表

防灾分区	事故位置	人行横通道防护门开启	车行横通道防护门开启	洞外信息标志	洞外信号灯	车道指示器	隧道内广播系统	隧道外广播系统	开启风机位置	备注
Z_6	S_{Z6-3}	R_{Z6-2}、R_{Z6-3}	$C_{Z6-1} \sim C_{Z31-1}$，$C_{Y2-1} \sim C_{Y26-1}$	隧道禁止通行	红色	$Z_6 \sim Z_{31}$ 区显示为红色，$Z_1 \sim Z_5$、$Y_1 \sim Y_{30}$ 区显示为绿色	$S_{Z6-3} \sim S_{Z7-1}$：人员由最近人行横通道撤离；$S_{Z7-1} \sim Z_{31}$：发生火灾，从前方最近车行横通道驶入服务隧道；$Z_1 \sim S_{Z6-2}$、$Y_1 \sim Y_{30}$：发生火灾，迅速驶离隧道	隧道禁止通行	1号送风竖井轴流风机开启2台，其余按照运营工况开启；$Z_1 \sim Z_7$ 射流风机全开（入→出），其余区段按照运营工况开启；$F_6 \sim F_{31}$ 射流风机全开	
	S_{Z6-4}	R_{Z6-3}	$C_{Z7-1} \sim C_{Z31-1}$，$C_{Y2-1} \sim C_{Y25-1}$				S_{Z6-4}、S_{Z7-1}：人员由最近人行横通道撤离；$S_{Z7-2} \sim Z_{31}$：发生火灾，从前方最近车行横通道驶入服务隧道；$Z_1 \sim S_{Z6-3}$、$Y_1 \sim Y_{30}$：发生火灾，迅速驶离隧道			
Z_7	S_{Z7-1}	R_{Z7-1}、R_{Z7-3}	$C_{Z7-1} \sim C_{Z31-1}$，$C_{Y2-1} \sim C_{Y25-1}$	隧道禁止通行	红色	$Z_7 \sim Z_{31}$ 区显示为红色，$Z_1 \sim Z_6$、$Y_1 \sim Y_{30}$ 区显示为绿色	Z_7、S_{Z8-1}：人员由最近人行横通道撤离；$S_{Z8-2} \sim Z_{31}$：发生火灾，从前方最近车行横通道驶入服务隧道；$Z_1 \sim Z_6$、$Y_1 \sim Y_{30}$：发生火灾，迅速驶离隧道	隧道禁止通行	1号送风竖井轴流风机开启2台，其余按照运营工况开启；$Z_1 \sim Z_7$ 射流风机全开（入→出），其余区段按照运营工况开启；$F_7 \sim F_{31}$ 射流风机全开	C_{Z7-1} 变为人行横通道
	S_{Z7-2}		$C_{Z8-1} \sim C_{Z31-1}$，$C_{Y2-1} \sim C_{Y23-1}$				$S_{Z7-2} \sim S_{Z8-2}$：人员由最近人行横通道撤离；$S_{Z8-2} \sim Z_{31}$：发生火灾，从前方最近车行横通道驶入服务隧道；$Z_1 \sim Z_6$、$Y_1 \sim Y_{30}$：发生火灾，迅速驶离隧道			
	S_{Z7-3}	R_{Z7-3}					$S_{Z7-3} \sim S_{Z8-2}$：人员由最近人行横通道撤离；$S_{Z8-2} \sim Z_{31}$：发生火灾，从前方最近车行横通道驶入服务隧道；$Z_1 \sim S_{Z7-2}$、$Y_1 \sim Y_{30}$：发生火灾，迅速驶离隧道			
	S_{Z7-4}	R_{Z7-3}					$S_{Z7-4} \sim S_{Z8-3}$：人员由最近人行横通道撤离；$S_{Z8-3} \sim Z_{31}$：发生火灾，从前方最近车行横通道驶入服务隧道；$Z_1 \sim S_{Z7-3}$、$Y_1 \sim Y_{30}$：发生火灾，迅速驶离隧道			

续上表

防灾分区	事故位置	人行横通道防护门开启	车行横通道防护门开启	洞外信息标志	洞外信号灯	车道指示器	隧道内广播系统	隧道外广播系统	开启风机位置	备注
$Z_1 \sim Z_7$（非火灾）		不开启	不开启	无	绿色	$Z_1 \sim Z_{31}$，$Y_1 \sim Y_{30}$区显示为绿色	无	无	1号送风竖井轴流风机开启2台，其余按照运营工况开启；$Z_1 \sim Z_7$射流风机全开（入→出），其余区段按照运营开启	
Z_8	S_{Z8-1}	R_{Z8-1}	$C_{Z8-1} \sim C_{Z31-1}$，$C_{Y2-1} \sim C_{Y23-1}$	隧道禁止通行	红色	$Z_8 \sim Z_{31}$区显示为红色，$Z_1 \sim Z_7$，$Y_1 \sim Y_{30}$区显示为绿色	Z_8、S_{Z9-1}：人员由最近人行横通道撤离；$S_{Z9-2} \sim Z_{31}$：从前方最近车行横通道驶入服务隧道（右线隧道）；$Z_1 \sim Z_7$，$Y_1 \sim Y_{30}$：发生火灾，迅速驶离隧道	隧道禁止通行	1号送风竖井轴流风机关闭，2号排风竖井风机开启2台，送风竖井风机全开；$Z_8 \sim Z_{13}$射流风机全开（入→出），$Z_1 \sim Z_7$射流风机按照运营工况开启，其余风机全开；$F_8 \sim F_{31}$射流风机全开	C_{Z8-1}变为人行横通道
	S_{Z8-2}	$R_{Z8-2} \sim R_{Z8-4}$					$S_{Z8-2} \sim S_{Z9-1}$：人员由最近人行横通道撤离；$S_{Z9-2} \sim Z_{31}$：发生火灾，从前方最近车行横通道驶入服务隧道（右线隧道）；$Z_1 \sim S_{Z8-1}$，$Y_1 \sim Y_{30}$：发生火灾，迅速驶离隧道			
	S_{Z8-3}	R_{Z8-3}、R_{Z8-4}	$C_{Z9-1} \sim C_{Z31-1}$，$C_{Y2-1} \sim C_{Y22-2}$				$S_{Z8-3} \sim S_{Z9-1}$：人员由最近人行横通道撤离；$S_{Z9-2} \sim Z_{31}$：发生火灾，从前方最近车行横通道驶入服务隧道（右线隧道）；$Z_1 \sim S_{Z8-2}$，$Y_1 \sim Y_{30}$：发生火灾，迅速驶离隧道			
	S_{Z8-4}	R_{Z8-4}					$S_{Z8-4} \sim S_{Z9-1}$：人员由最近人行横通道撤离；$S_{Z9-2} \sim Z_{31}$：发生火灾，从前方最近车行横通道驶入服务隧道（右线隧道）；$Z_1 \sim S_{Z8-3}$，$Y_1 \sim Y_{30}$：发生火灾，迅速驶离隧道			
	S_{Z8-5}	R_{Z8-4}					$S_{Z8-5} \sim S_{Z9-1}$：人员由最近人行横通道撤离；$S_{Z9-2} \sim Z_{31}$：发生火灾，从前方最近车行横通道驶入服务隧道（右线隧道）；$Z_1 \sim S_{Z8-4}$，$Y_1 \sim Y_{30}$：发生火灾，迅速驶离隧道			

续上表

防灾分区	事故位置	人行横通道防护门开启	车行横通道防护门开启	洞外信息标志	洞外信号灯	车道指示器	隧道内广播系统	隧道外广播系统	开启风机位置	备注
Z_9	S_{29-1}	不开启	$C_{29-1} \sim C_{Z31-1}$，$C_{Y2-1} \sim C_{Y22-2}$	隧道禁止通行	红色	$Z_9 \sim Z_{31}$ 显示为红色，$Z_1 \sim Z_8$、$Y_1 \sim Y_{30}$ 区显示为绿色	Z_9、S_{Z10-1}：人员由最近人行横通道撤离；$S_{Z10-2} \sim Z_{31}$：发生火灾，从前方最近车行横通道驶入服务隧道（右线隧道）；$Z_1 \sim Z_8$，$Y_1 \sim Y_{30}$：发生火灾，迅速驶离隧道	隧道禁止通行	1号送风竖井轴流风机关闭，2号排风竖井轴流风机开启2台，3号左线送风竖井轴流风机开启2台，其余按照运营工况开启；$Z_8 \sim Z_{13}$ 射流风机全开（入→人），$Z_1 \sim Z_7$ 射流风机全开（入→出），其余区段按照运营工况开启；$F_9 \sim F_{31}$ 射流风机全开	C_{29-1} 变为人行横通道
	S_{29-2}	$R_{29-1} \sim R_{29-3}$	$C_{29-2} \sim C_{Z31-1}$，$C_{Y2-1} \sim C_{Y22-1}$				$S_{29-2} \sim S_{Z10-1}$：人员由最近人行横通道撤离；$S_{Z10-2} \sim Z_{31}$：发生火灾，从前方最近车行横通道驶入服务隧道（右线隧道）；$Z_1 \sim Z_8$，$Y_1 \sim Y_{30}$：发生火灾，迅速驶离隧道			C_{29-2} 变为人行横通道
	S_{29-3}						$S_{29-3} \sim S_{Z10}$：人员由最近人行横通道撤离；$S_{Z10-2} \sim Z_{31}$：发生火灾，从前方最近车行横通道驶入服务隧道（右线隧道）；$Z_1 \sim Z_8$，$Y_1 \sim Y_{30}$：发生火灾，迅速驶离隧道			
	S_{29-4}	R_{29-2}、R_{29-3}	$C_{Z10-1} \sim C_{Z31-1}$，C_{Y21-1}				$S_{29-4} \sim S_{Z10-1}$：人员由最近人行横通道撤离；$S_{Z10-2} \sim Z_{31}$：发生火灾，从前方最近车行横通道驶入服务隧道（右线隧道）；$Z_1 \sim Z_8$，$Y_1 \sim Y_{30}$：发生火灾，迅速驶离隧道			
	S_{29-5}	R_{29-3}					S_{29-5}、S_{Z10-1}：人员由最近人行横通道撤离；$S_{Z10-2} \sim Z_{31}$：发生火灾，从前方最近车行横通道驶入服务隧道（右线隧道）；$Z_1 \sim Z_8$、$S_{29-4} \sim S_{29-1}$，$Y_1 \sim Y_{30}$：发生火灾，迅速驶离隧道			

续上表

防灾分区	事故位置	人行横通道防护门开启	车行横通道防护门开启	洞外信息标志	洞外信号灯	车道指示器	隧道内广播系统	隧道外广播系统	开启风机位置	备注
Z_{10}	S_{Z10-1}	$R_{Z10-1} \sim R_{Z10-3}$	$C_{Z10-1} \sim C_{Z31-1}$ $C_{Y2-1} \sim C_{Y21-1}$	隧道禁止通行	红色	$Z_{10} \sim Z_{31}$ 区显示为红色, $Z_1 \sim Z_9$、$Y_1 \sim Y_{30}$ 区显示为绿色	S_{Z10}、S_{Z11-1}: 人员由最近人行横通道撤离; $S_{Z11-2} \sim Z_{31}$: 发生火灾, 从前方最近车行横通道驶入服务隧道 (右线隧道); $Z_1 \sim Z_9$、$Y_1 \sim Y_{30}$: 发生火灾, 迅速驶离隧道	隧道禁止通行	1号送风竖井轴流风机关闭, 2号排风竖井轴流风机开启2台, 3号左线送风竖井风机开启2台, 其余按照运营工况开启; $Z_8 \sim Z_{13}$ 射流风机全开 (入→出), $Z_1 \sim Z_7$ 射流风机全开 (出→入), 其余区段风机按照运营工况开启; $F_{10} \sim F_{31}$ 射流风机全开	C_{Z10-1} 变为人行横通道
	S_{Z10-2}	R_{Z10-2}、R_{Z10-3}	$C_{Z11-1} \sim C_{Z31-1}$ $C_{Y2-1} \sim C_{Y20-1}$				$S_{Z10-2} \sim S_{Z11-1}$: 人员由最近人行横通道撤离; $S_{Z11-2} \sim Z_{31}$: 发生火灾, 从前方最近车行横通道驶入服务隧道 (右线隧道); $Z_1 \sim S_{Z10-1}$、$Y_1 \sim Y_{30}$: 发生火灾, 迅速驶离隧道			
	S_{Z10-3}						$S_{Z10-3} \sim S_{Z11-1}$: 人员由最近人行横通道撤离; $S_{Z11-2} \sim Z_{31}$: 发生火灾, 从前方最近车行横通道驶入服务隧道 (右线隧道); $Z_1 \sim S_{Z10-2}$、$Y_1 \sim Y_{30}$: 发生火灾, 迅速驶离隧道			
	S_{Z10-4}	R_{Z10-3}					$S_{Z10-4} \sim S_{Z11-1}$: 人员由最近人行横通道撤离; $S_{Z11-2} \sim Z_{31}$: 发生火灾, 从前方最近车行横通道驶入服务隧道 (右线隧道); $Z_1 \sim S_{Z10-3}$、$Y_1 \sim Y_{30}$: 发生火灾, 迅速驶离隧道			

续上表

防灾分区	事故位置	人行横通道防护门开启	车行横通道防护门开启	洞外信息标志	洞外信号灯	车道指示器	隧道内广播系统	隧道外广播系统	开启风机位置	备注
Z_{11}	S_{Z11-1}	R_{Z11-1} ~ R_{Z11-3}	C_{Z11-1} ~ C_{Z31-1} C_{Y2-1} ~ C_{Y20-1}	隧道禁止通行	红色	Z_{11} ~ Z_{31} 显示为红色，Z_1 ~ Z_{10}、Y_1 ~ Y_{30} 区显示为绿色	Z_{11}、S_{Z12-1}:人员由最近人行横通道撤离；S_{Z12-2} ~ Z_{31}:发生火灾，从前方最近车行横通道驶入服务隧道（右线隧道）；Z_1 ~ Z_{10}、Y_1 ~ Y_{30}:发生火灾，迅速驶离隧道	隧道禁止通行	1号送风竖井轴流风机关闭，2号排风竖井轴流风机开启2台，3号左线轴流送风竖井风机开启2台，其余竖井按照运营工况开启；Z_8 ~ Z_{13} 射流风机全开（人→出），Z_1 ~ Z_7 射流风机全开（出→入），其余区段按照运营工况开启；F_{11} ~ F_{31} 射流风机全开	C_{Z11-1} 变为人行横通道
	S_{Z11-2}	R_{Z11-2} ~ R_{Z11-3}	C_{Z12-1} ~ C_{Z31-1} C_{Y2-1} ~ C_{Y19-1}				S_{Z12-1}:人员由最近人行横通道撤离；S_{Z12-2} ~ Z_{31}:发生火灾，从前方最近车行横通道驶入服务隧道（右线隧道）；Z_1 ~ S_{Z11-1}、Y_1 ~ Y_{30}:发生火灾，迅速驶离隧道			
	S_{Z11-3}	R_{Z11-3}					S_{Z11-3} ~ S_{Z12-1}:人员由最近人行横通道撤离；S_{Z12-2} ~ Z_{31}:发生火灾，从前方最近车行横通道驶入服务隧道（右线隧道）；Z_1 ~ S_{Z11-2}、Y_1 ~ Y_{30}:发生火灾，迅速驶离隧道			
	S_{Z11-4}						S_{Z11-4}、S_{Z12-1}:人员由最近人行横通道撤离；S_{Z12-2} ~ Z_{31}:发生火灾，从前方最近车行横通道驶入服务隧道（右线隧道）；Z_1 ~ S_{Z11-3}、Y_1 ~ Y_{30}:发生火灾，迅速驶离隧道			

续上表

防灾分区	事故位置	人行横通道防护门开启	车行横通道防护门开启	洞外信息标志	洞外信号灯	车道指示器	隧道内广播系统	隧道外广播系统	开启风机位置	备注
Z_{12}	S_{Z12-1}	$R_{Z12-1} \sim R_{Z12-3}$	$C_{Z12-1} \sim C_{Z31-1}$ $C_{Y2-1} \sim C_{Y19-1}$	隧道禁止通行	红色	$Z_{12} \sim Z_{31}$ 区显示为红色，$Z_1 \sim Z_{11}$、$Y_1 \sim Y_{30}$ 区显示为绿色	Z_{12}、S_{Z13-1}：人员由最近人行横通道撤离；$S_{Z13-2} \sim Z_{31}$：发生火灾，从前方最近车行横通道驶入服务隧道（右线隧道）；$Z_1 \sim Z_{11}$、$Y_1 \sim Y_{30}$：发生火灾，迅速驶离隧道	隧道禁止通行	1号送风竖井轴流风机关闭，2号排风竖井轴流风机开启2台，3号左线送风竖井风机开启2台，其余按照运营工况开启；$Z_8 \sim Z_{13}$ 射流风机全开（入→出），$Z_1 \sim Z_7$ 射流风机全开（出→入），其余区段按照运营工况开启；$F_{12} \sim F_{31}$ 射流风机全开	C_{Z12-1} 变为人行横通道
	S_{Z12-2}	R_{Z12-2}、R_{Z12-3}	$C_{Z13-1} \sim C_{Z31-1}$ $C_{Y2-1} \sim C_{Y18-1}$				$S_{Z12-2} \sim S_{Z13-1}$：人员由最近人行横通道撤离；$S_{Z13-2} \sim Z_{31}$：发生火灾，从前方最近车行横通道驶入服务隧道（右线隧道）；$Z_1 \sim S_{Z12-1}$、$Y_1 \sim Y_{30}$：发生火灾，迅速驶离隧道			
	S_{Z12-3}	R_{Z12-3}					$S_{Z12-3} \sim S_{Z13-1}$：人员由最近人行横通道撤离；$S_{Z13-2} \sim Z_{31}$：发生火灾，从前方最近车行横通道驶入服务隧道（右线隧道）；$Z_1 \sim S_{Z12-2}$、$Y_1 \sim Y_{30}$：发生火灾，迅速驶离隧道			
	S_{Z12-4}	R_{Z12-3}					$S_{Z12-4} \sim S_{Z13-1}$：人员由最近人行横通道撤离；$S_{Z13-2} \sim Z_{31}$：发生火灾，从前方最近车行横通道驶入服务隧道（右线隧道）；$Z_1 \sim S_{Z12-3}$、$Y_1 \sim Y_{30}$：发生火灾，迅速驶离隧道			

续上表

防灾分区	事故位置	人行横通道防护门开启	车行横通道防护门开启	洞外信息标志	洞外信号灯	车道指示器	隧道内广播系统	隧道外广播系统	开启风机位置	备注
Z_{13}	S_{Z13-1}	$R_{Z13-1} \sim R_{Z14-2}$	$C_{Z13-1} \sim C_{Z31-1}$，$C_{Y2-1} \sim C_{Y18-1}$	隧道禁止通行	红色	$Z_{13} \sim Z_{31}$ 区显示为红色，$Z_1 \sim Z_{12}$、$Y_1 \sim Y_{30}$ 区显示为绿色	$Z_{13} \sim S_{Z15-1}$：人员由最近人行横通道撤离；$S_{Z13-2} \sim Z_{31}$：发生火灾，从前方最近车行横通道驶入服务隧道（右线隧道）；$Z_1 \sim Z_{12}$、$Y_1 \sim Y_{30}$：发生火灾，迅速驶离隧道	隧道禁止通行	1号送风竖井轴流风机关闭，2号排风竖井轴流风机开启2台，3号左线送风竖井风机开启2台，其余按照运营工况开启；$Z_8 \sim Z_{13}$ 射流风机全开（入→出），$Z_1 \sim Z_7$ 射流风机全开（出→入），其余区段按照运营工况开启；$F_{13} \sim F_{31}$ 射流风机全开	C_{Z13-1} 变为人行横通道
	S_{Z13-2}	$R_{Z13-2} \sim R_{Z14-2}$					$S_{Z13-2} \sim S_{Z15-1}$：人员由最近人行横通道撤离；$S_{Z13-2} \sim Z_{31}$：发生火灾，从前方最近车行横通道驶入服务隧道（右线隧道）；$Z_1 \sim S_{Z13-1}$、$Y_1 \sim Y_{30}$：发生火灾，迅速驶离隧道			
	S_{Z13-3}		$C_{Z15-1} \sim C_{Z31-1}$，$C_{Y2-1} \sim C_{Y16-1}$				$S_{Z13-3} \sim S_{Z15-1}$：人员由最近人行横通道撤离；$S_{Z13-2} \sim Z_{31}$：发生火灾，从前方最近车行横通道驶入服务隧道（右线隧道）；$Z_1 \sim S_{Z13-2}$、$Y_1 \sim Y_{30}$：发生火灾，迅速驶离隧道			
	S_{Z13-4}	$R_{Z14-1} \sim R_{Z14-2}$					$S_{Z13-4} \sim S_{Z15-1}$：人员由最近人行横通道撤离；$S_{Z13-2} \sim Z_{31}$：发生火灾，从前方最近车行横通道驶入服务隧道（右线隧道）；$Z_1 \sim S_{Z13-3}$、$Y_1 \sim Y_{30}$：发生火灾，迅速驶离隧道			

续上表

防灾分区	事故位置	人行横通道防护门开启	车行横通道防护门开启	洞外信息标志	洞外信号灯	车道指示器	隧道内广播系统	隧道外广播系统	开启风机位置	备注
$Z_8 \sim Z_{13}$（非火灾）		不开启	不开启	无	绿色	$Z_1 \sim Z_{31}$、$Y_1 \sim Y_{30}$ 区显示为绿色	无	无	2号排风竖井轴流风机开启2台，3号左线送风竖井风机开启2台，其余按照运营工况开启；$Z_8 \sim Z_{13}$ 射流风机全开（入→出），其余区段按照运营工况开启	
Z_{14}	$S_{Z14\text{-}1}$	$R_{Z14\text{-}1}$、$R_{Z14\text{-}2}$	$C_{Z15\text{-}1} \sim C_{Z31\text{-}1}$、$C_{Y2\text{-}1} \sim C_{Y16\text{-}1}$	隧道禁止通行	红色	$Z_{14} \sim Z_{31}$ 区显示为红色，$Z_1 \sim Z_{13}$、$Y_1 \sim Y_{30}$ 区显示为绿色	Z_{14}、$S_{Z15\text{-}1}$：人员由最近人行横通道撤离，$S_{Z15\text{-}2} \sim Z_{31}$：发生火灾，从前方最近车行横通道驶入服务隧道（右线隧道）；$Z_1 \sim Z_{13}$、$Y_1 \sim Y_{30}$：发生火灾，迅速驶离隧道	隧道禁止通行	1号送风竖井轴流风机供风变向，2号排风，3号送风竖井风机关闭，4号左线排风竖井轴流风机开启2台，5号送风竖井轴流风机开启2台，其余按照运营工况开启；$Z_{14} \sim Z_{20}$ 射流风机全开（入→出），$Z_8 \sim Z_{13}$ 射流风机全开，其余区段运营工况开启；$F_{14} \sim F_{31}$ 射流风机全开	
	$S_{Z14\text{-}2}$	$R_{Z14\text{-}2}$					$S_{Z14\text{-}2}$、$Z_{15\text{-}1}$：人员由最近人行横通道撤离，$S_{Z15\text{-}2} \sim Z_{31}$：发生火灾，从前方最近车行横通道驶入服务隧道（右线隧道）；$S_{Z14\text{-}1}$、$Y_1 \sim Y_{30}$：发生火灾，迅速驶离隧道			

续上表

防灾分区	事故位置	人行横通道防护门开启	车行横通道防护门开启	洞外信息标志	洞外信号灯	车道指示器	隧道内广播系统	隧道外广播系统	开启风机位置	备注
Z_{15}	S_{Z15-1}	R_{Z15-1} ~ R_{Z15-3}	C_{Z15-1} ~ C_{Z31-1} C_{Y2-1} ~ C_{Y16-1}	隧道禁止通行	红色	Z_{15} ~ Z_{31} 区显示为红色，Z_1 ~ Z_{14}、Y_1 ~ Y_{30} 区显示绿色	Z_{15}、S_{Z16-1}：人员由最近人行横通道撤离；S_{Z16-2} ~ Z_{31}：发生火灾，从前方最近车行横通道驶入服务隧道（右线隧道）Z_1 ~ Z_{14}、Y_1 ~ Y_{30}：发生火灾，迅速驶离隧道	隧道禁止通行	1号送风竖井轴流风机供风变向，2号排风、3号送风竖井排风机关闭，4号左线排风竖井风机开启2台，5号送风竖井轴流风机开启2台，其余按照运营工况开启；Z_{14} ~ Z_{20} 射流风机全开（人→出），Z_8 ~ Z_{13} 射流风机全开（出→人），其余区段按照运营工况开启；F_{15} ~ F_{31} 射流风机全开	C_{Z15-1} 变为人行横通道
	S_{Z15-2}	R_{Z15-2}、R_{Z15-3}	C_{Z16-1} ~ C_{Z31-1} C_{Y2-1} ~ C_{Y15-2}				S_{Z15-2} ~ S_{Z16-1}：人员由最近人行横通道撤离；S_{Z16-2} ~ Z_{31}：发生火灾，从前方最近车行横通道驶入服务隧道（右线隧道）Z_1 ~ S_{Z15-1}、Y_1 ~ Y_{30}：发生火灾，迅速驶离隧道			
	S_{Z15-3}	R_{Z15-3}					S_{Z15-3} ~ S_{Z16-1}：人员由最近人行横通道撤离；S_{Z16-2} ~ Z_{31}：发生火灾，从前方最近车行横通道驶入服务隧道（右线隧道）Z_1 ~ S_{Z15-2}、Y_1 ~ Y_{30}：发生火灾，迅速驶离隧道			
	S_{Z15-4}	R_{Z15-3}					S_{Z15-4} ~ S_{Z16-1}：人员由最近人行横通道撤离；S_{Z16-2} ~ Z_{31}：发生火灾，从前方最近车行横通道驶入服务隧道（右线隧道）Z_1 ~ S_{Z15-3}、Y_1 ~ Y_{30}：发生火灾，迅速驶离隧道			

续上表

防灾分区	事故位置	人行横通道防护门开启	车行横通道防护门开启	洞外信息标志	洞外信号灯	车道指示器	隧道内广播系统	隧道外广播系统	开启风机位置	备注
Z_{16}	S_{Z16-1}	不开启	C_{Z16-1} ~ C_{Y2-1} ~ C_{Y15-2}				S_{Z16-1}、S_{Z16-3}：人员由最近人行横通道撤离；S_{Z16-2} ~ Z_{31}：发生火灾，从前方最近车行横通道驶入服务隧道（右线隧道）；Z_1 ~ Z_{15}、Y_1 ~ Y_{30}：发生火灾，迅速驶离隧道			C_{Z16-1}变为人行横通道
	S_{Z16-2}	R_{Z16-1}、R_{Z16-3}	C_{Z16-2} ~ C_{Z31-1}、C_{Y2-1} ~ C_{Y15-1}				S_{Z16-2} ~ S_{Z17-1}：人员由最近人行横通道撤离；S_{Z17-2} ~ Z_{31}：发生火灾，从前方最近车行横通道驶入服务隧道（右线隧道）；Z_1 ~ S_{Z16-1}、Y_1 ~ Y_{30}：发生火灾，迅速驶离隧道			C_{Z16-2}变为人行横通道
	S_{Z16-3}	R_{Z16-3}		隧道禁止通行	红色	Z_{16} ~ Z_{31} 区显示为红色，Z_1 ~ Z_{15}、Y_1 ~ Y_{30} 区显示为绿色	S_{Z16-3} ~ S_{Z17-1}：人员由最近人行横通道撤离；S_{Z17-2} ~ Z_{31}：发生火灾，从前方最近车行横通道驶入服务隧道（右线隧道）；Z_1 ~ S_{Z16-2}、Y_1 ~ Y_{30}：发生火灾，迅速驶离隧道	隧道禁止通行	1号送风竖井轴流风机供风变向，2号排风，3号送风竖井排风风机关闭，4号左线排风竖井风机关闭，开启2号、5号送风竖井轴流风机开启2台，其余排风竖井风机全开；Z_{14}（人→出），Z_8（出→入），其余区段按照运营工况开启；Z_{14} ~ Z_{20} 射流风机全开（出→入），其余区段按照运营工况开启；F_{16} ~ F_{31} 射流风机全开	
	S_{Z16-4}	R_{Z16-2}、R_{Z16-3}					S_{Z16-4} ~ S_{Z17-1}：人员由最近人行横通道撤离；S_{Z17-2} ~ Z_{31}：发生火灾，从前方最近车行横通道驶入服务隧道（右线隧道）；Z_1 ~ S_{Z16-3}、Y_1 ~ Y_{30}：发生火灾，迅速驶离隧道			
	S_{Z16-5}	R_{Z16-3}					S_{Z16-5} ~ S_{Z17-1}：人员由最近人行横通道撤离；S_{Z17-2} ~ Z_{31}：发生火灾，从前方最近车行横通道驶入服务隧道（右线隧道）；Z_1 ~ S_{Z16-4}、Y_1 ~ Y_{30}：发生火灾，迅速驶离隧道			

续上表

防灾分区	事故位置	人行横通道防护门开启	车行横通道防护门开启	洞外信息标志	洞外信号灯	车道指示器	隧道内广播系统	隧道外广播系统	开启风机位置	备注
Z_{17}	S_{Z17-1}	$R_{Z17-1} \sim R_{Z17-3}$	$C_{Z17-1} \sim C_{Z31-1}$、$C_{Y2-1} \sim C_{Y14-1}$	隧道禁止通行	红色	$Z_{17} \sim Z_{31}$区显示为红色，$Z_1 \sim Z_{16}$、$Y_1 \sim Y_{30}$区显示为绿色	Z_{17}、S_{Z18-1}：人员由最近人行横通道撤离；$S_{Z18-2} \sim Z_{31}$：发生火灾，从前方最近车行横通道驶入服务隧道（右线隧道）；$Z_1 \sim Z_{16}$、$Y_1 \sim Y_{30}$：发生火灾，迅速驶离隧道	隧道禁止通行	1号送风竖井轴流风机供风变向，2号排风、3号送风竖井排风机关闭，4号左线排风竖井风机开启2台，5号送风竖井轴流风机开启2台，其余按照运营工况开启；$Z_{14} \sim Z_{20}$射流风机全开（入→出），$Z_8 \sim Z_{13}$射流风机全开（出→入），其余区段按照运营工况开启；$F_{17} \sim F_{31}$射流风机全开	C_{Z17-1}变为人行横通道
	S_{Z17-2}	R_{Z17-2}、R_{Z17-3}					$S_{Z17-2} \sim Z_{31}$：人员由最近人行横通道撤离；$S_{Z18-2} \sim Z_{31}$：发生火灾，从前方最近车行横通道驶入服务隧道（右线隧道）；$Z_1 \sim S_{Z17-1}$、$Y_1 \sim Y_{30}$：发生火灾，迅速驶离隧道			
	S_{Z17-3}	R_{Z17-2}、R_{Z17-3}	$C_{Z18-1} \sim C_{Z31-1}$、$C_{Y2-1} \sim C_{Y13-1}$				$S_{Z17-3} \sim Z_{31}$：人员由最近人行横通道撤离；$S_{Z18-2} \sim Z_{31}$：发生火灾，从前方最近车行横通道驶入服务隧道（右线隧道）；$Z_1 \sim S_{Z17-2}$、$Y_1 \sim Y_{30}$：发生火灾，迅速驶离隧道			
	S_{Z17-4}	R_{Z17-3}					$S_{Z17-4} \sim Z_{31}$：人员由最近人行横通道撤离；$S_{Z18-2} \sim Z_{31}$：发生火灾，从前方最近车行横通道驶入服务隧道（右线隧道）；$Z_1 \sim S_{Z17-3}$、$Y_1 \sim Y_{30}$：发生火灾，迅速驶离隧道			

续上表

防灾分区	事故位置	人行横通道防护门开启	车行横通道防护门开启	洞外信息标志	洞外信号灯	车道指示器	隧道内广播系统	隧道外广播系统	开启风机位置	备注
Z_{18}	S_{Z18-1}	$R_{Z18-1} \sim R_{Z18-3}$	$C_{Z18-1} \sim C_{Z31-1}$、$C_{Y2-1} \sim C_{Y13-1}$	隧道禁止通行	红色	$Z_{18} \sim Z_{31}$ 区显示为红色，$Z_1 \sim Z_{17}$、Y_{30} 区显示为绿色	Z_{18}、S_{Z19-1}：人员由最近人行横通道撤离；$S_{Z19-2} \sim Z_{31}$：发生火灾，从前方最近车行横通道驶入服务隧道（右线隧道）；$Z_1 \sim Z_{17}$、$Y_1 \sim Y_{30}$：发生火灾，迅速驶离隧道	隧道禁止通行	1号送风竖井轴流风机供风变向，2号排风竖井排风关闭，3号送风竖井风机关闭，4号左线排风竖井风机开启2台，5号送风竖井轴流风机开启2台，其余按照运营工况开启；$Z_{14} \sim Z_{20}$ 射流风机全开（人→出），$Z_8 \sim Z_{13}$ 射流风机全开（出→人），其余区段按照运营工况开启；$F_{18} \sim F_{31}$ 射流风机全开	C_{Z18-1} 变为人行横通道
	S_{Z18-2}	R_{Z18-2}、R_{Z18-3}	$C_{Z19-1} \sim C_{Z31-1}$、$C_{Y2-1} \sim C_{Y12-1}$				$S_{Z18-2} \sim S_{Z19-1}$：人员由最近人行横通道撤离；$S_{Z19-2} \sim Z_{31}$：发生火灾，从前方最近车行横通道驶入服务隧道（右线隧道）；$Z_1 \sim S_{Z18-1}$、$Y_1 \sim Y_{30}$：发生火灾，迅速驶离隧道			
	S_{Z18-3}	R_{Z18-3}					$S_{Z18-3} \sim S_{Z19-1}$：人员由最近人行横通道撤离；$S_{Z19-2} \sim Z_{31}$：发生火灾，从前方最近车行横通道驶入服务隧道（右线隧道）；$Z_1 \sim S_{Z18-2}$、$Y_1 \sim Y_{30}$：发生火灾，迅速驶离隧道			
	S_{Z18-4}	R_{Z18-3}					$S_{Z18-4} \sim S_{Z19-1}$：人员由最近人行横通道撤离；$S_{Z19-2} \sim Z_{31}$：发生火灾，从前方最近车行横通道驶入服务隧道（右线隧道）；$Z_1 \sim S_{Z18-3}$、$Y_1 \sim Y_{30}$：发生火灾，迅速驶离隧道			

续上表

防灾分区	事故位置	人行横通道防护门开启	车行横通道防护门开启	洞外信息标志	洞外信号灯	车道指示器	隧道内广播系统	隧道外广播系统	开启风机位置	备注
Z_{19}	S_{Z19-1}	$R_{Z19-1} \sim R_{Z19-3}$	$C_{Z19-1} \sim C_{Z31-1}$ $C_{Y2-1} \sim C_{Y12-1}$	隧道禁止通行	红色	$Z_{19} \sim Z_{31}$、$Y_1 \sim Y_{18}$ 区显示为红色，$Z_1 \sim$、Y_{30} 区显示为绿色	Z_{19}、S_{Z20-1}：人员由最近人行横通道撤离；$S_{Z20-2} \sim Z_{31}$：发生火灾，从前方最近车行横通道驶入服务隧道（右线隧道）；$Z_1 \sim Z_{18}$，$Y_1 \sim Y_{30}$：发生火灾，迅速驶离隧道	隧道禁止通行	1号送风竖井轴流风机供风变向，2号排风，3号送风竖井排风机关闭，4号左线排风竖井风机开启2台，5号送风竖井轴流风机开启2台，其余按照运营工况开启；$Z_{14} \sim Z_{20}$ 射流风机全开（人→出），$Z_8 \sim Z_{13}$ 射流风机全开（出→人），其余区段按照运营工况开启；$F_{19} \sim F_{31}$ 射流风机全开	C_{Z19-1} 变为人行横通道
	S_{Z19-2}	R_{Z19-2}，R_{Z19-3}	$C_{Z20-1} \sim C_{Z31-1}$ $C_{Y2-1} \sim C_{Y11-1}$				$S_{Z19-2} \sim S_{Z20-1}$：人员由最近人行横通道撤离；$S_{Z20-2} \sim Z_{31}$：发生火灾，从前方最近车行横通道驶入服务隧道（右线隧道）；$Z_1 \sim S_{Z19-1}$，$Y_1 \sim Y_{30}$：发生火灾，迅速驶离隧道			
	S_{Z19-3}	R_{Z19-2}，R_{Z19-3}					$S_{Z19-3} \sim S_{Z20-1}$：人员由最近人行横通道撤离；$S_{Z20-2} \sim Z_{31}$：发生火灾，从前方最近车行横通道驶入服务隧道（右线隧道）；$Z_1 \sim S_{Z19-2}$，$Y_1 \sim Y_{30}$：发生火灾，迅速驶离隧道			
	S_{Z19-4}	R_{Z19-3}					$S_{Z19-4} \sim S_{Z20-1}$：人员由最近人行横通道撤离；$S_{Z20-2} \sim Z_{31}$：发生火灾，从前方最近车行横通道驶入服务隧道（右线隧道）；$Z_1 \sim S_{Z19-3}$，$Y_1 \sim Y_{30}$：发生火灾，迅速驶离隧道			

续上表

防灾分区	事故位置	人行横通道防护门开启	车行横通道防护门开启	洞外信息标志	洞外信号灯	车道指示器	隧道内广播系统	隧道外广播系统	开启风机位置	备注
Z20	S_{Z20-1}	R_{Z20-1} ~ R_{Z21-2}	C_{Z20-1} ~ C_{Z31-1}	隧道禁止通行	红色	Z_{20} ~ Z_{31} 区显示为红色，Z_1 ~ Z_{19}、Y_1 ~ Y_{30} 区显示为绿色	Z_{20} ~ S_{Z22-1}：人员由最近人行横通道撤离；S_{Z22-2} ~ Z_{31}：发生火灾，从前方最近车行横通道驶入服务隧道（右线隧道）；Z_1 ~ Z_{19}、Y_1 ~ Y_{30}：发生火灾，迅速驶离隧道	隧道禁止通行	1号送风竖井轴流风机供风变向，2号排风，3号送风竖井排风机关闭，4号左线排风竖井风机开启2台，5号送风竖井轴流风机开启2台，其余按照运营工况开启；Z_{14} ~ Z_{20} 射流风机全开，Z_8 ~ Z_{13} 射流风机全开（出→入），其余区段按照运营工况开启；F_{20} ~ F_{31} 射流风机全开	C_{Z20-1} 变为人行横通道
	S_{Z20-2}						S_{Z20-2} ~ S_{Z21-1}：人员由最近人行横通道撤离；S_{Z21-2} ~ Z_{31}：发生火灾，从前方最近车行横通道驶入服务隧道（右线隧道）；Z_1 ~ S_{Z20-1}、Y_1 ~ Y_{30}：发生火灾，迅速驶离隧道			
	S_{Z20-3}	R_{Z21-1}、R_{Z21-2}	C_{Y2-1} ~ C_{Y11-1} C_{Z22-1} ~ C_{Z31-1} C_{Y2-1} ~ C_{Y10-1}				S_{Z20-3} ~ S_{Z22-1}：人员由最近人行横通道撤离；S_{Z22-2} ~ Z_{31}：发生火灾，从前方最近车行横通道驶入服务隧道（右线隧道）；Z_1 ~ S_{Z20-2}、Y_1 ~ Y_{30}：发生火灾，迅速驶离隧道			

续上表

防灾分区	事故位置	人行横通道防护门开启	车行横通道防护门开启	洞外信息标志	洞外信号灯	车道指示器	隧道内广播系统	隧道外广播系统	开启风机位置	备注
Z_{14}～Z_{20}（非火灾）		不开启	不开启	无	绿色	Z_1～Z_{31}、Y_1～Y_{30} 显示为绿色	无	无	4号左线排风竖井风机开启2台,5号送风竖井轴流风机开启2台,其余按照运营工况开启；Z_{14}～Z_{20} 射流风机开（入→出），其余区段按照运营工况开启	
Z_{21}	S_{Z21-1}	R_{Z21-1}、R_{Z21-2}	C_{Z22-1}～C_{Z31-1}、C_{Y2-1}～C_{Y10-1}	隧道禁止通行	红色	Z_{21}～Z_{31}区显示为红色,Z_1～Z_{20}、Y_1～Y_{30}区显示为绿色	Z_{21}～S_{Z22-1}：人员由最近人行横通道撤离；S_{Z22-2}～Z_{31}：发生火灾,从前方最近车行横通道驶入服务隧道（右线隧道）；Z_1～Z_{20}、Y_1～Y_{30}：发生火灾,迅速驶离隧道	隧道禁止通行	3号送风竖井轴流风机供变向,4号排风、5号送风竖井排风机关闭；6号左线排风竖井轴流风机开启2台,7号送风竖井轴流风机开启2台,其余按照运营工况开启；Z_{21}～Z_{25}射流风机全开（入→出），Z_{14}～Z_{20}射流风机全开（出→入），其余区段开启；F_{21}～F_{31} 射流风机全开	
	S_{Z21-2}	R_{Z21-2}					S_{Z21-2}～S_{Z21-1}：人员由最近人行横通道撤离；S_{Z22-2}～Z_{31}：发生火灾,从前方最近车行横通道驶入服务隧道（右线隧道）；Z_1～S_{Z21-1}、Y_1～Y_{30}：发生火灾,迅速驶离隧道			

续上表

防灾分区	事故位置	人行横通道防护门开启	车行横通道防护门开启	洞外信息标志	洞外信号灯	车道指示器	隧道内广播系统	隧道外广播系统	开启风机位置	备注
Z_{22}	S_{Z22-1}	R_{Z22-1} ~ R_{Z22-3}	C_{Z22-1} ~ C_{Z31-1} C_{Y2-1} ~ C_{Y10-1}	隧道禁止通行	红色	Z_{22} ~ Z_{31} 区显示为红色,Z_1 ~ Z_{21}、Y_1 ~ Y_{30} 区显示为绿色	Z_{22} ~ S_{Z23-1}:人员由最近人行横通道撤离；S_{Z23-3} ~ Z_{31}:发生火灾,从前方最近车行横通道驶入服务隧道(右线隧道)；Z_1 ~ Z_{21}、Y_1 ~ Y_{30}:发生火灾,迅速驶离隧道	隧道禁止通行	3 号送风竖井轴流风机变向,4 号排风、5 号送风竖井风机关闭,6 号左线排风竖井风机开启 2 台,7 号送风竖井轴流风机开启 2 台,其余按照运营工况开启；Z_{21} ~ Z_{25} 射流风机全开(人→出),Z_{14} ~ Z_{20} 射流风机全开(出→人),其余区段按照运营工况开启；F_{22} ~ F_{31} 射流风机全开	C_{Z22-1} 变为人行横通道
	S_{Z22-2}						S_{Z22-2} ~ S_{Z23-1}:人员由最近人行横通道撤离；S_{Z23-3} ~ Z_{31}:发生火灾,从前方最近车行横通道驶入服务隧道(右线隧道)；Z_1 ~ S_{Z22-1}、Y_1 ~ Y_{30}:发生火灾,迅速驶离隧道			
	S_{Z22-3}	R_{Z22-3}、R_{Z22-3}	C_{Z23-1} ~ C_{Z31-1} C_{Y2-1} ~ C_{Y9-1}				S_{Z22-3} ~ S_{Z23-1}:人员由最近人行横通道撤离；S_{Z23-3} ~ Z_{31}:发生火灾,从前方最近车行横通道驶入服务隧道(右线隧道)；Z_1 ~ S_{Z22-2}、Y_1 ~ Y_{30}:发生火灾,迅速驶离隧道			
	S_{Z22-4}	R_{Z22-3}					S_{Z22-4} ~ S_{Z23-1}:人员由最近人行横通道撤离；S_{Z23-2} ~ Z_{31}:发生火灾,从前方最近车行横通道驶入服务隧道(右线隧道)；Z_1 ~ S_{Z22-3}、Y_1 ~ Y_{30}:发生火灾,迅速驶离隧道			

续上表

防灾分区	事故位置	人行横通道防护门开启	车行横通道防护门开启	洞外信息标志	洞外信号灯	车道指示器	隧道内广播系统	隧道外广播系统	开启风机位置	备注
Z_{23}	S_{Z23-1}	R_{Z23-1} ~ R_{Z23-3}	C_{Z23-1} ~ C_{Z31-1}、C_{Y2-1} ~ C_{Y9-1}	隧道禁止通行	红色	Z_{23} ~ Z_{31} 区显示为红色，Z_1 ~ Y_{30} 区显示为绿色	S_{Z23-1} ~ S_{Z24-1}：人员由最近人行横通道撤离；S_{Z24-2} ~ Z_{31}：发生火灾，从前方最近车行横通道驶入服务隧道（右线隧道）；Z_1 ~ Z_{22}、Y_1 ~ Y_{30}：发生火灾，迅速驶离隧道	隧道禁止通行	3号送风竖井轴流风机供风变向，4号排风、5号送风竖井排风机关闭，6号左线排风竖井轴流风机开启2台，7号送风竖井轴流风机开启2台，其余按照运营工况开启；Z_{21} ~ Z_{25} 射流风机全开（入→出），Z_{14} ~ Z_{20} 射流风机全开（出→入），其余区段按照运营工况开启；F_{23} ~ F_{31} 射流风机全开	C_{Z23-1} 变为人行横通道
	S_{Z23-2}						S_{Z23-2} ~ S_{Z24-1}：人员由最近人行横通道撤离；S_{Z24-2} ~ Z_{31}：发生火灾，从前方最近车行横通道驶入服务隧道（右线隧道）；Z_1 ~ S_{Z23-1}、Y_1 ~ Y_{30}：发生火灾，迅速驶离隧道			
	S_{Z23-3}	R_{Z23-2}、R_{Z23-3}	C_{Z24-1} ~ C_{Z31-1}、C_{Y2-1} ~ C_{Y8-2}				S_{Z23-3} ~ S_{Z24-1}：人员由最近人行横通道撤离；S_{Z24-2} ~ Z_{31}：发生火灾，从前方最近车行横通道驶入服务隧道（右线隧道）；Z_1 ~ S_{Z23-2}、Y_1 ~ Y_{30}：发生火灾，迅速驶离隧道			
	S_{Z23-4}	R_{Z23-3}					S_{Z23-4} ~ S_{Z24-1}：人员由最近人行横通道撤离；S_{Z24-2} ~ Z_{31}：发生火灾，从前方最近车行横通道驶入服务隧道（右线隧道）；Z_1 ~ S_{Z23-3}、Y_1 ~ Y_{30}：发生火灾，迅速驶离隧道			

续上表

防灾分区	事故位置	人行横通道防护门开启	车行横通道防护门开启	洞外信息标志	洞外信号灯	车道指示器	隧道内广播系统	隧道外广播系统	开启风机位置	备注
Z_{24}	S_{Z24-1}	不开启	$C_{Z24-1} \sim C_{Z31-1}$、$C_{Y2-1} \sim C_{Y8-2}$	隧道禁止通行	红色	$Z_{24} \sim Z_{31}$区显示为红色,$Z_1 \sim Z_{23}$、$Y_1 \sim Y_{30}$区显示为绿色	$Z_{24} \sim S_{Z25-1}$:人员由最近人行横通道撤离；$S_{Z25-2} \sim Z_{31}$:发生火灾,从前方最近车行横通道驶入右线隧道；$Z_1 \sim Z_{23}$,$Y_1 \sim Y_{30}$:发生火灾,迅速驶离隧道	隧道禁止通行	3号送风竖井轴流风机供风变向,4号排风,5号排风竖井风机关闭；6号左线排风竖井风机关闭,开启2台,7号送风竖井轴流风机开启2台,其余按照运营工况开启；$Z_{21} \sim Z_{25}$射流风机全开,$Z_{14} \sim Z_{20}$射流风机全开(出→入),其余区段按照运营工况开启；$F_{24} \sim F_{31}$射流风机全开	C_{Z24-1}变为人行横通道
	S_{Z24-2}	R_{Z24-1}、R_{Z24-3}	$C_{Z24-2} \sim C_{Z31-1}$、$C_{Y2-1} \sim C_{Y8-2}$				$S_{Z24-2} \sim S_{Z25-1}$:人员由最近人行横通道撤离；$S_{Z25-2} \sim Z_{31}$:发生火灾,从前方最近车行横通道驶入服务隧道；$Z_1 \sim S_{Z24-1}$,$Y_1 \sim Y_{30}$:发生火灾,迅速驶离隧道			C_{Z24-2}变为人行横通道
	S_{Z24-3}						$S_{Z24-3} \sim S_{Z25-1}$:人员由最近人行横通道撤离；$S_{Z25-2} \sim Z_{31}$:发生火灾,从前方最近车行横通道驶入服务隧道；$Z_1 \sim S_{Z24-2}$,$Y_1 \sim Y_{30}$:发生火灾,迅速驶离隧道			
	S_{Z24-4}	R_{Z24-2}、R_{Z24-3}	$C_{Z25-1} \sim C_{Z31-1}$、$C_{Y2-1} \sim C_{Y7-1}$				$S_{Z24-4} \sim S_{Z25-1}$:人员由最近人行横通道撤离；$S_{Z25-2} \sim Z_{31}$:发生火灾,从前方最近车行横通道驶入服务隧道；$Z_1 \sim S_{Z24-3}$,$Y_1 \sim Y_{30}$:发生火灾,迅速驶离隧道			
	S_{Z24-5}	R_{Z24-3}					人员由最近人行横通道撤离；$S_{Z25-2} \sim Z_{31}$:发生火灾,从前方最近车行横通道驶入服务隧道；$Z_1 \sim S_{Z24-4}$,$Y_1 \sim Y_{30}$:发生火灾,迅速驶离隧道			

续上表

防灾分区	事故位置	人行横通道防护门开启	车行横通道防护门开启	洞外信息标志	洞外信号灯	车道指示器	隧道内广播系统	隧道外广播系统	开启风机位置	备注
Z_{21}~Z_{25}	S_{Z25-1}	R_{Z26-1}、R_{Z26-2}	C_{Z25-1}~C_{Z31-1}、C_{Y2-1}~C_{Y7-1}	隧道禁止通行	红色	Z_{25}~Z_{31}区显示为红色，Z_1~Z_{24}、Y_1~Y_{30}区显示为绿色	Z_{25}~S_{Z27-1}：人员由最近人行横通道撤离；S_{Z27-2}~Z_{31}：发生火灾，从前方最近车行横通道驶入服务隧道隧道；Z_1~Z_{24}、Y_1~Y_{30}：发生火灾，迅速驶离隧道	隧道禁止通行	3号送风竖井轴流风机供风变向，4号排风，5号送排风竖井风机关闭；6号左线排风竖井开启2台，7号送风竖井轴流风机开启后2台，其余区段按照运营工况开启	C_{Z25-1}变为人行横通道
	S_{Z25-2}	R_{Z26-1}、R_{Z26-2}	C_{Z27-1}~C_{Z31-1}、C_{Y2-1}~C_{Y6-1}				S_{Z25-2}~S_{Z27-1}：人员由最近人行横通道撤离；S_{Z27-2}~Z_{31}：发生火灾，从前方最近车行横通道驶入服务隧道；Z_1~S_{Z25-1}、Y_1~Y_{30}：发生火灾，迅速驶离隧道		Z_{21}~Z_{25}射流风竖井（入→出），Z_{14}~Z_{20}射流风机全开（出→入），其余区段按照运营工况开启；F_{26}~F_{31}射流风机全开	
Z_{21}~Z_{25}（非火灾）		不开启	不开启	无	绿色	Z_1~Z_{25}区、Y_1~Y_{30}区显示为绿色	无	无	6号左线排风竖井风机开启2台，7号送风竖井轴流风机开启后2台，其余区段按照运营工况开启	
Z_{26}	S_{Z26-1}	R_{Z26-1}、R_{Z26-2}	C_{Z27-1}~C_{Z31-1}、C_{Y2-1}~C_{Y6-1}	隧道禁止通行	红色	Z_{26}~Z_{31}区显示为红色，Z_1~Z_{25}、Y_1~Y_{30}区显示为绿色	Z_{26}~S_{Z27-1}：人员由最近人行横通道撤离；S_{Z27-2}~Z_{31}：发生火灾，从前方最近车行横通道驶入服务隧道；Z_1~Z_{25}、Y_1~Y_{30}：发生火灾，迅速驶离隧道	隧道禁止通行	5号送风竖井轴流风机供风变向，6号排风，7号送排风竖井风机关闭；8号左线排风竖井开启2台，其余区段按照运营工况开启	
	S_{Z26-2}	R_{Z26-2}					S_{Z26-2}~S_{Z27-1}：人员由最近人行横通道撤离；S_{Z27-2}~Z_{31}：发生火灾，从前方最近车行横通道驶入服务隧道；Z_1~S_{Z26-1}、Y_1~Y_{30}：发生火灾，迅速驶离隧道		Z_{26}~Z_{31}射流风机全开（入→出），Z_{21}~Z_{25}射流风机全开，其余区段按照运营工况开启；F_{26}~F_{31}射流风机全开	

续上表

防灾分区	事故位置	人行横通道防护门开启	车行横通道防护门开启	洞外信息标志	洞外信号灯	车道指示器	隧道内广播系统	隧道外广播系统	开启风机位置	备注
Z_{27}	S_{Z27-1}	R_{Z27-1} ~ R_{Z27-3}	C_{ZZ7-1} ~ C_{Z31-1}，C_{Y2-1} ~ C_{Y6-1}	隧道禁止通行	红色	Z_{27} ~ Z_{31} 区显示为红色，Z_1 ~ Z_{26}、Y_1 ~ Y_{30} 区显示为绿色	Z_{27} ~ S_{Z28-1}:人员由最近人行横通道撤离；S_{Z28-2} ~ Z_{31}:发生火灾，从前方最近车行横通道驶入服务隧道（右线隧道）；Z_1 ~ Z_{26}、Y_1 ~ Y_{30}:发生火灾，迅速驶离隧道	隧道禁止通行	5号送风竖井轴流风机供风变向，6号排风，7号排风竖井风机关闭，8号送风竖井风机开启2台，其余按照运营工况开启；Z_{26}(人→出)、Z_{21} ~ Z_{25} 射流风机全开（出→入），其余区段按照运营工况开启；F_{27} ~ F_{31} 射流风机全开	C_{ZZ7-1} 变为人行横通道
	S_{Z27-2}	R_{Z27-2} ~ R_{Z27-3}					S_{Z27-2} ~ Z_{31}:人员由最近人行横通道撤离；S_{Z28-2} ~ Z_{31}:发生火灾，从前方最近车行横通道驶入服务隧道（右线隧道）；Z_1 ~ S_{Z27-1}、Y_1 ~ Y_{30}:发生火灾，迅速驶离隧道			
	S_{Z27-3}	R_{Z27-3}	C_{Z28-1} ~ C_{Z31-1}，C_{Y2-1} ~ C_{YS-1}				S_{Z28-2} ~ Z_{31}:人员由最近人行横通道撤离；S_{Z28-2} ~ Z_{31}:发生火灾，从前方最近车行横通道驶入服务隧道（右线隧道）；Z_1 ~ S_{Z27-2}、Y_1 ~ Y_{30}:发生火灾，迅速驶离隧道			
	S_{Z27-4}	R_{Z27-3}					S_{Z27-4} ~ S_{Z28-1}:人员由最近人行横通道撤离；S_{Z28-2} ~ Z_{31}:发生火灾，从前方最近车行横通道驶入服务隧道（右线隧道）；Z_1 ~ S_{Z27-3}、Y_1 ~ Y_{30}:发生火灾，迅速驶离隧道			

续上表

防灾分区	事故位置	人行横通道防护门开启	车行横通道防护门开启	洞外信息标志	洞外信号灯	车道指示器	隧道内广播系统	隧道外广播系统	开启风机位置	备注
Z_{28}	S_{Z28-1}	$R_{Z28-1} \sim R_{Z28-3}$	$C_{Z28-1} \sim C_{Z31-1}$、$C_{Y2-1} \sim C_{Y5-1}$				$Z_{28} \sim S_{Z29-1}$：人员由最近人行横通道撤离；$S_{Z29-2} \sim Z_{31}$：发生火灾，从前方最近车行横通道驶入服务隧道（右线隧道）；$Z_1 \sim Z_{27}$、$Y_1 \sim Y_{30}$：发生火灾，迅速驶离隧道			C_{Z28-1}变为人行横通道
	S_{Z28-2}	R_{Z28-2}、R_{Z28-3}	$C_{Z29-1} \sim C_{Z31-1}$、$C_{Y2-1} \sim C_{Y4-1}$	隧道禁止通行	红色	$Z_{28} \sim Z_{31}$、$Y_1 \sim Y_{30}$区显示为红色，$Z_1 \sim Z_{27}$、$Y_1 \sim Y_{30}$区显示为绿色	$S_{Z28-2} \sim S_{Z29-1}$：人员由最近人行横通道撤离；$S_{Z29-2} \sim Z_{31}$：发生火灾，从前方最近车行横通道驶入服务隧道（右线隧道）；$Z_1 \sim S_{Z28-1}$、$Y_1 \sim Y_{30}$：发生火灾，迅速驶离隧道	隧道禁止通行	5号送风竖井轴流风机供风变向，6号排风，7号送风风机关闭，8号左线排风竖井风机开启2台，其余按照运营工况开启；$Z_{26} \sim Z_{31}$射流风机全开(人→出)，$Z_{21} \sim Z_{25}$射流风机全开（出→入），其余区段按照运营工况开启；$F_{28} \sim F_{31}$射流风机全开	
	S_{Z28-3}	R_{Z28-2}、R_{Z28-3}	$C_{Z29-1} \sim C_{Z31-1}$、$C_{Y2-1} \sim C_{Y4-1}$				$S_{Z28-3} \sim S_{Z29-1}$：人员由最近人行横通道撤离；$S_{Z29-2} \sim Z_{31}$：发生火灾，从前方最近车行横通道驶入服务隧道（右线隧道）；$Z_1 \sim S_{Z28-2}$、$Y_1 \sim Y_{30}$：发生火灾，迅速驶离隧道			
	S_{Z28-4}	R_{Z28-3}					$S_{Z28-4} \sim S_{Z29-1}$：人员由最近人行横通道撤离；$S_{Z29-2} \sim Z_{31}$：发生火灾，从前方最近车行横通道驶入服务隧道（右线隧道）；$Z_1 \sim S_{Z28-3}$、$Y_1 \sim Y_{30}$：发生火灾，迅速驶离隧道			

续上表

防灾分区	事故位置	人行横通道防护门开启	车行横通道防护门开启	洞外信息标志	洞外信号灯	车道指示器	隧道内广播系统	隧道外广播系统	开启风机位置	备注
Z_{29}	S_{Z29-1}	R_{Z29-1} ~ R_{Z29-3}	C_{Z29-1} ~ C_{Z31-1}、C_{Y2-1} ~ C_{Y4-1}	隧道禁止通行	红色	Z_{29} ~ Z_{31}区显示为红色，Z_1 ~ Z_{28}、Y_1 ~ Y_{30}区显示为绿色	S_{Z29} ~ S_{Z30-1}：人员由最近人行横通道撤离；S_{Z30-2} ~ Z_{31}：发生火灾，从前方最近车行横通道驶入服务隧道（右线隧道）；Z_1 ~ Z_{28}、Y_1 ~ Y_{30}：发生火灾，迅速驶离隧道	隧道禁止通行	5号送风竖井轴流风机供风变向，6号排风、7号送风风竖井风机关闭，8号左线排风竖井风机开启2台，其余线按照运营工况开启；Z_{26} ~ Z_{31}射流风机全开，Z_{21} ~ Z_{25}射流风机全开（出→入），其余区段按照运营工况开启；F_{29} ~ F_{31}射流风机全开	C_{Z29-1}变为人行横通道
	S_{Z29-2}	R_{Z29-2}、R_{Z29-3}	C_{Z30-1} ~ C_{Z31-1}、C_{Y2-1} ~ C_{Y3-1}				S_{Z29-2} ~ S_{Z30-1}：人员由最近人行横通道撤离；S_{Z30-2} ~ Z_{31}：发生火灾，从前方最近车行横通道驶入服务隧道（右线隧道）；Z_1 ~ Z_{29-1}、Y_1 ~ Y_{30}：发生火灾，迅速驶离隧道			
	S_{Z29-3}	R_{Z29-3}					S_{Z29-3} ~ S_{Z30-1}：人员由最近人行横通道撤离；S_{Z30-2} ~ Z_{31}：发生火灾，从前方最近车行横通道驶入服务隧道（右线隧道）；Z_1 ~ Z_{29-2}、Y_1 ~ Y_{30}：发生火灾，迅速驶离隧道			
	S_{Z29-4}	R_{Z29-3}					S_{Z29-4} ~ S_{Z30-1}：人员由最近人行横通道撤离；S_{Z30-2} ~ Z_{31}：发生火灾，从前方最近车行横通道驶入服务隧道（右线隧道）；Z_1 ~ Z_{29-3}、Y_1 ~ Y_{30}：发生火灾，迅速驶离隧道			

防灾分区	事故位置	人行横通道防护门开启	车行横通道防护门开启	洞外信息标志	洞外信号灯	车道指示器	隧道内广播系统	隧道外广播系统	开启风机位置	备注
Z30	S$_{Z30-1}$	R$_{Z30-1}$ ~ R$_{Z30-3}$	C$_{Z30-1}$ ~ C$_{Z31-1}$ C$_{Y2-1}$ ~ C$_{Y3-1}$	隧道禁止通行	红色	Z30 ~ Z31区显示为红色，Z1 ~ Z29、Y1 ~ Y30区显示为绿色	Z30 ~ S$_{Z31-1}$：人员由最近人行横通道撤离；S$_{Z31-2}$ ~ Z31：发生火灾，从前方最近车行横通道驶入服务隧道（右线隧道）；Z1 ~ Z29、Y1 ~ Y30：发生火灾，迅速驶离隧道	隧道禁止通行	5号送风竖井轴流风机供风变向，6号排风、7号送风竖井风机关闭，8号左线排风竖井风机开启2台，其余按照运营工况开启；Z26 ~ Z31射流风机全开（入→出），Z21 ~ Z25射流风机全开（出→入），其余区段按照运营工况开启；F30 ~ F31射流风机全开	C$_{Z30-1}$变为人行横通道
	S$_{Z30-2}$		C$_{Z31-1}$ C$_{Y2-1}$				S$_{Z30-2}$ ~ S$_{Z31-1}$：人员由最近人行横通道撤离；S$_{Z31-2}$ ~ Z31：发生火灾，从前方最近车行横通道驶入服务隧道（右线隧道）；Z1 ~ S$_{Z30-1}$、Y1 ~ Y30：发生火灾，迅速驶离隧道			
	S$_{Z30-3}$	R$_{Z30-2}$、R$_{Z30-3}$					S$_{Z30-3}$ ~ S$_{Z31-1}$：人员由最近人行横通道撤离；S$_{Z31-2}$ ~ Z31：发生火灾，从前方最近车行横通道驶入服务隧道（右线隧道）；Z1 ~ S$_{Z30-2}$、Y1 ~ Y30：发生火灾，迅速驶离隧道			
	S$_{Z30-4}$	R$_{Z30-3}$					S$_{Z30-4}$ ~ S$_{Z31-1}$：人员由最近人行横通道撤离；S$_{Z31-2}$ ~ Z31：发生火灾，从前方最近车行横通道驶入服务隧道（右线隧道）；Z1 ~ S$_{Z30-3}$、Y1 ~ Y30：发生火灾，迅速驶离隧道			

续上表

防灾分区	事故位置	人行横通道防护门开启	车行横通道防护门开启	洞外信息标志	洞外信号灯	车道指示器	隧道内广播系统	隧道外广播系统	开启风机位置	备注
Z_{31}	$S_{Z31\text{-}1}$	$R_{Z31\text{-}1}\sim R_{Z31\text{-}3}$	不开启	隧道禁止通行	红色	Z_{31}区显示为红色，$Z_1\sim Y_{30}$区显示为绿色	Z_{31}：人员由最近人行道或隧道入口撤离；$Z_1\sim Z_{30}$、$Y_1\sim Y_{30}$：发生火灾，迅速驶离隧道	隧道禁止通行	5号送风竖井轴流风机变向，6号排风，7号送风竖井风机关闭，8号左线排风竖井风机开启2台，其余按照运营工况开启；$Z_{26}\sim Z_{31}$射流风机全开（人→出），$Z_{21}\sim Z_{25}$射流风机全开，其余区段按照运营工况开启；F_{31}射流风机全开	$C_{Z31\text{-}1}$变为人行横通道
	$S_{Z31\text{-}2}$	$R_{Z31\text{-}2}\sim R_{Z31\text{-}3}$					$S_{Z31\text{-}2}\sim S_{Z31\text{-}5}$：人员由最近人行横通道入口撤离；$Z_1\sim S_{Z31\text{-}1}$、$Y_1\sim Y_{30}$：离隧道			
	$S_{Z31\text{-}3}$	$R_{Z31\text{-}2}\sim R_{Z31\text{-}3}$					$S_{Z31\text{-}3}\sim S_{Z31\text{-}5}$：人员由最近人行横通道撤离；$Z_1\sim S_{Z31\text{-}2}$、$Y_1\sim Y_{30}$：发生火灾，迅速驶离隧道			
	$S_{Z31\text{-}4}$	$R_{Z31\text{-}3}$					$S_{Z31\text{-}4}\sim S_{Z31\text{-}5}$：人员由最近人行横通道或隧道入口撤离；$Z_1\sim S_{Z31\text{-}3}$、$Y_1\sim Y_{30}$：发生火灾，迅速驶离隧道			
	$S_{Z31\text{-}5}$	不开启					$S_{Z31\text{-}5}$：人员由最近人行横通道或隧道入口撤离；$Z_1\sim S_{Z31\text{-}4}$、$Y_1\sim Y_{30}$：发生火灾，迅速驶离隧道			
$Z_{26}\sim Z_{31}$（非火灾）		不开启	不开启	无	绿色	$Z_1\sim Z_{31}$、$Y_1\sim Y_{30}$区显示为绿色	无	无	8号左线排风竖井风机开启2台，其余按照运营工况开启；$Z_{26}\sim Z_{31}$射流风机全开（人→出），其余区段按照运营工况开启	

右线各分区防灾应急预案

表 8-2

防灾分区	事故位置	人行横通道防护门开启	车行横通道防护门开启	洞外信息标志	洞外信号灯	车道指示器	隧道内广播系统	隧道外广播系统	开启风机位置	备注
Y_1	$S_{Y1\text{-}1}$	$R_{Y1\text{-}1}$ ~ $R_{Y1\text{-}3}$	$C_{Z2\text{-}1}$ ~ $C_{Z31\text{-}1}$ $C_{Y2\text{-}1}$ ~ $C_{Y30\text{-}1}$	隧道禁止通行	红色	Y_1 ~ Y_{30} 区显示为红色，Z_1 ~ Z_{31} 区显示为绿色	Y_1、$S_{Y2\text{-}1}$：人员由最近人行横通道撤离； $S_{Y2\text{-}2}$ ~ Y_{30}：发生火灾，从前方最近车行横通道驶入服务隧道(左线隧道)； Z_1 ~ Z_{30}：发生火灾，迅速驶离隧道	隧道禁止通行	8 号送风竖井轴流风机开启 2 台，其余按照运营工况开启； Y_1 ~ Y_6 射流风机全开(入→出)，其余区段按照运营工况开启； F_1 ~ F_{31}射流风机全开	
Y_1	$S_{Y1\text{-}2}$	$R_{Y1\text{-}2}$、$R_{Y1\text{-}3}$	$C_{Z2\text{-}1}$ ~ $C_{Z31\text{-}1}$ $C_{Y2\text{-}1}$ ~ $C_{Y30\text{-}1}$	隧道禁止通行	红色	Y_1 ~ Y_{30} 区显示为红色，Z_1 ~ Z_{31} 区显示为绿色	$S_{Y1\text{-}2}$ ~ $S_{Y2\text{-}1}$：人员由最近人行横通道撤离； $S_{Y2\text{-}2}$ ~ Y_{30}：人员由最近人行横通道撤离； $S_{Y1\text{-}1}$、Z_1 ~ Z_{30}：发生火灾，迅速驶离隧道	隧道禁止通行	8 号送风竖井轴流风机开启 2 台，其余按照运营工况开启； Y_1 ~ Y_6 射流风机全开(入→出)，其余区段按照运营工况开启； F_1 ~ F_{31}射流风机全开	
Y_1	$S_{Y1\text{-}3}$	$R_{Y1\text{-}3}$	$C_{Z2\text{-}1}$ ~ $C_{Z31\text{-}1}$ $C_{Y2\text{-}1}$ ~ $C_{Y30\text{-}1}$	隧道禁止通行	红色	Y_1 ~ Y_{30} 区显示为红色，Z_1 ~ Z_{31} 区显示为绿色	$S_{Y1\text{-}3}$、$S_{Y2\text{-}1}$：人员由最近人行横通道撤离； $S_{Y2\text{-}2}$ ~ Y_{30}：人员由最近人行横通道撤离； $S_{Y1\text{-}1}$、$S_{Y1\text{-}2}$、Z_1 ~ Z_{30}：发生火灾，迅速驶离	隧道禁止通行	8 号送风竖井轴流风机开启 2 台，其余按照运营工况开启； Y_1 ~ Y_6 射流风机全开(入→出)，其余区段按照运营工况开启； F_1 ~ F_{31}射流风机全开	

续上表

防灾分区	事故位置	人行横通道防护门开启	车行横通道防护门开启	洞外信息标志	洞外信号灯	车道指示器	隧道内广播系统	隧道外广播系统	开启风机位置	备注
Y_2	S_{Y2-1}	$R_{Y2-1} \sim R_{Y2-3}$	$C_{Z2-1} \sim C_{Z31-1}$ $C_{Y2-1} \sim C_{Y30-1}$	隧道禁止通行	红色	$Y_2 \sim Y_{30}$区显示为红色，Y_1、$Z_1 \sim Z_{31}$区显示为绿色	Y_2、S_{Y3-1}：人员由最近人行横通道撤离；$S_{Y3-1} \sim Y_{30}$：发生火灾，从前方最近车行横通道驶入服务隧道（左线隧道）；Y_1、$Z_1 \sim Z_{30}$：发生火灾，迅速驶离隧道	隧道禁止通行	8号送风竖井轴流风机开启2台，其余按照运营工况开启；$Y_1 \sim Y_6$射流风机全开（入→出），其余区段；按照运营工况开；$F_1 \sim F_{31}$射流风机全开	C_{Y2-1}变为人行横通道
	S_{Y2-2}	R_{Y2-2}、R_{Y2-3}					$S_{Y2-2} \sim S_{Y3-1}$：人员由最近人行横通道撤离；$S_{Y3-2} \sim Y_{30}$：发生火灾，从前方最近车行横通道驶入服务隧道（左线隧道）；Y_1、S_{Y2-1}、$Z_1 \sim Z_{30}$：发生火灾，迅速驶离隧道			
	S_{Y2-3}		$C_{Z2-1} \sim C_{Z30-1}$ $C_{Y3-1} \sim C_{Y30-1}$				$S_{Y2-3} \sim S_{Y3-1}$：人员由最近人行横通道撤离；$S_{Y3-2} \sim Y_{30}$：发生火灾，从前方最近车行横通道驶入服务隧道（左线隧道）；Y_1、S_{Y2-2}、$Z_1 \sim Z_{30}$：发生火灾，迅速驶离隧道			
	S_{Y2-4}	R_{Y2-3}					$S_{Y2-4} \sim S_{Y3-1}$：人员由最近人行横通道撤离；$S_{Y3-2} \sim Y_{30}$：发生火灾，从前方最近车行横通道驶入服务隧道（左线隧道）；Y_1、S_{Y2-3}、$Z_1 \sim Z_{30}$：发生火灾，迅速驶离隧道			

续上表

防灾分区	事故位置	人行横通道防护门开启	车行横通道防护门开启	洞外信息标志	洞外信号灯	车道指示器	隧道内广播系统	隧道外广播系统	开启风机位置	备注
Y_3	$S_{Y3\text{-}1}$	$R_{Y3\text{-}1} \sim R_{Y3\text{-}3}$	$C_{Z2\text{-}1} \sim C_{Z30\text{-}1}$，$C_{Y3\text{-}1} \sim C_{Y30\text{-}1}$	隧道禁止通行	红色	$Y_3 \sim Y_{30}$ 区显示为红色，Y_1、Y_2、$Z_1 \sim Z_{31}$ 区显示为绿色	Y_3、$S_{Y4\text{-}1}$：人员由最近人行横通道撤离；$S_{Y4\text{-}2} \sim Y_{30}$：发生火灾，从前方最近方车行横通道道驶入服务隧道（左线隧道）；Y_1、Y_2、$Z_1 \sim Z_{30}$：发生火灾，迅速驶离隧道		8号送风竖井轴流风机开启2台，其余按照运营工况开启；Y_1（人→出）$\sim Y_6$ 射流风机全开，其余区段按照运营工况开启；$F_1 \sim F_{30}$ 射流风机全开	$C_{Y3\text{-}1}$ 变为人行横通道
	$S_{Y3\text{-}2}$						$S_{Y3\text{-}2} \sim S_{Y4\text{-}1}$：人员由最近人行横通道撤离；$S_{Y4\text{-}2} \sim Y_{30}$：发生火灾，从前方最近方车行横通道驶入服务隧道（左线隧道）；Y_1、$S_{Y3\text{-}1}$、$Z_1 \sim Z_{30}$：发生火灾，迅速驶离隧道			
	$S_{Y3\text{-}3}$	$R_{Y3\text{-}2}$、$R_{Y3\text{-}3}$	$C_{Z2\text{-}1} \sim C_{Z29\text{-}1}$，$C_{Y4\text{-}1} \sim C_{Y30\text{-}1}$				$S_{Y3\text{-}3} \sim S_{Y4\text{-}1}$：人员由最近人行横通道撤离；$S_{Y4\text{-}2} \sim Y_{30}$：发生火灾，从前方最近方车行横通道驶入服务隧道（左线隧道）；Y_1、$S_{Y3\text{-}2}$、$Z_1 \sim Z_{30}$：发生火灾，迅速驶离隧道	隧道禁止通行		
	$S_{Y3\text{-}4}$	$R_{Y3\text{-}3}$					$S_{Y3\text{-}4} \sim S_{Y4\text{-}1}$：人员由最近人行横通道撤离；$S_{Y4\text{-}2} \sim Y_{30}$：发生火灾，从前方最近方车行横通道驶入服务隧道（左线隧道）；$Y_1 \sim S_{Y3\text{-}3}$、$Z_1 \sim Z_{30}$：发生火灾，迅速驶离隧道			

续上表

防灾分区	事故位置	人行横通道防护门开启	车行横通道防护门开启	洞外信息标志	洞外信号灯	车道指示器	隧道内广播系统	隧道外广播系统	开启风机位置	备注
Y_4	S_{Y4-1}	R_{Y4-1}~R_{Y4-3}	C_{Z2-1}~C_{Z29-1} C_{Y4-1}~C_{Y30-1}	隧道禁止通行	红色	Y_4~Y_{30} 区显示为红色，Y_1~Y_3、Z_1~Z_{31} 区显示为绿色	Y_4、S_{Y5-1}：人员由最近人行横通道撤离；S_{Y5-2}~Y_{30}：发生火灾，从前方最近车行横通道驶入服务隧道（左线隧道）；Y_1~Y_3、Z_1~Z_{30}：发生火灾，迅速驶离隧道	隧道禁止通行	8号送风竖井轴流风机开启2台，其余按照运营工况开启；Y_1~Y_6射流风机全开（人→出），其余区段按照运营工况开启；F_1~F_{29}射流风机全开	C_{Y4-1}变为人行横通道
	S_{Y4-2}	R_{Y4-2}、R_{Y4-3}					S_{Y4-2}~S_{Y5-1}：人员由最近人行横通道撤离；S_{Y5-2}~Y_{30}：发生火灾，从前方最近车行横通道驶入服务隧道（左线隧道）；Y_1~S_{Y4-1}、Z_1~Z_{30}：发生火灾，迅速驶离隧道			
	S_{Y4-3}	R_{Y4-2}、R_{Y4-3}	C_{Z2-1}~C_{Z28-1} C_{Y5-1}~C_{Y30-1}				S_{Y4-3}~S_{Y5-1}：人员由最近人行横通道撤离；S_{Y5-2}~Y_{30}：发生火灾，从前方最近车行横通道驶入服务隧道（左线隧道）；Y_1~S_{Y4-2}、Z_1~Z_{30}：发生火灾，迅速驶离隧道			
	S_{Y4-4}	R_{Y4-3}					S_{Y4-4}~S_{Y5-1}：人员由最近人行横通道撤离；S_{Y5-2}~Y_{30}：发生火灾，从前方最近车行横通道驶入服务隧道（左线隧道）；Y_1~S_{Y4-3}、Z_1~Z_{30}：发生火灾，迅速驶离隧道			

续上表

防灾分区	事故位置	人行横通道防护门开启	车行横通道防护门开启	洞外信息标志	洞外信号灯	车道指示器	隧道内广播系统	隧道外广播系统	开启风机位置	备注
Y_5	S_{Y5-1}	$R_{Y5-1} \sim R_{Y5-3}$	$C_{Z2-1} \sim C_{Z28-1}$，$C_{Y5-1} \sim C_{Y30-1}$	隧道禁止通行	红色	$Y_5 \sim Y_{30}$ 区显示为红色，$Y_1 \sim Y_4$，$Z_1 \sim Z_{31}$ 区显示为绿色	Y_5，S_{Y6-1}：人员由最近人行横通道撤离；$S_{Y6-2} \sim Y_{30}$：发生火灾，从前方最近车行横通道驶入服务隧道（左线隧道）；$Y_1 \sim Y_4$，$Z_1 \sim Z_{30}$：迅速驶离隧道	隧道禁止通行	8号送风竖井轴流风机开启2台，其余按照运营工况开启；$Y_1 \sim Y_6$ 射流风机全开（入→出），其余区段按照运营工况开启；$F_1 \sim F_{28}$ 射流风机全开	C_{Y5-1} 变为人行横通道
	S_{Y5-2}	R_{Y5-2}，R_{Y5-3}					$S_{Y5-2} \sim S_{Y6-1}$：人员由最近人行横通道撤离；$S_{Y6-2} \sim Y_{30}$：发生火灾，从前方最近车行横通道驶入服务隧道（左线隧道）；$Y_1 \sim S_{Y5-1}$，$Z_1 \sim Z_{30}$：发生火灾，迅速驶离隧道			
	S_{Y5-3}	R_{Y5-2}，R_{Y5-3}	$C_{Z2-1} \sim C_{Z27-1}$，$C_{Y6-1} \sim C_{Y30-1}$				$S_{Y5-3} \sim S_{Y6-1}$：人员由最近人行横通道撤离；$S_{Y6-2} \sim Y_{30}$：发生火灾，从前方最近车行横通道驶入服务隧道（左线隧道）；$Y_1 \sim S_{Y5-2}$，$Z_1 \sim Z_{30}$：发生火灾，迅速驶离隧道			
	S_{Y5-4}	R_{Y5-3}					$S_{Y5-4} \sim S_{Y6-1}$：人员由最近人行横通道撤离；$S_{Y6-2} \sim Y_{30}$：发生火灾，从前方最近车行横通道驶入服务隧道（左线隧道）；$Y_1 \sim S_{Y5-3}$，$Z_1 \sim Z_{30}$：发生火灾，迅速驶离隧道			

续上表

防灾分区	事故位置	人行横通道防护门开启	车行横通道防护门开启	洞外信息标志	洞外信号灯	车道指示器	隧道内广播系统	隧道外广播系统	开启风机位置	备注
Y_6	S_{Y6-1}	R_{Y6-1}、R_{Y6-2}	$C_{ZZ-1}\sim C_{ZZ7-1}$ $C_{Y6-1}\sim C_{Y30-1}$	隧道禁止通行	红色	$Y_6\sim Y_{30}$区显示为红色，$Y_1\sim Y_5$、$Z_1\sim Z_{31}$区显示为绿色	S_{Y6}、S_{Y7-1}：人员由最近人行横通道撤离；$S_{Y7-2}\sim Y_{30}$：发生火灾，从前方最近车行横通道驶入服务隧道（左线隧道）；$Y_1\sim Y_5$、$Z_1\sim Z_{30}$：发生火灾，迅速驶离隧道	隧道禁止通行	8号送风竖井轴流风机开启2台，其余按照运营工况开启；$Y_1\sim Y_6$射流风机开（人→出），$F_1\sim F_{27}$射流风机全开	C_{Y6-1}变为人行横通道
	S_{Y6-2}		$C_{ZZ-1}\sim C_{ZZ5-1}$ $C_{Y7-1}\sim C_{Y30-1}$				$S_{Y6-2}\sim S_{Y7-1}$：人员由最近人行横通道撤离；$S_{Y7-2}\sim Y_{30}$：发生火灾，从前方最近车行横通道驶入服务隧道（左线隧道）；$Y_1\sim Y_5$、$Z_1\sim Z_{30}$：发生火灾，迅速驶离隧道			
	S_{Y6-3}	R_{Y6-2}					$S_{Y6-3}\sim S_{Y7-1}$：人员由最近人行横通道撤离；$S_{Y7-2}\sim Y_{30}$：发生火灾，从前方最近车行横通道驶入服务隧道（左线隧道）；$Y_1\sim Y_6-1$、$Z_1\sim Z_{30}$：发生火灾，迅速驶离隧道			
	S_{Y6-4}	R_{Y7-1}、R_{Y7-3}					$S_{Y6-4}\sim S_{Y7-1}$：人员由最近人行横通道撤离；$S_{Y7-2}\sim Y_{30}$：发生火灾，从前方最近车行横通道驶入服务隧道（左线隧道）；$Y_1\sim Y_6-3$、$Z_1\sim Z_{30}$：发生火灾，迅速驶离隧道			
$Y_1\sim Y_6$（非火灾）		不开启	不开启	无	绿色	$Y_1\sim Y_{30}$、$Z_1\sim Z_{31}$区显示为绿色	无	无	8号送风竖井轴流风机开启2台，其余按照运营工况开启；$Y_1\sim Y_6$射流风机开（人→出），其余区段按照运营工况开启	

续上表

防灾分区	事故位置	人行横通道防护门开启	车行横通道防护门开启	洞外信息标志	洞外信号灯	车道指示器	隧道内广播系统	隧道外广播系统	开启风机位置	备注
Y_7	S_{Y7-1}	$R_{Y7-1} \sim R_{Y7-3}$	$C_{Z2-1} \sim C_{Z25-1}$ $C_{Y7-1} \sim C_{Y30-1}$	隧道禁止通行	红色	$Y_7 \sim Y_{30}$ 区显示为红色，$Y_1 \sim Y_6$、$Z_1 \sim Z_{31}$ 区显示为绿色	Y_7、S_{Y8-1}：人员由最近人行横通道撤离；$S_{Y8-2} \sim Y_{30}$：发生火灾，从前方最近车行横通道驶入服务隧道（左线隧道）；$Y_1 \sim Y_6$、Z_1、Z_{30}：发生火灾，迅速驶离隧道	隧道禁止通行	8号送风竖井轴流风机关闭,7号排风竖井轴流风机开启2台,6号送风竖井轴流风机开启2台,其余按照运营工况开启；$Y_7 \sim Y_{10}$ 射风机全开,$Y_1 \sim Y_6$ 射风机开（出→出）,Y_1（出→入）射流风机全开,其余区段按照运营工况开启；$F_1 \sim F_{25}$ 射流风机全开	C_{Y7-1} 变为人行横通道
	S_{Y7-2}						$S_{Y7-2} \sim S_{Y8-1}$：人员由最近人行横通道撤离；$S_{Y8-2} \sim Y_{30}$：发生火灾，从前方最近车行横通道驶入服务隧道（左线隧道）；$Y_1 \sim S_{Y6-1}$、$Z_1 \sim Z_{30}$：发生火灾，迅速驶离隧道			
	S_{Y7-3}	$R_{Y7-2} \sim R_{Y7-3}$	$C_{Z2-1} \sim C_{Z24-2}$ $C_{Y8-1} \sim C_{Y30-1}$				$S_{Y7-3} \sim S_{Y8-1}$：人员由最近人行横通道撤离；$S_{Y8-2} \sim Y_{30}$：发生火灾，从前方最近车行横通道驶入服务隧道（左线隧道）；$Y_1 \sim S_{Y7-2}$、$Z_1 \sim Z_{30}$：发生火灾，迅速驶离隧道			
	S_{Y7-4}	R_{Y7-3}					$S_{Y7-4} \sim S_{Y8-1}$：人员由最近人行横通道撤离；$S_{Y8-2} \sim Y_{30}$：发生火灾，从前方最近车行横通道驶入服务隧道（左线隧道）；$Y_1 \sim S_{Y7-3}$、$Z_1 \sim Z_{30}$：发生火灾，迅速驶离隧道			

续上表

防灾分区	事故位置	人行横通道防护门开启	车行横通道防护门开启	洞外信息标志	洞外信号灯	车道指示器	隧道内广播系统	隧道外广播系统	开启风机位置	备注
Y8	$S_{Y8\text{-}1}$		$C_{Z2\text{-}1} \sim C_{Z24\text{-}2}$、$C_{Y8\text{-}1} \sim C_{Y30\text{-}1}$	隧道禁止通行	红色	$Y_8 \sim Y_{30}$区显示为红色，$Y_1 \sim Y_7$、$Z_1 \sim Z_{31}$区显示为绿色	$S_{Y8\text{-}1}$、$S_{Y8\text{-}2}$：人员由最近人行横通道撤离；$S_{Y8\text{-}3} \sim Y_{30}$：发生火灾，从前方最近车行横通道驶入服务隧道（左线隧道）；$Y_1 \sim Y_7$，$Z_1 \sim Z_{30}$：发生火灾，迅速驶离隧道	隧道禁止通行	8号送风竖井轴流风机关闭，7号排风竖井轴流风机开启2台，6号送风竖井轴流风机开启2台，其余区段按照运营工况开启；$Y_7 \sim Y_{10}$射流风机全开，$Y_1 \sim Y_6$送风（入→出），其余区段按照运营工况开启；$F_1 \sim F_{24}$射流风机全开	$C_{Y8\text{-}1}$变为人行横通道
	$S_{Y8\text{-}2}$	$R_{Y8\text{-}1} \sim R_{Y8\text{-}3}$	$C_{Z2\text{-}1} \sim C_{Z24\text{-}1}$、$C_{Y8\text{-}2} \sim C_{Y30\text{-}1}$				$S_{Y8\text{-}2} \sim S_{Y9\text{-}1}$：人员由最近人行横通道撤离；$S_{Y9\text{-}2} \sim Y_{30}$：发生火灾，从前方最近车行横通道驶入服务隧道（左线隧道）；$Y_1 \sim S_{Y8\text{-}1}$，$Z_1 \sim Z_{30}$：发生火灾，迅速驶离隧道			$C_{Y8\text{-}2}$变为人行横通道
	$S_{Y8\text{-}3}$						$S_{Y8\text{-}3} \sim S_{Y9\text{-}1}$：人员由最近人行横通道撤离；$S_{Y9\text{-}2} \sim Y_{30}$：发生火灾，从前方最近车行横通道驶入服务隧道（左线隧道）；$Y_1 \sim S_{Y8\text{-}2}$，$Z_1 \sim Z_{30}$：发生火灾，迅速驶离隧道			
	$S_{Y8\text{-}4}$	$R_{Y8\text{-}2} \sim R_{Y8\text{-}3}$	$C_{Z2\text{-}1} \sim C_{Z23\text{-}1}$、$C_{Y9\text{-}1} \sim C_{Y30\text{-}1}$				$S_{Y8\text{-}4} \sim S_{Y9\text{-}1}$：人员由最近人行横通道撤离；$S_{Y9\text{-}2} \sim Y_{30}$：发生火灾，从前方最近车行横通道驶入服务隧道（左线隧道）；$Y_1 \sim S_{Y8\text{-}3}$，$Z_1 \sim Z_{30}$：发生火灾，迅速驶离隧道			
	$S_{Y8\text{-}5}$	$R_{Y8\text{-}3}$					$S_{Y8\text{-}5} \sim S_{Y9\text{-}1}$：人员由最近人行横通道撤离；$S_{Y9\text{-}2} \sim Y_{30}$：发生火灾，从前方最近车行横通道驶入服务隧道（左线隧道）；$Y_1 \sim S_{Y8\text{-}4}$，$Z_1 \sim Z_{30}$：发生火灾，迅速驶离隧道			

续上表

防灾分区	事故位置	人行横通道防护门开启	车行横通道防护门开启	洞外信息标志	洞外信号灯	车道指示器	隧道内广播系统	隧道外广播系统	开启风机位置	备注
Y_9	S_{Y9-1}	$R_{Y9-1}\sim R_{Y9-3}$	$C_{Z2-1}\sim C_{Z23-1}$, $C_{Y9-1}\sim C_{Y30-1}$	隧道禁止通行	红色	$Y_9\sim Y_{30}$区显示为红色,$Y_1\sim Y_8$、$Z_1\sim Z_{31}$区显示为绿色	Y_9、S_{Y10-1}:人员由最近人行横通道撤离；$S_{Y10-2}\sim Y_{30}$:发生火灾,从前方最近车行横通道驶入服务隧道(左线隧道)；$Y_1\sim Y_8$、$Z_1\sim Z_{30}$:发生火灾,迅速驶离隧道	隧道禁止通行	8号送风机关闭,7号排风竖井轴流风机开启,6号送风竖井轴流风机开启2台,其余按照运营工况开启；$Y_7\sim Y_{10}$射流风机全开,$Y_1\sim Y_6$射流风机全开(出→入),其余区段按照运营工况开启；$F_1\sim F_{23}$射流风机全开	C_{Y9-1}变为人行横通道
	S_{Y9-2}	$R_{Y9-2}\sim R_{Y9-3}$	$C_{Z2-1}\sim C_{Z22-1}$, $C_{Y10-1}\sim C_{Y30-1}$				$S_{Y9-2}\sim S_{Y10-1}$:人员由最近人行横通道撤离；$S_{Y10-2}\sim Y_{30}$:发生火灾,从前方最近车行横通道驶入服务隧道(左线隧道)；$Y_1\sim S_{Y6-1}$、$Z_1\sim Z_{30}$:发生火灾,迅速驶离隧道			
	S_{Y9-3}	R_{Y9-3}					$S_{Y9-3}\sim S_{Y10-1}$:人员由最近人行横通道撤离；$S_{Y10-2}\sim Y_{30}$:发生火灾,从前方最近车行横通道驶入服务隧道(左线隧道)；$Y_1\sim S_{Y9-2}$、$Z_1\sim Z_{30}$:发生火灾,迅速驶离隧道			
	S_{Y9-4}	R_{Y9-3}					$S_{Y9-4}\sim S_{Y10-1}$:人员由最近人行横通道撤离；$S_{Y10-2}\sim Y_{30}$:发生火灾,从前方最近车行横通道驶入服务隧道(左线隧道)；$Y_1\sim S_{Y9-3}$、$Z_1\sim Z_{30}$:发生火灾,迅速驶离隧道			

续上表

防灾分区	事故位置	人行横通道防护门开启	车行横通道防护门开启	洞外信息标志	洞外信号灯	车道指示器	隧道内广播系统	隧道外广播系统	开启风机位置	备注
Y_{10}	S_{Y10-1}	R_{Y10-1}、R_{Y10-2}、R_{Y11-1}	C_{Z2-1}～C_{Z22-1}　C_{Y10-1}～C_{Y30-1}	隧道禁止通行	红色	Y_{10}～Y_{30}区显示为红色，Y_1～Y_9、Z_1～Z_{31}区显示为绿色	Y_{10}、S_{Y11-2}：人员由最近人行横通道撤离；S_{Y11-3}～Y_{30}：发生火灾,从前方最近车行横通道驶入服务隧道（左线隧道）；Y_1～Y_9、Z_1～Z_{30}：发生火灾,迅速驶离隧道	隧道禁止通行	8号送风竖井轴流风机关闭,7号排风竖井轴流风机开启2台,6号送风竖井轴流风机开启2台,其余按照运营工况开启	C_{Y10-1}变为人行横通道
Y_{10}	S_{Y10-2}	R_{Y10-2}、R_{Y11-1}	C_{Z2-1}～C_{Z20-1}　C_{Y11-1}～C_{Y30-1}	隧道禁止通行	红色		S_{Y10-2}～S_{Y11-2}：人员由最近人行横通道撤离；S_{Y11-3}～Y_{30}：发生火灾,从前方最近车行横通道驶入服务隧道（左线隧道）；Y_1～S_{Y10-1}、Z_1～Z_{30}：发生火灾,迅速驶离隧道	隧道禁止通行	Y_7～Y_{10}射流风机全开（人→出），Y_1～Y_6射流风机全开（出→入），其余区段按照运营工况开启；F_1～F_{22}射流风机全开	
Y_{10}	S_{Y10-3}	R_{Y11-1}					S_{Y10-3}～S_{Y11-2}：人员由最近人行横通道撤离；S_{Y11-3}～Y_{30}：发生火灾,从前方最近车行横通道驶入服务隧道（左线隧道）；Y_1－S_{Y10-2}、Z_1～Z_{30}：发生火灾,迅速驶离隧道			
Y_{10}	S_{Y10-4}	R_{Y11-1}					S_{Y10-4}～S_{Y11-2}：人员由最近人行横通道撤离；S_{Y11-3}～Y_{30}：发生火灾,从前方最近车行横通道驶入服务隧道（左线隧道）；Y_1－S_{Y10-3}、Z_1～Z_{30}：发生火灾,迅速驶离隧道			
Y_7～Y_{10}（非火灾）		不开启	不开启	无	绿色	Y_1～Y_{30}、Z_1～Z_{31}区显示为绿色	无	无	7号排风竖井轴流风机开启2台,6号送风竖井轴流风机开启2台,其余区段Y_7～Y_{10}射流风机全开（人→出），按照运营工况开启	

续上表

防灾分区	事故位置	人行横通道防护门开启	车行横通道防护门开启	洞外信息标志	洞外信号灯	车道指示器	隧道内广播系统	隧道外广播系统	开启风机位置	备注
Y_{11}	S_{Y11-1}	R_{Y11-1}	$C_{Z2-1} \sim C_{Z20-1}$，$C_{Y11-1} \sim C_{Y30-1}$	隧道禁止通行	红色	$Y_{11} \sim Y_{30}$ 区显为红色，$Y_1 \sim Y_{10}$，$Z_1 \sim Z_{31}$ 区显示绿色	$S_{Y11-1} \sim S_{Y11-2}$：人员由最近人行横通道撤离；$S_{Y11-3} \sim Y_{30}$：发生火灾，从前方最近车行横通道驶入服务隧道（左线隧道）；$Y_1 \sim Y_{10}$，$Z_1 \sim Z_{30}$：发生火灾，迅速驶离隧道	隧道禁止通行	8号送风竖井轴流风机供风变向，7号送风机、6号送风竖井轴流风机关闭，5号排风竖井轴流风机开启风机2台，4号排风竖井轴流风机关闭，3号送风竖井轴流风机开启2台，其余区段按照运营工况开启；Y_{11}（人→出），$Y_7 \sim Y_{10}$ 射流风机全开（出→入），$Y_{11} \sim Y_{16}$ 射流风机全开，其余区段按照运营工况开启；$F_1 \sim F_{20}$ 射流风机全开；	C_{Y11-1} 变为人行横通道
	S_{Y11-2}	$R_{Y11-2} \sim R_{Y11-4}$					$S_{Y12-2} \sim S_{Y12-1}$：人员由最近人行横通道撤离；$S_{Y12-2} \sim Y_{30}$：发生火灾，从前方最近车行横通道驶入服务隧道（左线隧道）；$Y_1 \sim S_{Y11-1}$，$Z_1 \sim Z_{30}$：发生火灾，迅速驶离隧道			
	S_{Y11-3}						$S_{Y11-3} \sim S_{Y12-1}$：人员由最近人行横通道撤离；$S_{Y12-2} \sim Y_{30}$：发生火灾，从前方最近车行横通道驶入服务隧道（左线隧道）；$Y_1 \sim S_{Y11-2}$，$Z_1 \sim Z_{30}$：发生火灾，迅速驶离隧道			
	S_{Y11-4}	R_{Y11-3}，R_{Y11-4}	$C_{Z2-1} \sim C_{Z19-1}$，$C_{Y12-1} \sim C_{Y30-1}$				$S_{Y11-4} \sim S_{Y12-1}$：人员由最近人行横通道撤离；$S_{Y12-2} \sim Y_{30}$：发生火灾，从前方最近车行横通道驶入服务隧道（左线隧道）；$Y_1 \sim S_{Y11-3}$，$Z_1 \sim Z_{30}$：发生火灾，迅速驶离隧道			
	S_{Y11-5}	R_{Y11-4}					$S_{Y11-5} \sim S_{Y12-1}$：人员由最近人行横通道撤离；$S_{Y12-2} \sim Y_{30}$：发生火灾，从前方最近车行横通道驶入服务隧道（左线隧道）；$Y_1 \sim S_{Y11-4}$，$Z_1 \sim Z_{30}$：发生火灾，迅速驶离隧道			

续上表

防灾分区	事故位置	人行横通道防护门开启	车行横通道防护门开启	洞外信息标志	洞外信号灯	车道指示器	隧道内广播系统	隧道外广播系统	开启风机位置	备注
Y_{12}	S_{Y12-1}	$R_{Y12-1} \sim R_{Y12-3}$	$C_{Z2-1} \sim C_{Z19-1}$，$C_{Y12-1} \sim C_{Y30-1}$	隧道禁止通行	红色	$Y_{12} \sim Y_{30}$区显示为红色，$Y_1 \sim Y_{11}$，$Z_1 \sim Z_{31}$区显示为绿色	Y_{12}、S_{Y13-1}：人员由最近人行横通道撤离；$S_{Y13-2} \sim Y_{30}$：发生火灾，从前方最近车行横通道驶入服务隧道（左线）；$Y_1 \sim Y_{11}$，$Z_1 \sim Z_{30}$：发生火灾，迅速驶离隧道	隧道禁止通行	8号送风竖井轴流风机供风变向，7号排风机关闭，6号送风竖井风机关闭，5号排风竖井轴流风机开启2台，4号排风竖井轴流风机关闭，3号送风竖井送风机开启2台，其余按照运营工况开启；Y_{11}（人→出），$Y_7 \sim Y_{10}$射流风机全开（出→入），其余区段按照运营工况开启；$F_1 \sim F_{19}$射流风机全开；	C_{Y12-1}变为人行横通道
	S_{Y12-2}	$R_{Y12-2} \sim R_{Y12-3}$					$S_{Y12-2} \sim S_{Y13-1}$：人员由最近人行横通道撤离；$S_{Y13-2} \sim Y_{30}$：发生火灾，从前方最近车行横通道驶入服务隧道（左线）；$Y_1 \sim Y_{11}$，$Z_1 \sim Z_{30}$：发生火灾，迅速驶离隧道			
	S_{Y12-3}	R_{Y12-2}、R_{Y12-3}	$C_{Z2-1} \sim C_{Z18-1}$，$C_{Y13-1} \sim C_{Y30-1}$				$S_{Y12-3} \sim S_{Y13-1}$：人员由最近人行横通道撤离；$S_{Y13-2} \sim Y_{30}$：发生火灾，从前方最近车行横通道驶入服务隧道（左线）；$Y_1 \sim S_{Y12-2}$，$Z_1 \sim Z_{30}$：发生火灾，迅速驶离隧道			
	S_{Y12-4}	R_{Y12-3}					$S_{Y12-4} \sim S_{Y13-1}$：人员由最近人行横通道撤离；$S_{Y13-2} \sim Y_{30}$：发生火灾，从前方最近车行横通道驶入服务隧道（左线）；$Y_1 \sim S_{Y12-3}$，$Z_1 \sim Z_{30}$：发生火灾，迅速驶离隧道			

续上表

防灾分区	事故位置	人行横通道防护门开启	车行横通道防护门开启	洞外信息标志	洞外信号灯	车道指示器	隧道内广播系统	隧道外广播系统	开启风机位置	备注
Y_{13}	S_{Y13-1}	R_{Y13-1} ~ R_{Y13-3}	C_{Z2-1} ~ C_{Z18-1}、C_{Y13-1} ~ C_{Y30-1}	隧道禁止通行	红色	Y_{13} ~ Y_{30} 区显示为红色，Y_1 ~ Y_{12}、Z_1 ~ Z_{31} 区显示为绿色	Y_{13}、S_{Y14-1}：人员由最近人行横通道撤离；S_{Y14-2} ~ Y_{30}：发生火灾，从前方最近车行横通道驶入服务隧道（左线隧道），Z_1 ~ Z_{30}：发生火灾，迅速驶离隧道	隧道禁止通行	8号送风竖井轴流风机供风变向，7号排风、6号送风竖井轴流风机关闭，5号排风竖井轴流风机开启2台，4号送风竖井轴流风机关闭，3号送风竖井轴流风机开启2台，其余按照运营工况开启；Y_{11}（人→出），Y_7 ~ Y_{10}射流风机全开，Y_{11} ~ Y_{16}射流风机全开（出→入），其余区段按照运营工况开启；F_1 ~ F_{18}射流风机全开	C_{Y13-1}变为人行横通道
	S_{Y13-2}	R_{Y13-2}、R_{Y13-3}	C_{Z2-1}、C_{Z17-1}、C_{Y14-1} ~ C_{Y30-1}				S_{Y13-2} ~ S_{Y14-1}：人员由最近人行横通道撤离；S_{Y14-2} ~ Y_{30}：发生火灾，从前方最近车行横通道驶入服务隧道（左线隧道），Y_1 ~ S_{Y13-1}，Z_1 ~ Z_{30}：发生火灾，迅速驶离隧道			
	S_{Y13-3}	R_{Y13-3}					S_{Y13-3} ~ S_{Y14-1}：人员由最近人行横通道撤离；S_{Y14-2} ~ Y_{30}：发生火灾，从前方最近车行横通道驶入服务隧道（左线隧道），Y_1 ~ S_{Y13-2}，Z_1 ~ Z_{30}：发生火灾，迅速驶离隧道			
	S_{Y13-4}	R_{Y13-3}					S_{Y13-4} ~ S_{Y14-1}：人员由最近人行横通道撤离；S_{Y14-2} ~ Y_{30}：发生火灾，从前方最近车行横通道驶入服务隧道（左线隧道），Y_1 ~ S_{Y13-3}，Z_1 ~ Z_{30}：发生火灾，迅速驶离隧道			

续上表

防灾分区	事故位置	人行横通道防护门开启	车行横通道防护门开启	洞外信息标志	洞外信号灯	车道指示器	隧道内广播系统	隧道外广播系统	开启风机位置	备注
Y_{14}	S_{Y14-1}	R_{Y14-1} ~ R_{Y14-3}	C_{Z2-1} ~ C_{Z17-1}、C_{Y14-1} ~ C_{Y30-1}	隧道禁止通行	红色	Y_{14} ~ Y_{30}区显示为红色，Y_1 ~ Y_{13}、Z_1 ~ Z_{31}区显示为绿色	Y_{14}、S_{Y15-1}：人员由最近人行横通道撤离；S_{Y15-2} ~ Y_{30}：发生火灾，从前方最近车行横通道驶离，迅速驶离隧道；Y_1 ~ Y_{13}、Z_1 ~ Z_{30}：发生火灾，迅速驶离隧道	隧道禁止通行	8号送风竖井轴流风机供风变向，7号排风、6号送风竖井轴流风机关闭 5号排风竖井轴流风机开启2台，4号送风竖井轴流风机关闭，3号送风竖井轴流风机开启2台，其余按照运营工况开启；Y_{11} ~ Y_{16}射流风机全开（入→出），Y_7 ~ Y_{10}射流风机全开（出→入），其余区段按照运营工况开启；F_1 ~ F_{17}射流风机全开	C_{Y14-1}变为人行横通道
	S_{Y14-2}						S_{Y14-2} ~ S_{Y15-1}：人员由最近人行横通道撤离；S_{Y15-2} ~ Y_{30}：发生火灾，从前方最近车行横通道驶入人服务隧道（左线隧道）；Y_1 ~ Y_{14-1}、Z_1 ~ Z_{30}：发生火灾，迅速驶离隧道			
	S_{Y14-3}	R_{Y14-2}、R_{Y14-3}	C_{Z2-1} ~ C_{Z16-2}、C_{Y15-1} ~ C_{Y30-1}				S_{Y14-3} ~ S_{Y15-1}：人员由最近人行横通道撤离；S_{Y15-2} ~ Y_{30}：发生火灾，从前方最近车行横通道（左线隧道）；Y_1 ~ Y_{14-2}、Z_1 ~ Z_{30}：发生火灾，迅速驶离隧道			
	S_{Y14-4}	R_{Y14-3}					S_{Y14-4} ~ S_{Y15-1}：人员由最近人行横通道撤离；S_{Y15-2} ~ Y_{30}：发生火灾，从前方最近车行横通道（左线隧道）；Y_1 ~ S_{Y14-3}、Z_1 ~ Z_{30}：发生火灾，迅速驶离隧道			

续上表

防灾分区	事故位置	人行横通道防护门开启	车行横通道防护门开启	洞外信息标志	洞外信号灯	车道指示器	隧道内广播系统	隧道外广播系统	开启风机位置	备注
Y15	S_{Y15-1}		$C_{Z2-1} \sim C_{Z16-2}$、$C_{Y15-1} \sim C_{Y30-1}$	隧道禁止通行	红色	$Y_{15} \sim Y_{30}$ 区显示为红色，$Y_1 \sim Y_{14}$、$Z_1 \sim Z_{31}$ 区显示为绿色	S_{Y15-1}、S_{Y15-2}：人员由最近方人行横通道撤离；$S_{Y15-3} \sim Y_{30}$：发生火灾，从前方最近车行横通道驶入服务隧道（左线隧道）；$Y_1 \sim Y_{14}$、$Z_1 \sim Z_{30}$：发生火灾，迅速驶离隧道	隧道禁止通行	8 号送风竖井轴流风机供风变向，7 号排风竖井轴流风机关闭，6 号送风竖井风机关闭，5 号排风竖井轴流风机开启 2 台，4 号排风竖井轴流风机关闭，3 号送风竖井轴流风机开启后 2 台其余区段按照运营工况开启；$Y_{11} \sim Y_{16}$ 射风机全开（入→出），$Y_7 \sim Y_{10}$ 射流风机全开，其余区段按照运营工况开启；$F_1 \sim F_{16}$ 射流风机全开	C_{Y15-1} 变为人行横通道
	S_{Y15-2}	R_{Y15-2}、R_{Y15-3}	$C_{Z2-1} \sim C_{Z16-1}$、$C_{Y15-2} \sim C_{Y30-1}$				$S_{Y15-2} \sim S_{Y16-1}$：人员由最近方人行横通道撤离；$S_{Y16-2} \sim Y_{30}$：发生火灾，从前方最近车行横通道驶入服务隧道（左线隧道）；$Y_1 \sim S_{Y15-1}$、$Z_1 \sim Z_{30}$：发生火灾，迅速驶离隧道			C_{Y15-2} 变为人行横通道
	S_{Y15-3}						$S_{Y15-3} \sim S_{Y16-1}$：人员由最近方人行横通道撤离；$S_{Y16-2} \sim Y_{30}$：发生火灾，从前方最近车行横通道驶入服务隧道（左线隧道）；$Y_1 \sim S_{Y15-2}$、$Z_1 \sim Z_{30}$：发生火灾，迅速驶离隧道			
	S_{Y15-4}	R_{Y15-2}、R_{Y15-3}	$C_{Z2-1} \sim C_{Z15-1}$、$C_{Y16-1} \sim C_{Y30-1}$				$S_{Y15-4} \sim S_{Y16-1}$：人员由最近方人行横通道撤离；$S_{Y16-2} \sim Y_{30}$：发生火灾，从前方最近车行横通道驶入服务隧道（左线隧道）；$Y_1 \sim S_{Y16-3}$、$Z_1 \sim Z_{30}$：发生火灾，迅速驶离隧道			
	S_{Y15-5}	R_{Y15-3}					$S_{Y15-5} \sim S_{Y16-1}$：人员由最近方人行横通道撤离；$S_{Y16-2} \sim Y_{30}$：发生火灾，从前方最近车行横通道驶入服务隧道（左线隧道）；$Y_1 \sim S_{Y16-4}$、$Z_1 \sim Z_{30}$：发生火灾，迅速驶离隧道			

续上表

防灾分区	事故位置	人行横通道防护门开启	车行横通道防护门开启	洞外信息标志	洞外信号灯	车道指示器	隧道内广播系统	隧道外广播系统	开启风机位置	备注
Y_{16}	S_{Y16-1}	R_{Y16-1}、R_{Y16-2}、R_{Y17-1}、R_{Y17-2}	$C_{Z2-1}\sim C_{Z15-1}$、$C_{Y16-1}\sim C_{Y30-1}$	隧道禁止通行	红色	$Y_{16}\sim Y_{30}$区显示为红色，$Y_1\sim Y_{15}$、$Z_1\sim Z_{31}$区显示为绿色	Y_{16}、S_{Y18-1}：人员由最近人行横通道撤离；$S_{Y18-2}\sim Y_{30}$：从前方最近车行横通道驶入服务隧道（左线）；$Y_1\sim Y_{15}$、Z_1、$Z_1\sim Z_{30}$：发生火灾，迅速驶离隧道	隧道禁止通行	8号送风竖井轴流风机供风变向，7号排风，6号送排风竖井风机关闭，5号排风竖井轴流风机开启2台，4号送风竖井轴流风机关闭，3号送风竖井轴流风机开启2台，其余按照运营工况开启；$Y_{11}\sim Y_{16}$射流风机全开（人→出），$Y_7\sim Y_{10}$射流风机全开（出→入），其余区段按照运营工况开启；$F_1\sim F_{15}$射流风机全开；	C_{Y16-1}变为人行横通道
	S_{Y16-2}	R_{Y16-2}、R_{Y17-1}、R_{Y17-2}	$C_{Z2-1}\sim C_{Z13-1}$、$C_{Y18-1}\sim C_{Y30-1}$				$S_{Y16-2}\sim S_{Y18-1}$：人员由最近人行横通道撤离；$S_{Y18-2}\sim Y_{30}$：从前方最近车行横通道驶入服务隧道（左线）；$Y_1\sim S_{Y16-1}$、Z_1、$Z_1\sim Z_{30}$：发生火灾，迅速驶离隧道			
	S_{Y16-3}	R_{Y16-2}、R_{Y17-1}、R_{Y17-2}					$S_{Y16-3}\sim S_{Y18-1}$：人员由最近人行横通道撤离；$S_{Y18-2}\sim Y_{30}$：从前方最近车行横通道驶入服务隧道（左线）；$Y_1\sim S_{Y16-2}$、Z_1、$Z_1\sim Z_{30}$：发生火灾，迅速驶离隧道			
	S_{Y16-4}	R_{Y16-2}、R_{Y17-1}、R_{Y17-2}					$S_{Y16-4}\sim S_{Y18-1}$：人员由最近人行横通道撤离；$S_{Y18-2}\sim Y_{30}$：从前方最近车行横通道驶入服务隧道（左线）；$Y_1\sim S_{Y16-3}$、Z_1、$Z_1\sim Z_{30}$：发生火灾，迅速驶离隧道			

续上表

防灾分区	事故位置	人行横通道防护门开启	车行横通道防护门开启	洞外信息标志	洞外信号灯	车道指示器	隧道内广播系统	隧道外广播系统	开启风机位置	备注
$Y_{11} \sim Y_{16}$（非火灾）		不开启	不开启	无	绿色	$Y_1 \sim Y_{30}$、$Z_1 \sim Z_{31}$区显示为绿色	无	无	5号排风竖井轴流风机开启2台,3号送风竖井轴流风机开启2台,其余区段按照运营工况开启；$Y_{11} \sim Y_{16}$射流风机全开（入→出）,其余区段按照运营工况开启	
Y_{17}	$S_{Y17\text{-}1}$	$R_{Y17\text{-}1}$、$R_{Y17\text{-}2}$	$C_{Z2\text{-}1} \sim C_{Z13\text{-}1}$、$C_{Y18\text{-}1} \sim C_{Y30\text{-}1}$	隧道禁止通行	红色	Y_{17}区显示为红色,$Y_1 \sim Y_{16}$、$Z_1 \sim Z_{31}$区显示为绿色	$S_{Y17\text{-}1} \sim S_{Y18\text{-}1}$:人员由最近人行横通道撤离；$S_{Y18\text{-}2} \sim Y_{30}$:发生火灾,从前方最近车行横通道驶入服务隧道（左线隧道）；$Y_1 \sim Y_{16}$、$Z_1 \sim Z_{30}$:发生火灾,迅速驶离隧道	隧道禁止通行	6号送风竖井轴流风机变向,5号排风竖井轴流风机关闭,4号排风竖井开启,3号排风竖井开启2台,2号排风竖井关闭,1号送风竖井轴流风机开启2台,其余区段按照运营工况开启；$Y_{17} \sim Y_{23}$射流风机全开,Y_{17}（入→出）,$Y_{11} \sim Y_{16}$射流风机全开（出→入）,其余区段按照运营工况开启；$F_1 \sim F_{13}$射流风机全开	
	$S_{Y17\text{-}2}$	$R_{Y17\text{-}2}$					$S_{Y17\text{-}2} \sim S_{Y18\text{-}1}$:人员由最近人行横通道撤离；$S_{Y18\text{-}2} \sim Y_{30}$:发生火灾,从前方最近车行横通道驶入服务隧道（左线隧道）；$Y_1 \sim S_{Y17\text{-}1}$、$Z_1 \sim Z_{30}$:发生火灾,迅速驶离隧道			

续上表

防灾分区	事故位置	人行横通道防护门开启	车行横通道防护门开启	洞外信息标志	洞外信号灯	车道指示器	隧道内广播系统	隧道外广播系统	开启风机位置	备注
Y18	$S_{Y18\text{-}1}$	$R_{Y18\text{-}1}$ ~ $R_{Y18\text{-}3}$	$C_{Z2\text{-}1}$ ~ $C_{Z13\text{-}1}$ $C_{Y18\text{-}1}$ ~ $C_{Y30\text{-}1}$	隧道禁止通行	红色	Y_{18} ~ Y_{30}区显示为红色，Y_1 ~ Y_{17}、Z_1 ~ Z_{31}区显示为绿色	Y_{18}、$S_{Y19\text{-}1}$：人员由最近人行横通道撤离；$S_{Y19\text{-}2}$ ~ Y_{30}：发生火灾，从前方最近方最近车行横通道驶入服务隧道（左线隧道）；Y_1 ~ Y_{17}、Z_1 ~ Z_{30}：发生火灾，迅速驶离隧道	隧道禁止通行	6号送风竖井轴流风机供风变向，5号排风竖井关闭，4号排风竖井开启2台，3号排风竖井关闭，2号送风竖井关闭，1号送风竖井开启2台，其余按照运营工况开启；Y_{17} ~ Y_{23}射流风机全开，Y_{11}、Y_{16}射流风机全开（出→入），其余区段按照运营工况开启；F_1、F_{13}射流风机全开	$C_{Y18\text{-}1}$变为人行横通道
	$S_{Y18\text{-}2}$	$R_{Y18\text{-}2}$、$R_{Y18\text{-}3}$	$C_{Z2\text{-}1}$ ~ $C_{Z12\text{-}1}$ $C_{Y19\text{-}1}$ ~ $C_{Y30\text{-}1}$				$S_{Y18\text{-}2}$ ~ $S_{Y19\text{-}1}$：人员由最近人行横通道撤离；$S_{Y19\text{-}2}$ ~ Y_{30}：发生火灾，从前方最近方最近车行横通道驶入服务隧道（左线隧道）；Y_1 ~ $Y_{18\text{-}1}$、Z_1 ~ Z_{30}：发生火灾，迅速驶离隧道			
	$S_{Y18\text{-}3}$						$S_{Y18\text{-}3}$ ~ $S_{Y19\text{-}1}$：人员由最近人行横通道撤离；$S_{Y19\text{-}2}$ ~ Y_{30}：发生火灾，从前方最近方最近车行横通道驶入服务隧道（左线隧道）；Y_1 ~ $Y_{18\text{-}2}$、Z_1 ~ Z_{30}：发生火灾，迅速驶离隧道			
	$S_{Y18\text{-}4}$	$R_{Y18\text{-}3}$					$S_{Y18\text{-}4}$ ~ $S_{Y19\text{-}1}$：人员由最近人行横通道撤离；$S_{Y19\text{-}2}$ ~ Y_{30}：发生火灾，从前方最近方最近车行横通道驶入服务隧道（左线隧道）；Y_1 ~ $Y_{18\text{-}3}$、Z_1 ~ Z_{30}：发生火灾，迅速驶离隧道			

续上表

防灾分区	事故位置	人行横通道防护门开启	车行横通道防护门开启	洞外信息标志	洞外信号灯	车道指示器	隧道内广播系统	隧道外广播系统	开启风机位置	备注
Y_{19}	S_{Y19-1}	$R_{Y19-1} \sim R_{Y19-3}$	$C_{Z2-1} \sim C_{Z12-1}$，$C_{Y19-1} \sim C_{Y30-1}$	隧道禁止通行	红色	$Y_{19} \sim Y_{30}$区显示为红色，$Y_1 \sim Y_{18}$、$Z_1 \sim Z_{31}$区显示为绿色	Y_{19}、S_{Y20-1}:人员由最近人行横通道撤离；$S_{Y20-1} \sim Y_{30}$:发生火灾,从前方最近车行横通道驶入人服务隧道(左线隧道)；$Y_1 \sim Y_{18}$、$Z_1 \sim Z_{30}$:发生火灾,迅速驶离隧道	隧道禁止通行	6号送风机供风变向,5号排风竖井轴流风机关闭,4号排风竖井轴流风机开启2台,3号排风竖井轴流风机关闭,2号排风竖井轴流风机开启2台,1号送风机开启,其余按照运营工况开启；Y_{17}(人→出) $\sim Y_{23}$射流风机全开,$Y_{11} \sim Y_{16}$射流风机全开(出→人),其余区段按照运营工况开启；$F_1 \sim F_{12}$射流风机全开	C_{Y19-1}变为人行横通道
	S_{Y19-2}	$R_{Y19-2} \sim R_{Y19-3}$	$C_{Z2-1} \sim C_{Z11-1}$，$C_{Y20-1} \sim C_{Y30-1}$				$S_{Y19-2} \sim S_{Y20-1}$:人员由最近人行横通道撤离；$S_{Y20-1} \sim Y_{30}$:发生火灾,从前方最近车行横通道驶入人服务隧道(左线隧道)；$Y_1 \sim S_{Y19-1}$、$Z_1 \sim Z_{30}$:发生火灾,迅速驶离隧道			
	S_{Y19-3}	R_{Y19-3}					$S_{Y19-3} \sim S_{Y20-1}$:人员由最近人行横通道撤离；$S_{Y20-2} \sim Y_{30}$:发生火灾,从前方最近车行横通道驶入人服务隧道(左线隧道)；$Y_1 \sim S_{Y19-2}$、$Z_1 \sim Z_{30}$:发生火灾,迅速驶离隧道			
	S_{Y19-4}	R_{Y19-3}					$S_{Y19-4} \sim S_{Y20-1}$:人员由最近人行横通道撤离；$S_{Y20-2} \sim Y_{30}$:发生火灾,从前方最近车行横通道驶入人服务隧道(左线隧道)；$Y_1 \sim S_{Y19-3}$、$Z_1 \sim Z_{30}$:发生火灾,迅速驶离隧道			

续上表

防灾分区	事故位置	人行横通道防护门开启	车行横通道防护门开启	洞外信息标志	洞外信号灯	车道指示器	隧道内广播系统	隧道外广播系统	开启风机位置	备注
Y20	S_{Y20-1}	$R_{Y20-1} \sim R_{Y20-3}$	$C_{Z2-1} \sim C_{Z11-1}$，$C_{Y20-1} \sim C_{Y30-1}$	隧道禁止通行	红色	$Y_{20} \sim Y_{30}$区显示为红色，$Y_1 \sim Y_{19}$，$Z_1 \sim Z_{31}$区显示为绿色	Y_{20}、S_{Y21-1}:人员由最近人行横通道撤离；$S_{Y21-2} \sim Y_{30}$:发生火灾,从前方最近车行横通道驶入服务隧道（左线隧道）；$Y_1 \sim Y_{19}$，$Z_1 \sim Z_{30}$:发生火灾,迅速驶离隧道	隧道禁止通行		C_{Y20-1}变为人行横通道
	S_{Y20-2}	R_{Y20-2}，R_{Y20-3}	$C_{Z2-1} \sim C_{Z10-1}$，$C_{Y21-1} \sim C_{Y30-1}$				$S_{Y20-2} \sim Y_{30}$:人员由最近人行横通道撤离；$S_{Y21-2} \sim Y_{30}$:发生火灾,从前方最近车行横通道驶入服务隧道（左线隧道）；$Y_1 \sim S_{Y20-1}$，$Z_1 \sim Z_{30}$:发生火灾,迅速驶离隧道		6号送风竖井轴流风机供风变向,5号排风竖井开关闭,4号排风竖井轴流风机开启2台,3号排风竖井轴流风机关闭,2号送风竖井开关闭,1号送风竖井轴流风机开启2台,其余按照运营工况开启；$Y_{17} \sim Y_{23}$射流风机全开（人→出），$Y_{11} \sim Y_{16}$射流风机全开（出→入），其余区段按照运营工况开启；$F_1 \sim F_{11}$射流风机全开	
	S_{Y20-3}	R_{Y20-2}，R_{Y20-3}	$C_{Z2-1} \sim C_{Z10-1}$，$C_{Y21-1} \sim C_{Y30-1}$				$S_{Y20-3} \sim S_{Y21-1}$:人员由最近人行横通道撤离；$S_{Y21-2} \sim Y_{30}$:发生火灾,从前方最近车行横通道驶入服务隧道（左线隧道）；$Y_1 \sim S_{Y20-2}$，$Z_1 \sim Z_{30}$:发生火灾,迅速驶离隧道			
	S_{Y20-4}	R_{Y20-3}					$S_{Y20-4} \sim S_{Y21-1}$:人员由最近人行横通道撤离；$S_{Y21-2} \sim Y_{30}$:发生火灾,从前方最近车行横通道驶入服务隧道（左线隧道）；$Y_1 \sim S_{Y20-3}$，$Z_1 \sim Z_{30}$:发生火灾,迅速驶离隧道			

续上表

防灾分区	事故位置	人行横通道防护门开启	车行横通道防护门开启	洞外信息标志	洞外信号灯	车道指示器	隧道内广播系统	隧道外广播系统	开启风机位置	备注
Y_{21}	S_{Y21-1}	$R_{Y21-1} \sim R_{Y21-3}$	$C_{Z2-1} \sim C_{Z10-1}$、$C_{Y21-1} \sim C_{Y30-1}$	隧道禁止通行	红色	$Y_{21} \sim Y_{30}$区显示为红色，$Y_1 \sim Y_{20}$、$Z_1 \sim Z_{31}$区显示绿色	Y_{21}、S_{Y22-1}：人员由最近人行横通道撤离；$S_{Y22-2} \sim Y_{30}$：发生火灾，从前方最近车行横通道驶入服务隧道（左线隧道）；$Y_1 \sim Y_{20}$、$Z_1 \sim Z_{30}$：发生火灾，迅速驶离隧道	隧道禁止通行	6号送风竖井轴流风机（供风变向），5号排风竖井4号排风竖井开启，3号排风竖井关闭，2号排风竖井开启，1号送风竖井开启，其余按照运营工况开启；$Y_{17} \sim Y_{23}$射流风机全开（入→出），$Y_{11} \sim Y_{16}$射流风机全开（出→入），其余区段按照运营工况开启；$F_1 \sim F10$射流风机全开	C_{Y21-1}变为人行横通道
	S_{Y21-2}	R_{Y21-2}、R_{Y21-3}					$S_{Y21-2} \sim S_{Y22-1}$：人员由最近人行横通道撤离；$S_{Y22-2} \sim Y_{30}$：发生火灾，从前方最近车行横通道驶入服务隧道（左线隧道）；$Y_1 \sim S_{Y21-1}$、$Z_1 \sim Z_{30}$：发生火灾，迅速驶离隧道			
	S_{Y21-3}		$C_{Z2-1} \sim C_{Z9-2}$、$C_{Y22-1} \sim C_{Y30-1}$				$S_{Y21-3} \sim S_{Y22-1}$：人员由最近人行横通道撤离；$S_{Y22-2} \sim Y_{30}$：发生火灾，从前方最近车行横通道驶入服务隧道（左线隧道）；$Y_1 \sim S_{Y21-2}$、$Z_1 \sim Z_{30}$：发生火灾，迅速驶离隧道			
	S_{Y21-4}	R_{Y21-3}					$S_{Y21-4} \sim S_{Y21-3}$：人员由最近人行横通道撤离；$S_{Y22-2} \sim Y_{30}$：发生火灾，从前方最近车行横通道驶入服务隧道（左线隧道）；$Y_1 \sim S_{Y21-3}$、$Z_1 \sim Z_{30}$：发生火灾，迅速驶离隧道			

续上表

防灾分区	事故位置	人行横通道防护门开启	车行横通道防护门开启	洞外信息标志	洞外信号灯	车道指示器	隧道内广播系统	隧道外广播系统	开启风机位置	备注
Y_{22}	$S_{Y22\text{-}1}$		$C_{Z2\text{-}1} \sim C_{Z9\text{-}2}$、$C_{Y22\text{-}1} \sim C_{Y30\text{-}1}$				$S_{Y22\text{-}1}$、$S_{Y22\text{-}2}$：人员由最近人行横通道撤离；$S_{Y22\text{-}3} \sim Y_{30}$：发生火灾，从前方最近车行横通道驶入服务隧道（左线隧道）；$Y_1 \sim Y_{21}$，Z_1、Z_{30}：发生火灾，迅速驶离隧道			$C_{Y22\text{-}1}$ 变为人行横通道
	$S_{Y22\text{-}2}$	$R_{Y22\text{-}2} \sim R_{Y22\text{-}3}$	$C_{Z2\text{-}1} \sim C_{Z9\text{-}1}$、$C_{Y22\text{-}2} \sim C_{Y30\text{-}1}$				$S_{Y22\text{-}2} \sim S_{Y23\text{-}1}$：人员由最近人行横通道撤离；$S_{Y23\text{-}2} \sim Y_{30}$：发生火灾，从前方最近车行横通道驶入服务隧道（左线隧道）；$Y_1 \sim S_{Y22\text{-}1}$，$Z_1$、$Z_{30}$：发生火灾，迅速驶离隧道			$C_{Y22\text{-}2}$ 变为人行横通道
	$S_{Y22\text{-}3}$			隧道禁止通行	红色	$Y_{22} \sim Y_{30}$ 区显示为红色，$Y_1 \sim Y_{21}$、$Z_1 \sim Z_{31}$ 区显示为绿色	$S_{Y22\text{-}3} \sim S_{Y23\text{-}1}$：人员由最近人行横通道撤离；$S_{Y23\text{-}2} \sim Y_{30}$：发生火灾，从前方最近车行横通道驶入服务隧道（左线隧道）；$Y_1 \sim S_{Y22\text{-}2}$，$Z_1$、$Z_{30}$：发生火灾，迅速驶离隧道	隧道禁止通行	6号送风竖井轴流风机供风变向，5号排风竖井轴流风机开启，4号排风竖井轴流风机关闭，3号排风竖井轴流风机关闭，2号送风竖井轴流风机关闭，1号送风竖井轴流风机开启，其余按照运营工况开启；$Y_{17} \sim Y_{23}$ 射流风机全开（出→入），$Y_{11} \sim Y_{16}$ 射流风机全开（入→出），其余区段按照运营工况开启；$F_1 \sim F_9$ 射流风机开	
	$S_{Y22\text{-}4}$	$R_{Y22\text{-}2}$、$R_{Y22\text{-}3}$	$C_{Z2\text{-}1} \sim C_{Z8\text{-}1}$、$C_{Y23\text{-}1} \sim C_{Y30\text{-}1}$				$S_{Y22\text{-}4} \sim S_{Y23\text{-}1}$：人员由最近人行横通道撤离；$S_{Y23\text{-}2} \sim Y_{30}$：发生火灾，从前方最近车行横通道驶入服务隧道（左线隧道）；$Y_1 \sim S_{Y22\text{-}3}$，$Z_1$、$Z_{30}$：发生火灾，迅速驶离隧道			
	$S_{Y22\text{-}5}$	$R_{Y22\text{-}3}$					$S_{Y22\text{-}5} \sim S_{Y23\text{-}1}$：人员由最近人行横通道撤离；$S_{Y23\text{-}2} \sim Y_{30}$：发生火灾，从前方最近车行横通道驶入服务隧道（左线隧道）；$Y_1 \sim S_{Y23\text{-}4}$，$Z_1$、$Z_{30}$：发生火灾，迅速驶离隧道			

续上表

防灾分区	事故位置	人行横通道防护门开启	车行横通道防护门开启	洞外信息标志	洞外信号灯	车道指示器	隧道内广播系统	隧道外广播系统	开启风机位置	备注
Y_{23}	S_{Y23-1}	R_{Y23-1}、R_{Y24-1}、R_{Y24-2}	$C_{Y22-1} \sim C_{Y28-1}$、$C_{Y23-1} \sim C_{Y30-1}$				Y_{23}、S_{Y25-1}：人员由最近人行横通道撤离；$S_{Y25-2} \sim Y_{30}$：发生火灾，从前方最近车行横通道驶入服务隧道（左线隧道）；$Y_1 \sim Y_{22}$、$Z_1 \sim Z_{30}$：发生火灾，迅速驶离隧道			C_{Y23-1}变为人行横通道
	S_{Y23-2}			隧道禁止通行	红色	$Y_{23} \sim Y_{30}$区显示为红色，$Y_1 \sim Y_{22}$、$Z_1 \sim Z_{31}$区显示为绿色	$S_{Y23-2} \sim S_{Y25-1}$：人员由最近人行横通道撤离；$S_{Y25-2} \sim Y_{30}$：发生火灾，从前方最近车行横通道驶入服务隧道（左线隧道）；$Y_1 \sim S_{Y23-1}$、$Z_1 \sim Z_{30}$：发生火灾，迅速驶离隧道	隧道禁止通行	6号送风竖井轴流风机供风变向，5号排风竖井关闭，4号排风竖井轴流风竖井开启2台，3号排风竖井轴流风竖井关闭，2号排风竖井轴流风竖井开启，1号送风竖井轴流风机开启2台，其余按照运营工况开启；$Y_{17} \sim Y_{23}$射流风机全开（人→出），$Y_{11} \sim Y_{16}$射流风机全开（出→人），其余区段按照运营工况开启；$F_1 \sim F_8$射流风机全开	
	S_{Y23-3}	R_{Y24-1}、R_{Y24-2}	$C_{Y22-1} \sim C_{Y27-1}$、$C_{Y25-1} \sim C_{Y30-1}$				$S_{Y23-3} \sim S_{Y25-1}$：人员由最近人行横通道撤离；$S_{Y25-2} \sim Y_{30}$：发生火灾，从前方最近车行横通道驶入服务隧道（左线隧道）；$Y_1 \sim S_{Y23-2}$、$Z_1 \sim Z_{30}$：发生火灾，迅速驶离隧道			

续上表

防灾分区	事故位置	人行横通道防护门开启	车行横通道防护门开启	洞外信息标志	洞外信号灯	车道指示器	隧道内广播系统	隧道外广播系统	开启风机位置	备注
$Y_{17}\sim Y_{23}$（非火灾）		不开启	不开启	无	绿色	$Y_1\sim Y_{30}$、$Z_1\sim Z_{31}$显示为绿色	无	无	6号送风竖井轴流风机供风变向,5号排风竖井关闭,4号排风竖井轴流风机开启2台,3号排风竖井关闭,2号排风竖井轴流风机开启2台,1号送风竖井轴流风机开启,其余按照运营工况开启；$Y_{17}\sim Y_{23}$开（入→出），其余区段按照运营工况开启	
Y_{24}	S_{Y24-1}	R_{Y24-1}、R_{Y24-2}	$C_{Z2-1}\sim C_{Z7-1}$、$C_{Y25-1}\sim C_{Y30-1}$	隧道禁止通行	红色	$Y_{24}\sim Y_{30}$区显示为红色,$Y_1\sim Y_{23}$、$Z_1\sim Z_{31}$显示为绿色	$S_{Y24-1}\sim S_{Y25-1}$：人员由最近人行横通道撤离；$S_{Y25-2}\sim Y_{30}$：发生火灾,从前方最近车行横通道驶入服务隧道（左线隧道）；$Y_1\sim Y_{23}$、$Z_1\sim Z_{30}$：发生火灾,迅速驶离隧道	隧道禁止通行	4号排风竖井关闭,3号送风竖井轴流风机供风变向,2号排风竖井关闭,1号送风竖井轴流风机供风机开启2台,其余区段按照运营工况开启；$Y_{24}\sim Y_{30}$射流风机全开（入→出）,$Y_{17}\sim Y_{23}$射流风机全开（出→入）,其余区段开启；$F_1\sim F_7$,射流风机全开	C_{Y24-1}变为人行横通道
	S_{Y24-2}	R_{Y24-2}					$S_{Y24-2}\sim S_{Y25-1}$：人员由最近人行横通道撤离；$S_{Y25-2}\sim Y_{30}$：发生火灾,从前方最近车行横通道驶入服务隧道（左线隧道）；$Y_1\sim S_{Y17-1}$、$Z_1\sim Z_{30}$：发生火灾,迅速驶离隧道			

续上表

防灾分区	事故位置	人行横通道防护门开启	车行横通道防护门开启	洞外信息标志	洞外信号灯	车道指示器	隧道内广播系统	隧道外广播系统	开启风机位置	备注
Y_{25}	S_{Y25-1}	R_{Y25-1} ~ R_{Y25-3}	C_{Z2-1} ~ C_{Z7-1}，C_{Y25-1} ~ C_{Y30-1}	隧道禁止通行	红色	Y_{25} ~ Y_{30}区显示为红色，Y_1 ~ Y_{24}、Z_1 ~ Z_{31}区显示绿色	Y_{25}、S_{Y26-1}：人员由最近人行横通道撤离；S_{Y26-2} ~ Y_{30}：发生火灾，从前方最近车行横通道驶入服务隧道（左线隧道）；Y_1 ~ Y_{24}、Z_1 ~ Z_{30}：发生火灾，迅速驶离隧道	隧道禁止通行	4号排风竖井关闭，3号送风竖井轴流风机供风变向，2号排风竖井轴流风机开启，1号排风竖井关闭，其余按照运营工况开启；Y_{24}（人→出），Y_{17}、Y_{23}射流风机全开（出→入），其余区段按照运营工况开启；F_1 ~ F_7射流风机全开	C_{Y25-1}变为人行横通道
	S_{Y25-2}	R_{Y25-2}、R_{Y25-3}	C_{Z2-1} ~ C_{Z6-1}，C_{Y26-1} ~ C_{Y30-1}				S_{Y25-2} ~ S_{Y26-1}：人员由最近人行横通道撤离；S_{Y26-2} ~ Y_{30}：发生火灾，从前方最近车行横通道驶入服务隧道（左线隧道）；Y_1 ~ S_{Y25-1}、Z_1 ~ Z_{30}：发生火灾，迅速驶离隧道			
	S_{Y25-3}						S_{Y25-3} ~ S_{Y26-1}：人员由最近人行横通道撤离；S_{Y26-2} ~ Y_{30}：发生火灾，从前方最近车行横通道驶入服务隧道（左线隧道）；Y_1 ~ S_{Y25-2}、Z_1 ~ Z_{30}：发生火灾，迅速驶离隧道			
	S_{Y25-4}	R_{Y25-3}					S_{Y25-4} ~ S_{Y26-1}：人员由最近人行横通道撤离；S_{Y26-2} ~ Y_{30}：发生火灾，从前方最近车行横通道驶入服务隧道（左线隧道）；Y_1 ~ S_{Y25-3}、Z_1 ~ Z_{30}：发生火灾，迅速驶离隧道			

续上表

防灾分区	事故位置	人行横通道防护门开启	车行横通道防护门开启	洞外信息标志	洞外信号灯	车道指示器	隧道内广播系统	隧道外广播系统	开启风机位置	备注
Y_{26}	$S_{Y26\text{-}1}$	$R_{Y26\text{-}1}$ ~ $R_{Y26\text{-}3}$	$C_{Z2\text{-}1}$ ~ $C_{Z6\text{-}1}$，$C_{Y26\text{-}1}$ ~ $C_{Y30\text{-}1}$	隧道禁止通行	红色	Y_{26} ~ Y_{30}区显为红色，Y_1 ~ Y_{25}、Z_1 ~ Z_{31}区显示为绿色	Y_{26}、$S_{Y27\text{-}1}$：人员由最近人行横通道撤离；$S_{Y27\text{-}2}$ ~ Y_{30}：发生火灾，从前方最近车行横通道驶入服务隧道（左线隧道）；Y_1 ~ Y_{25}、Z_1 ~ Z_{30}：发生火灾，迅速驶离隧道	隧道禁止通行	4号排风竖井关闭，3号送风竖井轴流风机供风变向，2号排风竖井关闭，1号排风竖井轴流风机开启2台，其余按照运营工况开启；Y_{24} ~ Y_{30}射流风机全开（入→出），Y_{17} ~ Y_{23}射流风机全开（出→入），其余区段按照运营工况开启；F_1 ~ F_6射流风机全开	$C_{Y26\text{-}1}$变为人行横通道
	$S_{Y26\text{-}2}$						$S_{Y26\text{-}2}$ ~ $S_{Y27\text{-}1}$：人员由最近人行横通道撤离；$S_{Y27\text{-}2}$ ~ Y_{30}：发生火灾，从前方最近车行横通道驶入服务隧道（左线隧道）；Y_1 ~ $S_{Y26\text{-}1}$、Z_1 ~ Z_{30}：发生火灾，迅速驶离隧道			
	$S_{Y26\text{-}3}$	$R_{Y26\text{-}2}$、$R_{Y26\text{-}3}$	$C_{Z2\text{-}1}$ ~ $C_{Z5\text{-}1}$，$C_{Y27\text{-}1}$ ~ $C_{Y30\text{-}1}$				$S_{Y26\text{-}3}$ ~ $S_{Y27\text{-}1}$：人员由最近人行横通道撤离；$S_{Y27\text{-}2}$ ~ Y_{30}：发生火灾，从前方最近车行横通道驶入服务隧道（左线隧道）；Y_1 ~ $S_{Y26\text{-}2}$、Z_1 ~ Z_{30}：发生火灾，迅速驶离隧道			
	$S_{Y26\text{-}4}$	$R_{Y26\text{-}3}$					$S_{Y26\text{-}4}$ ~ $S_{Y27\text{-}1}$：人员由最近人行横通道撤离；$S_{Y27\text{-}2}$ ~ Y_{30}：发生火灾，从前方最近车行横通道驶入服务隧道（左线隧道）；Y_1 ~ $S_{Y26\text{-}3}$、Z_1 ~ Z_{30}：发生火灾，迅速驶离隧道			

续上表

防灾分区	事故位置	人行横通道防护门开启	车行横通道防护门开启	洞外信息标志	洞外信号灯	车道指示器	隧道内广播系统	隧道外广播系统	开启风机位置	备注
Y27	S_{Y27-1}	$R_{Y27-1} \sim R_{Y27-3}$	$C_{Z2-1} \sim C_{Z5-1}$，$C_{Y27-1} \sim C_{Y30-1}$	隧道禁止通行	红色	$Y_{27} \sim Y_{30}$区显示为红色，$Y_1 \sim Y_{26}$、$Z_1 \sim Z_{31}$区显示为绿色	Y_{27}、S_{Y28-1}:人员由最近人行横通道撤离；$S_{Y28-2} \sim Y_{30}$:发生火灾，从前方最近车行横通道驶入人服务隧道（左线隧道）；$Y_1 \sim Y_{26}$、$Z_1 \sim Z_{30}$:发生火灾，迅速驶离隧道	隧道禁止通行	4号排风竖井关闭，3号送风竖井轴流风机供风变向，2号排风竖井关闭，1号排风竖井轴流风机开启2台，其余按照运营工况开启；$Y_{24} \sim Y_{30}$射流风机全开（入→出），$Y_{17} \sim Y_{23}$射流风机全开（出→入），其余区段按照运营工况开启；$F_1 \sim F_5$射流风机全开	C_{Y27-1}变为人行横通道
	S_{Y27-2}						$S_{Y27-2} \sim S_{Y28-1}$:人员由最近人行横通道撤离；$S_{Y28-2} \sim Y_{30}$:发生火灾，从前方最近车行横通道驶入人服务隧道（左线隧道）；$Y_1 \sim S_{Y27-1}$、$Z_1 \sim Z_{30}$:发生火灾，迅速驶离隧道			
	S_{Y27-3}	$R_{Y27-2} \sim R_{Y27-3}$	$C_{Z2-1} \sim C_{Z4-1}$，$C_{Y28-1} \sim C_{Y30-1}$				$S_{Y27-3} \sim S_{Y28-1}$:人员由最近人行横通道撤离；$S_{Y28-2} \sim Y_{30}$:发生火灾，从前方最近车行横通道驶入人服务隧道（左线隧道）；$Y_1 \sim S_{Y27-2}$、$Z_1 \sim Z_{30}$:发生火灾，迅速驶离隧道			
	S_{Y27-4}	R_{Y27-3}					$S_{Y27-4} \sim S_{Y28-1}$:人员由最近人行横通道撤离；$S_{Y28-2} \sim Y_{30}$:发生火灾，从前方最近车行横通道驶入人服务隧道（左线隧道）；$Y_1 \sim S_{Y27-3}$、$Z_1 \sim Z_{30}$:发生火灾，迅速驶离隧道			

续上表

防灾分区	事故位置	人行横通道防护门开启	车行横通道防护门开启	洞外信息标志	洞外信号灯	车道指示器	隧道内广播系统	隧道外广播系统	开启风机位置	备注
Y_{28}	S_{Y28-1}	R_{Y28-1}、R_{Y28-2}	$C_{Z2-1} \sim C_{Z4-1}$、$C_{Y28-1} \sim C_{Y30-1}$	隧道禁止通行	红色	$Y_{28} \sim Y_{30}$区显示为红色，$Y_1 \sim Y_{27}$，$Z_1 \sim Z_{31}$区显示绿色	Y_{28}、S_{Y29-1}：人员由最近人行横通道撤离；$S_{Y29-2} \sim Y_{30}$：发生火灾，从前方最近车行横通道驶入服务隧道（左线隧道）；$Y_1 \sim Y_{27}$，$Z_1 \sim Z_{30}$：发生火灾，迅速驶离隧道			C_{Y28-1}变为人行横通道
	S_{Y28-2}		$C_{Z2-1} \sim C_{Z3-1}$、$C_{Y29-1} \sim C_{Y30-1}$				$S_{Y28-2} \sim S_{Y29-1}$：人员由最近人行横通道撤离；$S_{Y29-2} \sim Y_{30}$：发生火灾，从前方最近车行横通道驶入服务隧道（左线隧道）；$Y_1 \sim S_{Y28-1}$，$Z_1 \sim Z_{30}$：发生火灾，迅速驶离隧道	隧道禁止通行	4号排风竖井关闭，3号送风竖井轴流风机供风变向，1号排风竖井关闭，2号排风竖井轴流风机开启2台，其余按照运营工况开启；$Y_{24} \sim Y_{30}$射流风机全开（入→出），$Y_{17} \sim Y_{23}$射流风机全开（出→入），其余区段按照运营工况开启；$F_1 \sim F_4$射流风机全开	
	S_{Y28-3}	R_{Y28-2}					$S_{Y28-3} \sim S_{Y29-1}$：人员由最近人行横通道撤离；$S_{Y29-2} \sim Y_{30}$：发生火灾，从前方最近车行横通道驶入服务隧道（左线隧道）；$Y_1 \sim S_{Y28-2}$，$Z_1 \sim Z_{30}$：发生火灾，迅速驶离隧道			

续上表

防灾分区	事故位置	人行横通道防护门开启	车行横通道防护门开启	洞外信息标志	洞外信号灯	车道指示器	隧道内广播系统	隧道外广播系统	开启风机位置	备注
Y_{29}	S_{Y29-1}	R_{Y29-1}、R_{Y29-2}	$C_{Z2-1} \sim C_{Z3-1}$，$C_{Y29-1} \sim C_{Y30-1}$	隧道禁止通行	红色	$Y_{29} \sim Y_{30}$区显示为红色，$Y_1 \sim Y_{28}$、$Z_1 \sim Z_{31}$区显示为绿色	Y_{29}、S_{Y30-1}：人员由最近人行横通道撤离；$S_{Y31-2} \sim Y_{30}$：发生火灾，从前方最近车行横通道驶入服务隧道（左线隧道）；$Y_1 \sim Y_{28}$、$Z_1 \sim Z_{30}$：发生火灾，迅速驶离隧道	隧道禁止通行	4号排风竖井关闭，3号送风竖井轴流风机变向，1号排风竖井轴流风机开启，2号排风竖井轴流风机开启2台，其余条件按照运营工况开启；$Y_{24} \sim Y_{30}$射流风机全开（出→入），$Y_{17} \sim Y_{23}$射流风机全开（入→出），其余区段按照运营工况开启；F_1~F_3射流风机全开	C_{Y29-1}变为人行横通道
	S_{Y29-2}						$S_{Y29-2} \sim S_{Y30-1}$：人员由最近人行横通道撤离；$S_{Y30-2} \sim Y_{30}$：发生火灾，从前方最近车行横通道驶入服务隧道（左线隧道）；$Y_1 \sim S_{Y29-1}$、$Z_1 \sim Z_{30}$：发生火灾，迅速驶离隧道			
	S_{Y29-3}	R_{Y29-2}	C_{Z2-1}、C_{Y30-1}				$S_{Y29-3} \sim S_{Y30-1}$：人员由最近人行横通道撤离；$S_{Y30-2} \sim Y_{30}$：发生火灾，从前方最近车行横通道驶入服务隧道（左线隧道）；$Y_1 \sim S_{Y29-2}$、$Z_1 \sim Z_{30}$：发生火灾，迅速驶离隧道			

续上表

防灾分区	事故位置	人行横通道防护门开启	车行横通道防护门开启	洞外信息标志	洞内信号灯	车道指示器	隧道内广播系统	隧道外广播系统	开启风机位置	备注
Y_{30}	S_{Y30-1}	R_{Y30-1}、R_{Y30-2}	C_{Z2-1}、C_{Y30-1}	隧道禁止通行	红色	Y_{30}区显示为红色，$Y_1 \sim Y_{29}$、$Z_1 \sim Z_{31}$区显示为绿色	Y_{30}：人员由最近人行横通道或隧道入口撤离；$Y_1 \sim Y_{29}$、$Z_1 \sim Z_{30}$：发生火灾，迅速驶离隧道	隧道禁止通行	4号排风竖井关闭，3号送风竖井轴流风机供风变向，1号排风竖井关闭，2号排风竖井轴流风机开启2台，其余按照运营工况开启	C_{Y30-1}变为人行横通道
	S_{Y30-2}	R_{Y30-2}					$S_{Y30-2} \sim S_{Y30-4}$：人员由最近人行道或隧道入口撤离；$Y_1 \sim Y_{29-1}$、$Z_1 \sim Z_{30}$：发生火灾，迅速驶离隧道		$Y_{24} \sim Y_{30}$射流风机全开（人→出），$Y_{17} \sim Y_{23}$射流风机全开（出→人），其余区段按照运营工况开启；F_1射流风机全开	
	S_{Y30-3}	R_{Y30-2}	不开启				S_{Y30-3}、S_{Y30-4}：人员由最近人行道或隧道入口撤离；$Y_1 \sim S_{Y30-2}$、$Z_1 \sim Z_{30}$：发生火灾，迅速驶离隧道			
	S_{Y30-4}	不开启					S_{Y30-4}：人员由最近人行道或隧道入口撤离；$Y_1 \sim S_{Y30-3}$、$Z_1 \sim Z_{30}$：发生火灾，迅速驶离隧道			
$Y_{24} \sim Y_{30}$（非火灾）		不开启	不开启	无	绿色	$Z_1 \sim Z_{30}$、$Y_1 \sim Y_{30}$区示为绿色	无	无	4号排风竖井关闭，3号送风竖井轴流风机供风变向，1号排风竖井关闭，2号排风竖井轴流风机开启2台，其余按照运营工况开启；$Y_{24} \sim Y_{30}$射流风机全开（人→出），其余区段按照运营工况开启	

参 考 文 献

[1] 张晟斌,李雪峰,刘夏临,等.基于烟囱效应的高海拔超长公路隧道横通道设计参数研究 [J].科学技术与工程,2022,22(32):14417-14423.

[2] 刘夏临,李雪峰,张翱,等.基于防灾分区的高海拔三洞并行公路隧道火灾通风网络系统 设计[J].消防科学与技术,2022,41(7):916-921.

[3] 刘夏临,张翱,李雪峰,等.超长高海拔公路隧道火灾烟流扩散及温度分布规律[J].科学 技术与工程,2022,22(31):13958-13964.

[4] 姜学鹏,廖湘娟,何振华.人字坡山岭隧道火灾顶板下方烟气最高温度的研究[J].安全与 环境学报,2018,18(3):925-929.

[5] 刘斌,安军,郭汝杰,等.复杂结构隧道火灾烟气逆流与温度分布的数值模拟[J].安全与 环境学报,2019,19(3):818-823.

[6] 王宇.超高海拔公路隧道火灾燃烧特性及烟流控制方法研究[D].成都:西南交通大 学,2019.

[7] ZHOU Z, WEI Y, HU X, et al. Experimental study of the burning behavior of n-heptane pool fires at high altitude[J]. Fire & Materials, 2016, 40(1):80-88.

[8] SANJAY KUMAR KHATTRI. From small-scale tunnel fire simulations to predicting fire dy- namics in realistic tunnels[J]. Tunnelling and Underground Space Technology, 2017, 61 (1): 198-204.

[9] 胡隆华,彭伟,杨瑞新.隧道火灾动力学与防治技术基础[M].北京:科学出版社,2014.

[10] 范维澄.火灾风险评估方法学[M].北京:科学出版社,2004.

[11] PIARC. Road tunnels manual[R]. Paris:World Road Association, 2016.

[12] INGASON H, LI Y Z, LÖNNERMARK A. Tunnel fire ventilation[M]. Berlin:Springer, 2015.

[13] 王亚琼,夏丰勇,谢永利,等.特长公路隧道双洞互补式通风物理模型试验[J].中国公路 学报,2014,27(6):84-90.

[14] 严涛.高海拔单洞双向特长公路隧道通风关键技术研究[D].成都:西南交通大学,2016.

[15] JIN S, JIN J, GONG Y. Natural ventilation of urban shallowly-buried road tunnels with roof openings[J]. Tunnelling and Underground Space Technology, 2017, 63:217-227.

[16] TONG Y, WANG X, ZHAI J, et al. Theoretical predictions and field measurements for po- tential natural ventilation in urban vehicular tunnels with roof openings [J]. Building & Envi- ronment, 2014, 82:450-458.

[17] 中华人民共和国交通运输部.公路隧道照明设计细则:JTG/T D70/2-01—2014[M].北 京:人民交通出版社股份有限公司,2014.

[18] 中华人民共和国交通运输部.公路隧道通风设计细则:JTG/T D70/2-02—2014[M].北

京:人民交通出版社股份有限公司,2014.

[19] 戎贤,许家杰,张新宇,等.特长公路隧道火灾烟气沉降特性对人员疏散影响的研究[J]. 中国安全生产科学技术,2023,19(2):128-135.

[20] 王明年,胡萧越,于丽,等.公路隧道动态火灾规模及人员疏散研究[J].消防科学与技术,2020,39(2):203-207.

[21] 陈长坤,徐志胜.长大公路隧道火灾安全疏散性能化设计与分析[J].中国工程科学,2007(9):78-83.

[22] 王华牢,刘学增,马小君.长大公路隧道火灾安全疏散研究[J].公路交通科技,2010,27(11):83-87.

[23] 杨松,冯佳琳,陈钒,等.螺旋型隧道火灾蔓延规律及人员安全疏散规划[J].科学技术与工程,2019,19(25):351-357.

[24] 王星,屈建荣,夏永旭,等.单洞双向公路隧道火灾人员疏散救援研究[J].地下空间与工程学报,2020,16(3):944-954.

[25] FRIDOLF K, RONCHI E, NILSSON D, et al. The representation of evacuation movement in smoke-filled underground transportation systems [J]. Tunnelling and Underground Space Technology, 2019, 90: 28-41.

[26] SCHMIDT-POLONCZYK N, BURTAN Z, LISZKA P. Simulation of the evacuation of people in a road tunnel in the event of fire-case study [J]. Archives of Mining Sciences, 2021, 66(1):13-28.